e Klassen 5 und 6

für Schülerinnen und Schüler zu diesem Doppelband
1 mit MP3-CD und Übungssoftware, Klett-Nr. 622215
1 mit MP3-CD, Klett-Nr. 622216
2 mit MP3-CD und Übungssoftware, Klett-Nr. 622225
2 mit MP3-CD, Klett-Nr. 622226
eiheft, Klett-Nr. 622218
lassenarbeiten, Klett-Nr. 622200
ı, Klett-Nr. 622228
ıngen, Klett-Nr. 622201
Übungen, Klett-Nr. 622219
Klett-Nr. 622202
lett-Nr. 622203

unior erreichen die Schülerinnen und Schüler nach zwei Lernjahren (Klasse 5 und 6) das Niveau
des Gemeinsamen europäischen Referenzrahmens. Die Kenntnis der im Inhaltsverzeichnis grün
tativen Inhalte wird in den anschließenden Einheiten nicht vorausgesetzt. Das Lehrbuch versteht
gebot. Die Schwerpunkte des schulinternen Curriculums legen fest, welche Texte und Aufgaben
nior verpflichtend sind.

1 5 4 3 2 1 | 16 15 14 13 12

Auflage sind unverändert und können im Unterricht nebeneinander verwendet werden.
zeichnet das Jahr des Druckes.

utoren: Birgit Bruckmayer, München; Laurent Jouvet, Desaignes; Ulrike C. Lange, Bochum;
, Detmold; Sabine Prudent, Berlin; Marceline Putnai, Maulévrier Sainte-Gertrude;
yser, Leonberg; Inge Mühlmann, Recklinghausen; Steffen Obeling, Köln

: Andrea Floure, Schorndorf

Angel, Koblenz; Dr. Peter Bettinger, Rehlingen-Siersburg; Prof. Dr. Christoph Bürgel, Münster;
Spiesen-Elversberg; Barbara Dupuis, Kehl; Prof. Dr. Andreas Grünewald, Bremen; Silke Herr,
abi Lämmle, Sulzburg-Laufen; Hanns-Christoph Lenz, Leipzig; Prof. Dr. Franz-Joseph Meißner, Gießen;
Barleben; Christopher Mischke, Waiblingen; Ulrike Molter-Bocquillon, Mazaugues; Dr. Andreas Müller,
ein-Sparenberg, Marburg; Julitte Ring, Saarbrücken; Jérôme Rorig, Hannover; Jutta Rösner, Erlangen;
nk, Wittenberg; Wolfgang Spengler, Solingen; Hermann Voss, Münster

ique Jäck-Duvoisin, Malefi Cicu, Wanda Hoesch
nas Gremmelspacher

ung: Petra Michel, Bamberg
ançois Davot, Troyes; Christian Dekelver, Weinstadt; Wiebke Hengst, Ostfildern;
h
mbH, Stuttgart
eyle + Müller, Medien-Management, Pforzheim
bH, Würzburg

ny
2211-2

9 783126 222112

un café-restaurant

un stand de crêpes

Décou

für den schulisch
Französischunter

von
Birgit Bruckmaye
Laurent Jouvet
Ulrike C. Lange
Andreas Niewelei
Sabine Prudent
Marceline Putnai

sowie
Michette Eyser
Inge Mühlmann
Steffen Obeling

weitere Mitarbeit
Andrea Floure

Ernst Klett Verlag
Stuttgart • Leipz

Découvertes
Junior
Doppelband für

Zusatzmateriali
Cahier d'activité
Cahier d'activité
Cahier d'activité
Cahier d'activité
Grammatisches
Fit für Tests und
Das Trainingsbu
99 Wortschatzü
99 grammatisch
Vokabellernheft
Verbenlernheft,

Mit Découvertes
A1 bis Anfang A
unterlegten fak
sich als Gesamt
in Découvertes

1. Auflage

Autorinnen und
Andreas Niewel
sowie: Michette

Weitere Mitarb

Beratung: Belir
Gustav Dettme
Ludwigshafen;
Ute Miesterfeld
Hannover; Inge
Dr. Angelika Sch

Redaktion: Vér
Gestaltung: Th

Umschlaggesta
Illustrationen:
Katja Rau, Fellb
Satz: Satzkiste
Reproduktion:
Druck: Stürtz G

Printed in Gern
ISBN 978-3-12-6

Inhalt

Wie nimmt man mit jemandem Kontakt auf?

■ fakultative Inhalte

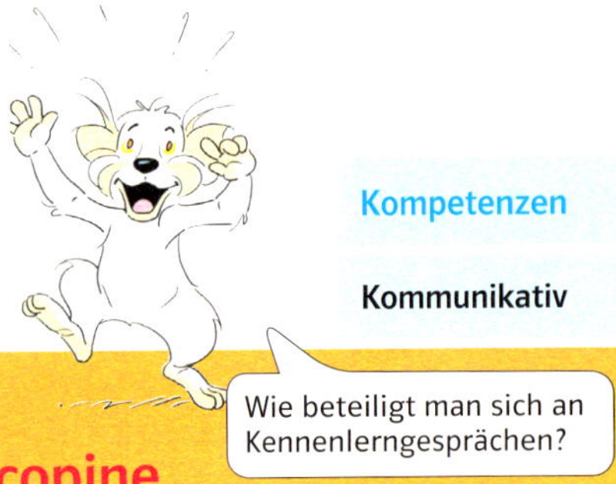

Kompetenzen

Unité 5
Au collège Balzac
Mon collège et moi

En plus ⟶ S. 178

Plateau 2

fakultative Inhalte

Was kann man im «quartier» unternehmen?

Wie kann man etwas erzählen?

Wie kann man etwas kaufen?

Wie kann man selbstständig arbeiten ?

■ fakultative Inhalte

So lernt ihr mit Découvertes

Découvertes

Einführung

Découvertes bedeutet „Entdeckungen".
Diese Seite führt euch in das neue Thema ein.

Atelier A – B

Neuer Lernstoff

Atelier, die Werkstatt, enthält Geschichten, neuen Lernstoff und Übungen dazu.

Pratique

Anwendung

Pratique: Das neu Gelernte wird in Aufgaben praktisch angewendet.

Bilan

Überprüfen

Bilan: Hier könnt ihr selber prüfen, ob ihr den Lernstoff schon könnt.

Grammaire

Grammatik

Grammaire: Hier seht ihr die Grammatik des Kapitels auf einen Blick.

Vertiefen, wiederholen

Plateau: Zum Lesen und Wiederholen und zur Vorbereitung auf die internationale DELF-Prüfung

Plateau 1

Gezieltes Üben

En Plus: Zusätzliche Übungen, auch zur Differenzierung

En plus – différenciation

Vokabular

Vocabulaire: Die neuen Vokabeln zum Lernen

Vocabulaire

Nachschlagen

Liste des mots: Die alphabetische Wortliste zum Nachschlagen

Liste des mots

En classe: Erklärung der wichtigsten Übungsanweisungen

En classe

Hier lernt ihr Frankreich mit eurem Land zu vergleichen.

PORTFOLIO

Das Ergebnis dieser Aufgabe könnt ihr in eurem Portfolio-Ordner sammeln. Informationen zum Portfolio findet ihr auf Seite 184.

32 CD* mit Hördokumenten

Schriftliche Übung

Partnerarbeit

Gruppenarbeit

Übungen, die auf die DELF-Prüfung hinführen

11, 2 Dazu findet ihr Übungen im Cahier d'activités Seite 11, Übung 2

Selbsteinschätzung

→ En plus 175, 2

Verweis auf Seite 175, Übung 2 im „En plus"-Teil dieses Buchs

einfachere Übung
schwierigere Übungen

(G7) Die G-Nummern nach den Übungstiteln verweisen auf die Grammatik im Buch und auf das grammatische Beiheft.

* Dieses Symbol kennzeichnet die Tracknummer auf der MP3-CD, die dem Cahier d'activités beiliegt. Diese enthält alle Hördokumente – sowohl aus dem Schülerbuch als auch aus dem Cahier d'activités.

Mehr dazu vm7m7p

Auf einigen Seiten im Buch findet ihr Découvertes-Codes. Diese führen euch zu weiteren Informationen, Materialien oder Übungen im Internet. Gebt den Code einfach in das Suchfeld auf www.klett.de ein.

Unité 1

Bienvenue!

1

Mehr dazu vm7m7p

En France

Wie begrüßen sich die Kinder in Frankreich? Wie begrüßt ihr euch?

PORTFOLIO

Am Ende dieser Unité kannst du jemanden auf Französisch begrüßen und verabschieden, deine Schulsachen benennen, du kennst das französische Alphabet sowie einige Zahlen, und du weißt schon viele Dinge über Frankreich.

Atelier A

Ecouter et parler

1 Bonjour! Salut!

2
2,2

A *Begrüßt euch auf Französisch.*
Sagt, wie ihr heißt und fragt eure Partnerin / euren Partner nach ihrem / seinem Namen.
Ihr könnt euch dabei einen Ball zuwerfen.

3 **B** *Hört zu und sprecht nach. Kennt ihr weitere französische Namen?*

Mehr dazu 8sw5c2

Anne, Béatrice, Louise, Lilou, Fleur, Lucie, Marie, Elise, Léa, Manon, Sarah, Gabrielle, Joséphine, Zoé

Clément, Paul, Pierre, Louis, Gaspard, Gabriel, Maurice, Justin, Antoine, Romain, Térence, Léo, Thomas, Valentin

Ecouter et parler

2 Ça va?

4

3, 3a

1.

2.

Geht im Klassenraum umher und sucht eine Gesprächspartnerin / einen Gesprächspartner. Es kann auch eure Lehrerin / euer Lehrer sein. Begrüßt euch, fragt, wie es geht, und verabschiedet euch. Sucht dann neue Partner.

Jeu de sons

3 Chanson: Salut!

5–6

Salut!

Hört zu und singt mit.

Ecouter et parler

4 Un sac à dos

7

A *Was hat Lucie in ihrer Schultasche? Hört zu.*

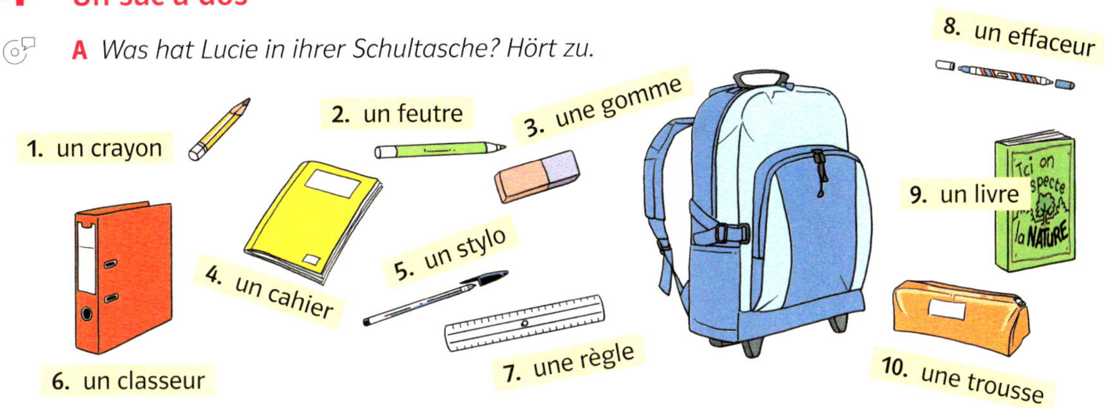

B *Arbeitet zu zweit und beschreibt euch gegenseitig, was sich in den Schultaschen von Léo und Sarah befindet. Beide waren etwas unaufmerksam und haben drei Sachen vergessen. Was fehlt bei Léo, was bei Sarah?*

Beispiel: Léo: un classeur, …

Sarah: …

Ecouter

5 En classe

8 6, 7

A *Betrachtet zunächst die Bilder dieses Comics. Hört euch anschließend den Text von der CD an. Mit Hilfe der Bilder werdet ihr sicher schnell verstehen, worum es in dieser Geschichte geht. Stellt zu zweit eine Szene pantomimisch dar. Die anderen raten, um welche Szene es sich handelt.*

1.

2.

3.

4.

5.

6.

B *Erstellt ein Wandplakat mit den Ausdrücken aus dem Comic, die man im Unterricht immer wieder brauchen kann. Das Plakat könnt ihr nach und nach erweitern.*

Ecouter

6 La France

Ihr wisst sicherlich schon einiges über Frankreich und kennt bestimmt französische Städte, Produkte und Gerichte.

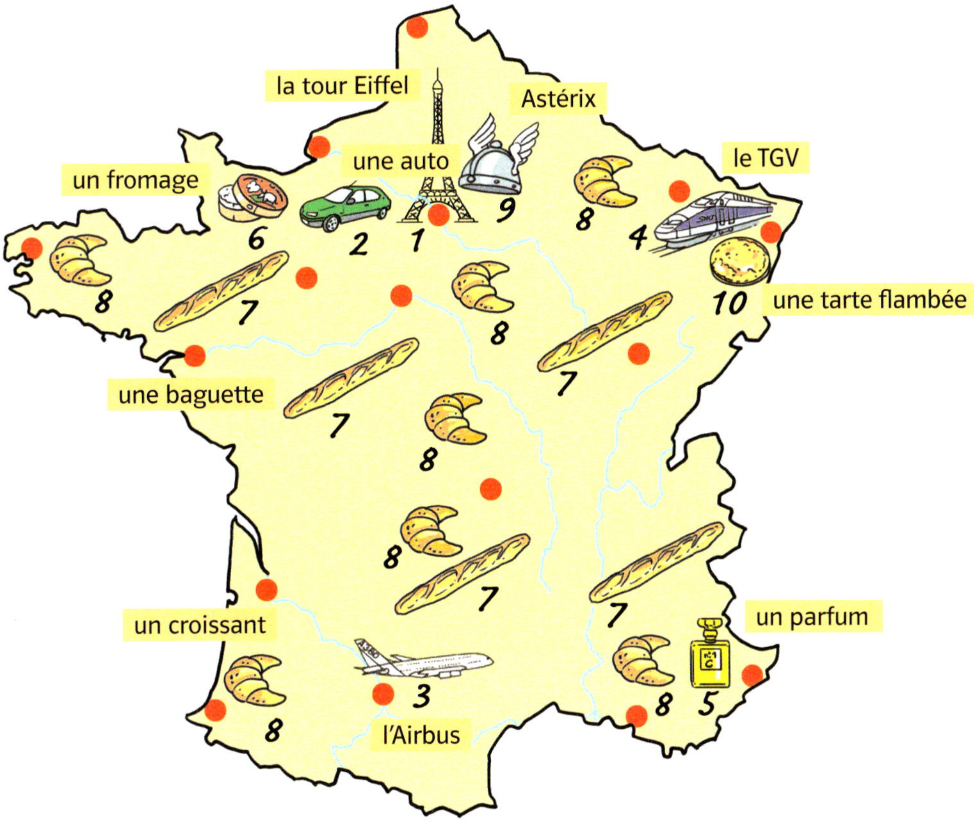

- *Welche Städte kennt ihr?*
- *Wart ihr schon in Frankreich?*
- *Wenn ja, wo? Zeigt es auf der Karte.*
- *Was gefällt euch an / in Frankreich?*
- *Welche Sehenswürdigkeiten kennt ihr? Findet ihr sie auf der Zeichnung?*

9 **A** *Hört euch die Begriffe zu den Zeichnungen an. Könnt ihr die Begriffe den Zeichnungen zuordnen? Hebt die Hände und zeigt mit den Fingern die entsprechende Zahl.*

B *Geht in eurer Stadt auf Entdeckungsreise und findet etwas über Frankreich heraus.*

- *Findet ihr Straßen oder Plätze mit französischen Namen?*
- *Gibt es Geschäfte, Restaurants oder Cafés mit französischen Namen?*
- *Wie heißt die Partnerstadt eurer Stadt?*
- *Welche französischen Produkte findet man im Supermarkt?*
- *Was gibt es beim Bäcker?*
- *Kennt ihr Menschen mit französischen Namen?*

Atelier B

En France

1 Dans la rue

A *Was kann man hier kaufen oder tun? Welche Wörter versteht ihr und warum?*

1. une maison de la presse

2. un bureau de poste

3. une pharmacie

4. un cinéma

5. une boulangerie

6. une médiathèque

7. un café

8. un parc

B *Welche weiteren französischen Wörter kennt ihr?*

9. un restaurant

Ecouter

2 Monsieur et Madame Gourmand au restaurant

10

In der folgenden Geschichte kommen viele Wörter vor, die ihr noch nicht kennt. Ihr könnt aber die meisten davon verstehen, weil sie im Deutschen ähnlich sind.

A *Hört euch die Geschichte ein erstes Mal an. Worum geht es?*

B *Hört euch die Geschichte noch einmal an. Beantwortet nun die folgenden Fragen.*

1. Was isst Madame Gourmand?
- **a** Spaghetti mit Tomatensauce.
- **b** Ein gegrilltes Hähnchen.
- **c** Einen Hamburger.

2. Was isst Monsieur Gourmand?
- **a** Einen Schweinebraten.
- **b** Pommes frites.
- **c** Eine Bratwurst.

3. Was trinkt Monsieur Gourmand?
- **a** Mineralwasser.
- **b** Apfelsaft.
- **c** Limonade.

4. Was trinkt Madame Gourmand?
- **a** Eistee.
- **b** Kakao.
- **c** Cola.

5. Wo ist Monsieur Gourmand am Abend?
- **a** Im Krankenhaus.
- **b** Im Hotel.
- **c** In der Disco.

C *Welche anderen Wörter habt ihr verstanden?*

PORTFOLIO **3**

Sammle französische Wörter, Bilder und Produktnamen, z.B. aus Zeitschriften, und mache eine Collage.

Jeu de sons

4 Les bonbons, c'est bon!

11 **A** *Im Französischen gibt es Laute, die „durch die Nase" gesprochen werden. Man nennt sie Nasalvokale. Macht die Augen zu und hört die Wörter an.*

un lapin

un croissant

un ballon

un bonbon

un crayon

un volcan

un chien

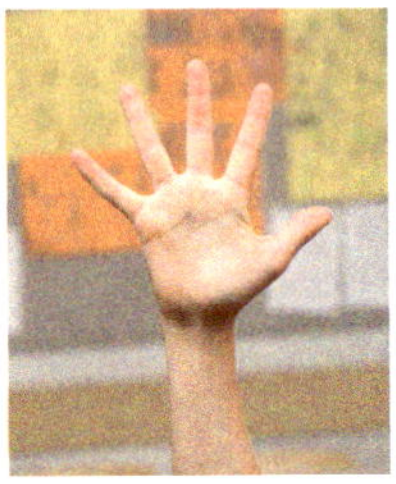
une main

un éléphant

un enfant

une maison

un gratin

B *Hört euch die Wörter noch einmal an und sprecht sie nach. Die Bedeutungen erkennt ihr auf den Bildern.*

C *Nun hört noch einmal zu.*
Wenn ihr Wörter hört, die sich auf „restaurant" **[ɑ̃]** *reimen, dann klatscht in die Hände.*
Bei Wörtern, die sich auf „crayon" **[ɔ̃]** *reimen, stampft mit dem Fuß auf,*
und bei Wörtern, die sich auf „chien" **[ɛ̃]** *reimen, hebt die Arme über den Kopf.*

Ecouter

5 L'alphabet

12 A *Hört euch das Lied „ABC" an und betrachtet die Zeichnung. Was fällt euch auf? Welche Buchstaben werden auf Deutsch genauso ausgesprochen, welche anders?*

B *Sprecht nun das Alphabet nach, bis ihr es auswendig könnt. Danach versucht mitzusingen.*

Ecouter

6 ABC ...

→ En plus 175, 1 △

13 A *Hört zu und schreibt die Buchstaben auf.*

B *Lest eurer Nachbarin / eurem Nachbarn folgende französische Buchstaben vor. Danach wechselt ihr und die Nachbarin / der Nachbar liest die Buchstaben von hinten nach vorn vor.*

x k e m h t u o b y c f z g a s v w p

C *Eine Schülerin oder ein Schüler buchstabiert einen Namen. Wer ihn zuerst erraten hat, darf den nächsten Namen buchstabieren.*

Jeu de sons **7**

Chanson: Mon petit chat

→ En plus 175, 1 △

14 – 15

Mon petit chat

1 un 2 deux 3 trois 4 quatre 5 cinq 6 six 7 sept 8 huit 9 neuf 10 dix 11 onze 12 douze

A *Hört euch das Lied an, singt oder sprecht es nach und klatscht dazu.*

B *Zählt reihum von 1 bis 12. Beginnt dann wieder von vorn, bis alle an der Reihe waren. Zählt danach rückwärts.*

Parler **8**

Un, deux, trois …

Zählt wieder reihum. Wenn der Spielleiter einmal klatscht und auf einen Mitschüler zeigt, zählt dieser ab da rückwärts.

Parler

9 Bonjour! Ça va?

ON DIT

Begrüßung

- Bonjour, monsieur! / madame! / Marie!
- Bonjour!
- Salut, Marie!
- Salut!

Wie geht es?

- Ça va (bien)?
- Oui, ça va (bien), merci!
- Bof!

Verabschiedung

- Au revoir, monsieur! / madame! / Marie!
- Au revoir!
- Salut, Léo!
- Salut!

Spielt zu zweit mehrere Dialoge.

1. Marie trifft ihre Lehrerin.
2. Léo trifft seinen Freund Gabriel, der erkältet ist.
3. Léo trifft den Briefträger.
4. Ein Mann trifft seine Nachbarin vor dem Haus.
5. Antoine trifft Léa und Lucie. Den beiden geht es sehr gut.

Ecouter et parler

10 Quatre, cinq, six

16

A *Hört zu und sprecht nach.*

B *Schreibt das Gedicht auf.*

Quatre, cinq, six,
je suis de Nice …

C *Lest das Gedicht vor.*

Quatre,

dix,

et voilà Béatrice.

Un, deux, trois,

Sept, huit, neuf,

elle est de

je suis de Nice.

Toulouse.

cinq, six,

Onze et douze,

salut, c'est moi!

Mehr dazu g2rw8v

Unité 2

Bonjour, Paris!

En France

Das Bild zeigt eine Straße in Paris.
Was geschieht hier?
Was fällt euch auf?
Was ist anders als bei euch?
Achtet z. B. darauf, wie die Häuser und die Geschäfte aussehen …

Ihr könnt auch das Video im Internet ansehen.

A *Seht genau hin. Welche Wörter versteht ihr bereits?*

21–24 **B** *Hört zu und findet die Personen auf dem Bild.*

Beispiel: Szene 1 – Das ist der Mann im Vordergrund auf dem Motorroller.

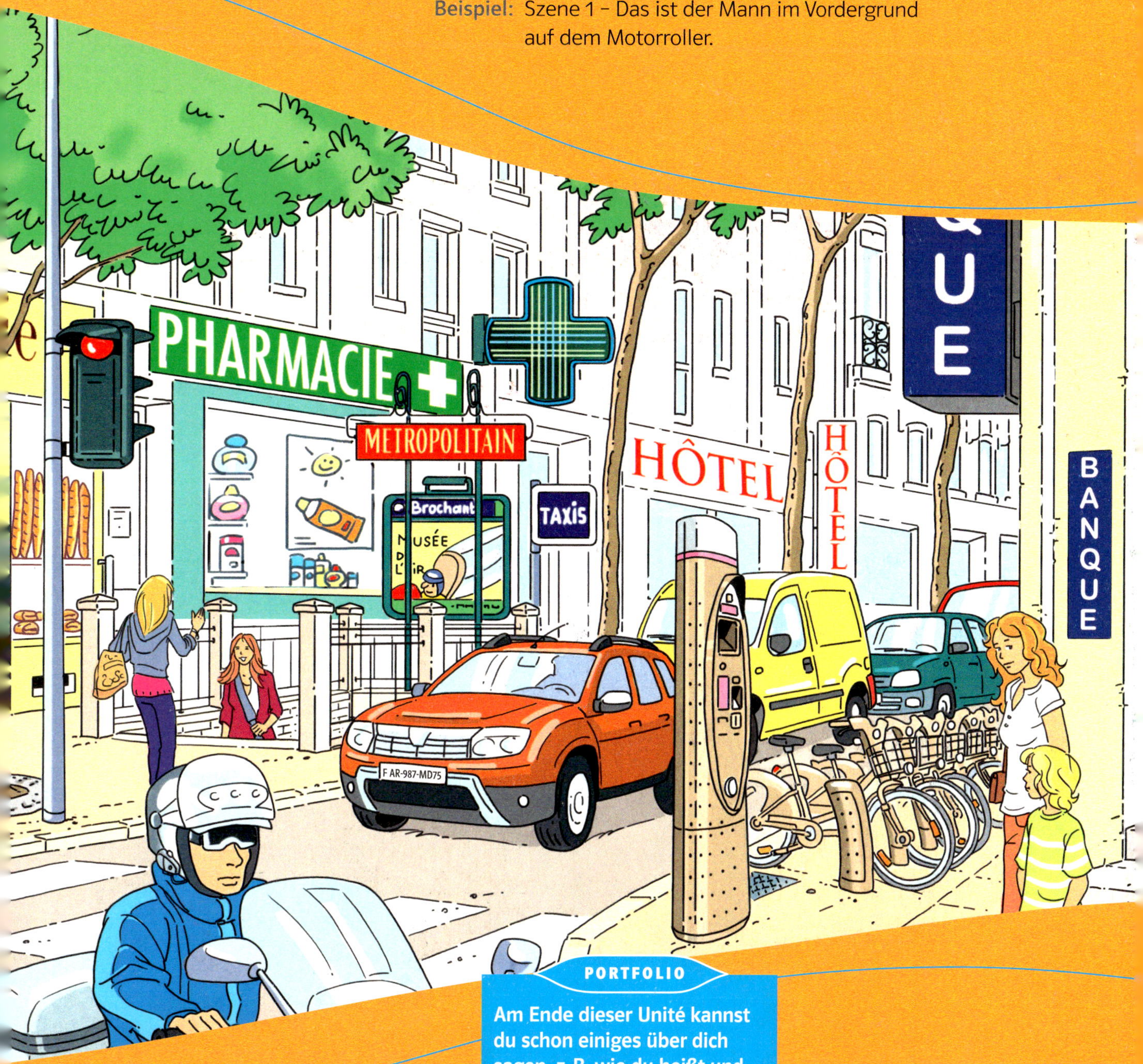

PORTFOLIO

Am Ende dieser Unité kannst du schon einiges über dich sagen, z. B. wie du heißt und woher du kommst.
Du kannst auch deine Freunde und dein Lieblingstier vorstellen.

Atelier A

1 Moustique et Malabar

24–29

Mehr dazu ta29m2

1.

2.

3.

Attention, Moustique! Non!
Oh, … pardon!

4.

Salut! Tu t'appelles comment?
C'est Moustique! Moi, je suis Marie. Et toi?

5.

Je m'appelle Léo. Et voilà Malabar!
S.P.A.
REFUGE GRAMMON

Lire

2 A propos du texte

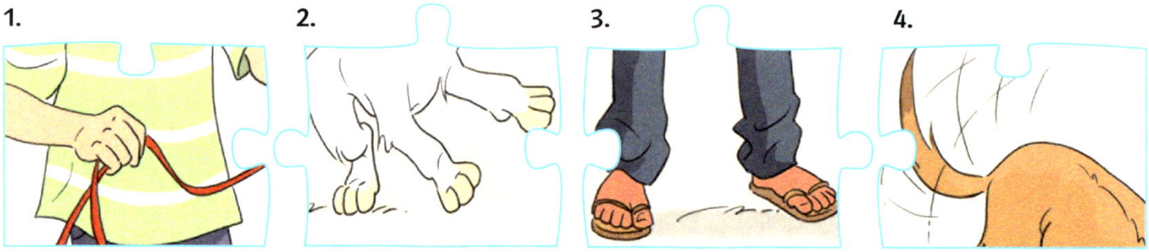

A *Répondez. (Antwortet.)*

Exemple: **1.** C'est qui? – C'est Léo.

B *Corrigez. (Verbessert.)*

1. C'est Marie? – Non, c'est Léo.
2. C'est Malabar? – Non, c'est …
3. C'est …? – Non, c'est …
4. …

Écrire

3 Pardon, Léo!

Trouvez les mots et écrivez le dialogue dans votre cahier.
(Findet die Wörter und schreibt den Dialog in euer Heft.)

Atelier B

1 C'est bizarre, Malabar!

30–32
11, 2

1.

2.

3.

4.

33–34

Léo et Marie,
Un garçon et une fille de Paris!

Il est de Paris! Elle est de Paris!
Oh oui! Elle est d'ici!

C'est bizarre, Malabar!
C'est fantastique, Moustique!

Lire

2 C'est bizarre! (G1)

A *Trouvez les mots.*
(Findet die Wörter.)

1. cheni
2. eurssalc
3. chta
4. painco
5. felli
6. pineco
7. garnoç
8. outsser
9. gèlre
10. momge

B *Faites une grille et écrivez les mots dans votre cahier. Ajoutez* un *ou* une *si possible.*
(Zeichnet eine Tabelle in euer Heft und schreibt die Wörter in die richtige Spalte. Fügt un *oder* une *hinzu, wenn es möglich ist.)*

un	une
un chien	…

Exemple: **1.** cheni → un chien

C *Cherchez les mots qui ont en français un autre genre qu'en allemand.*
(Sucht die Wörter, die im Französischen ein anderes Geschlecht als im Deutschen haben.)

Ecouter et lire

3 Ouah! Ouah!

35

Qui dit quoi? (Wer sagt was?)

Exemple: **1.** Attention! → C'est Marie.

1. Attention!
2. Salut! Tu t'appelles comment?
3. C'est qui?
4. Et voilà Moustique!
5. Viens, papa! Vite!
6. Ouah! Ouah!

Jeu de sons

4 Chanson: Moustique et Malabar

36–37

Ecoutez le rap, puis chantez. (Hört den Rap an und singt dann gemeinsam.)

Moustique et Malabar

Refrain:
C'est fantastique, Moustique,
C'est bizarre, Malabar.

Voilà un chien de Paris!
Voilà un chien de Paris!
Un garçon de Paris,
et une fille, une fille aussi.

Refrain

C'est une copine
C'est un copain:
Ça va, toi? – Oui, ça va bien.
Tu es de Paris?
Oui, je suis d'ici.
Toi aussi? – Mais oui!

Refrain

En forme

5 C'est qui? (G 1)

Répondez. (Antwortet.)

Exemple:

1. – C'est une dame?
   – Non, c'est un monsieur.
2. – C'est un monsieur?
   – Non, c'est …
3. – C'est …?
   – Non, c'est …
4. – C'est …?
   – Non …
5. – …?
   – …

Jeu de sons

6 Schlangen-s und Bienen-s

38 13, 4

A *Hört die folgenden Wörter an.*
Wenn ihr ein zischendes, stimmloses „S" hört, macht mit den Armen Schlangenlinien.
Wenn ihr ein summendes, stimmhaftes „S" hört, breitet die Arme aus und summt wie die Biene.

[s]

SSSSS

[z]

ZZZZZ

39

B *Sprecht die folgenden Reime im Chor.*

Salut, Elise,
voilà une bise.

Salut Lucie,
pour toi aussi.

Quoi, une bise?
Je pique une crise!

Vite, Maurice,
appelle la police!

Pas de dessert
dans le désert!

En forme

7 Moi, je suis de Toulouse. (G 2)

→ En plus 175, 2 △

A *Ecrivez le dialogue dans votre cahier et complétez les phrases avec* **suis**, **es** *et* **est**. *(Schreibt den Dialog in euer Heft und setzt* **suis**, **es** *und* **est** *ein.)*

Lucie: Salut, je ? Lucie.
Léo: Bonjour, Lucie. Je ? Léo. C'? Marie.
Marie: Salut, Lucie. Tu ? d'ici?
Lucie: Non, moi, je ? de Toulouse. Et toi, tu ? de Paris?
Marie: Oui, je ? de Paris. Léo, il ? aussi de Paris.
Léo: Paris, c'? fantastique! Et Toulouse?
Lucie: Toulouse, c'? super, aussi!

B *Complétez les phrases avec **je**, **tu**, **elle**. Ecrivez dans votre cahier.*
*(Ergänzt die Sätze mit **je**, **tu**, **elle**. Schreibt in euer Heft.)*

En forme

8 Elle ou il? (G 2)

il / elle

A *Faites des phrases avec il / elle. (Bildet Sätze mit il / elle.)*

Exemple: Voilà Léo. (Paris) → Voilà Léo. Il est de Paris

1. Voilà Clément. (Toulouse)
2. Voilà Léa. (Strasbourg)
3. Voilà Zoé. (Paris)
4. Voilà Pierre. (Brest)
5. Voilà Gabriel. (Nice)
6. Voilà Joséphine. (Paris)

B *Continuez et complétez les phrases avec les mots à droite.*
(Macht weiter und vervollständigt die Sätze mit den Wörtern rechts.)

super — bizarre — fantastique

Exemple: Voilà un cahier. Il est super.

1. Voilà un livre.
2. Voilà une règle.
3. Voilà une gomme.
4. Voilà un stylo.
5. Voilà un chien.
6. Voilà une trousse.

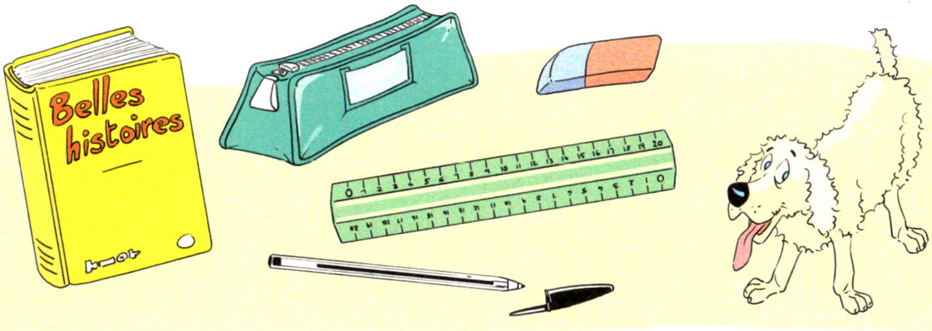

Atelier C

Ecouter et lire

1 Les couleurs

40 16,9

A *Ecoutez, puis lisez. (Hört zu und lest anschließend mit.)*

B *Ecoutez encore une fois et montrez le numéro de la couleur avec les doigts. (Hört nochmals zu und zeigt die Nummer der Farbe mit den Fingern.)*

Parler

2 Bleu, blanc, rouge

→ En plus 175, 3 △

Montre un objet de ton sac à dos à ta voisine / ton voisin et demande-lui la couleur. (Zeige deiner Nachbarin / deinem Nachbarn einen Gegenstand aus deiner Schultasche und frage nach der Farbe.)

Exemple: – C'est bleu?
– Non, c'est rouge.

Pratique: tâches

Ecouter **1**

A Paris

41–43

A *Du bist in Frankreich. Auf der Straße hörst du drei Gespräche. Worum geht es? Mache Notizen.*

Auf den Pratique-Seiten könnt ihr anwenden, was ihr bisher gelernt habt.

STRATEGIE

Auch wenn du auf Anhieb den Eindruck hast, nichts zu verstehen, so darfst du dich nicht abschrecken lassen: In Wirklichkeit verstehst du mehr als du denkst. Du musst nur genau zuhören und auch auf die Geräusche der Umgebung achten.
Höre genau zu:
- **Wer** spricht?
- **Wie** sprechen die Personen?
- **Wo** sind sie?
- Um **was** geht es?

	Wer?	Wie?	Wo?	Was?
1.	Mädchen	begeistert	Straße	Fotos
2.	Frau			
3.				

B *Was könntest du am Ende der Gespräche sagen? Höre noch einmal zu.*

Moi aussi.

Oh pardon!

Ça va.

Attention!

C'est qui?

…

Parler **2**

Toi et moi

Du bist mit einem Freund oder einer Freundin in Paris. Ihr kommt mit einem Jungen oder einem Mädchen ins Gespräch.

Am Ende des Gesprächs kennt ihr gegenseitig eure Namen und wisst auch jeweils, woher ihr kommt.

Arbeitet zu dritt. Bereitet einen Dialog vor. Ihr könnt Notizen machen. Spielt die Szene in der Klasse vor.

PORTFOLIO

3 Moi, je suis ...

Stelle dich, deine Freunde und dein Lieblingstier auf einem DIN-A4-Blatt auf Französisch vor. Verwende Fotos und Zeichnungen von dir, deinen Freunden und deinem Lieblingstier. Du kannst das Blatt in deinem Portfolio-Ordner aufbewahren.

Mon dico personnel (Vokabular, S. 193)
Lerne, wie dein Lieblingstier auf Französisch heißt.

Bilan

Überprüfe, was du kannst!

geht so ← (gelb) | (rot) → klappt noch nicht | (grün) → prima

Vergleiche deine Lösungen mit den Lösungen auf Seite 245.

1 Parler

Du kannst jetzt schon …

1.	… sagen, wie du heißt.	Je …
2.	… sagen, woher du kommst / jemand kommt.	Je … / Il / Elle …
3.	… fragen, woher jemand kommt.	Tu … … Paris? / Il / Elle … … Paris?
4.	… fragen, wer das ist.	C'est …?
5.	… fragen, wie es jemandem geht.	Ça …?
6.	… dich verabschieden.	…
7.	… jemanden vorstellen.	V… / C'…
8.	… dich entschuldigen.	(Oh) P…!
9.	… jemanden (vor etwas) warnen.	Att…!
10.	… Farben benennen.	C'est …, …, … .
11.	… dich bedanken.	M…!

Mehr dazu 7v2nq5 Weitere Übungen findest du im Internet.

2 Ecouter et lire

44 *Lis, puis écoute. Qui parle? (Lies und höre dann zu. Wer spricht?)*

Exemple: **1.** C'est Flora.

3 En forme (G 1, G 2)

A *Complète les phrases avec* ***suis, es*** *ou* ***est****. Ecris dans ton cahier. (Ergänze die Sätze mit* ***suis, es*** *oder* ***est****. Schreibe in dein Heft.)*

1. Salut! Je **?** Marie. Je **?** de Paris.
2. Et toi? Tu **?** aussi de Paris?
3. Oui! Et voilà Moustique. C'**?** un chien fantastique!
4. Malabar aussi. Il **?** super!
5. Mais toi, tu **?** super aussi!

B *Fais des phrases et écris dans ton cahier.*
(Bilde Sätze und schreibe in dein Heft.)

Exemple: C'est **un** monsieur. **Il** est super!

1. super **2.** bizarre **3.** super **4.** fantastique **5.** super

Grammaire

G1 un, une: Der unbestimmte Artikel Singular

männlich: **un** copain

weiblich: **une** copine

der unbestimmte Artikel – **l'article indéfini**
der Singular – **le singulier**

G2 je suis, tu es …: Das Verb **être** und das Personalpronomen (Singular)

1. Person	**je suis**
2. Person	**tu es**
3. Person	**il est**
	elle est

das Personalpronomen – **le pronom personnel**
das Verb – **le verbe**

Plaisir de lire

Ecouter et lire

45

A *Ecoutez et lisez le poème. Dessinez-le dans votre cahier.*
(Hört euch das Gedicht an und lest es. Zeichnet es in euer Heft.)

Les jolies couleurs[1]

1. Je mélange[2] un peu de[3] jaune,
je mélange un peu de bleu,
et voilà un joli **vert**[4].
C'est super!

2. Je mélange un peu de jaune,
je mélange un peu de **rouge**,
et voilà un peu d'**orange**.
Comme c'est étrange[5]!

3. Je mélange un peu de bleu,
je mélange un peu de **rouge**,
et voilà du violet.
Et ça, ça me plaît[6]!

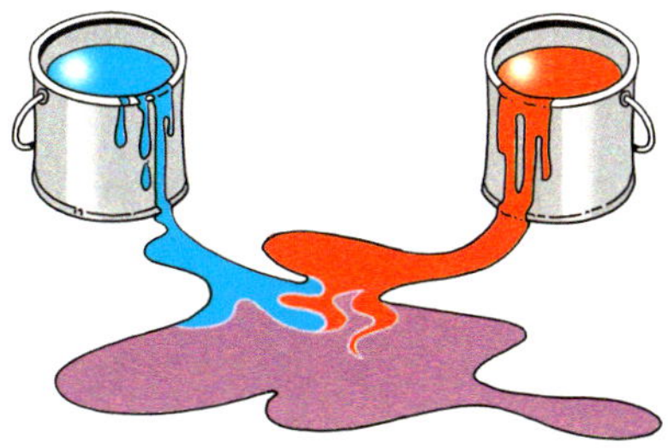

1 **les jolies couleurs** die schönen Farben
2 **je mélange** ich mische
3 **un peu de** etwas
4 **un joli vert** ein schönes Grün
5 **Comme c'est étrange!** Wie seltsam das ist!
6 **Ça me plaît!** Das gefällt mir!

Ecrire

B *Faites une strophe avec «vert et orange / marron / mmm, c'est bon!» et une strophe avec «blanc et noir / gris / souris / c'est joli!». Ecrivez la strophe dans votre cahier et dessinez-la. (Schreibt und zeichnet eine eigene Strophe).*

Parler

C *Quelle couleur est-ce que vous préférez? Choisissez une couleur et trouvez dans la classe au moins 4 élèves qui aiment la même couleur.*
(Welche Farbe gefällt euch am besten? Wählt eine Farbe aus und findet im Klassenraum mindestens 4 Mitschüler, die die gleiche Farbe mögen.)

Unité 3
Copain, copine

Mehr dazu 45gp7a

En France

Was ist das für ein Geschäft?
Was gibt es hier zu kaufen?
In welchen Geschäften kann man diese Dinge in Deutschland kaufen?

Ihr könnt auch das Video im Internet ansehen.

Qu'est-ce que c'est?
C'est un magasin, une librairie-papeterie.
C'est la Maison de la Presse.

Wie viele Hunde findest du auf diesem Bild?

PORTFOLIO

Am Ende dieser Unité kannst du sagen, wo du wohnst und was du gerne oder nicht so gerne magst.

Atelier A

Approche **1**

Marie cherche Léo.

25, 3

Regardez les dessins et lisez.
(Schaut die Zeichnungen an und lest.)

Léo **regarde** une BD.

Un monsieur **parle avec** Malabar.

Le prof: Tu **écoutes**?

Une fille **arrive**. C'est Marie.

Marie: Je **cherche** Léo.

Moustique **trouve** Malabar.

Mme Latière **travaille.**

Elle **porte** un **carton**.

Jeu de mots **2**

En rythme

51–52

Ecoutez et mimez les verbes.
(Hört zu und stellt die Verben pantomimisch dar.)

je **travaille** …

je **trouve** …

je **cherche** …

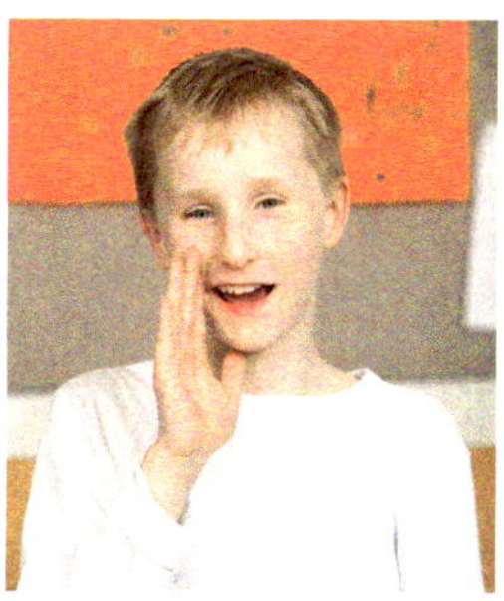

je **parle** …

je **regarde** …

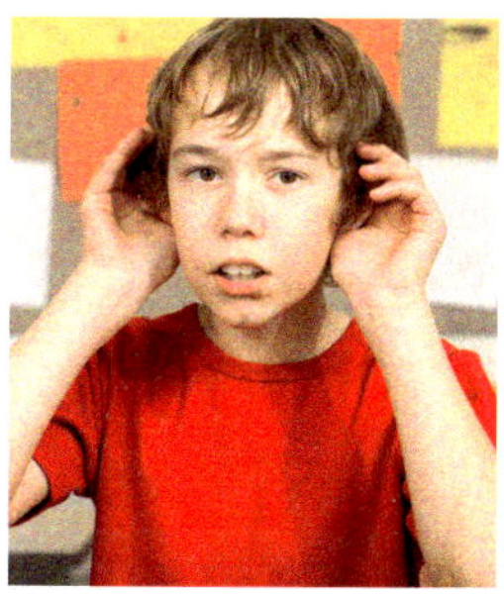

j'**écoute** …

je **porte** …

3 Voilà Alex.

53–58
24, 2

1. Léo est dans la rue avec Marie et Malabar. Un chat arrive et entre dans la librairie-papeterie.

2. Que fait Malabar? Il entre aussi. Il cherche le chat.

3. Dans le magasin, Léo trouve Malabar.

4. Mme Latière, la grand-mère d'Alex, dit bonjour. Elle porte un carton et une affiche.

5.

6.

Lire

4 A propos du texte

Complétez les phrases. (Vervollständigt die Sätze.)

Exemple: **1.** Léo est dans la rue avec Marie et Malabar.

2. Un chat **?** dans le magasin.
3. Malabar **?** le chat.
4. Léo **?** Malabar dans le magasin.
5. *Alex:* Chut! Je **?** .
6. *Léo:* Tu **?** pour l'école?
7. *Mme Latière:* Un chien? **?** la catastrophe.

trouve · travaille · entre · est · C'est · travailles · cherche

En forme

5 Le cahier de Marie … (G 3)

Posez les questions et répondez. (Stellt die Fragen und antwortet.)

A Exemple: **1.** – Qu'est-ce que c'est? – C'est **un** cahier.

B Exemple: **1.** – C'est le cahier de Léo? – Non, c'est **le** cahier de Marie.

1. cahier – Léo?

2. BD – Malabar?

3. affiche – Alex?

4. magasin – Marie?

5. chat – Léo?

6. gomme – Moustique?

C *Complétez les phrases. (Vervollständigt die Sätze.)*

1. Un monsieur parle avec **?** chien. C'est Malabar, **?** chien de Léo.
2. Malabar cherche Malou dans **?** magasin. Malou, c'est **?** chat d'Alex.
3. Mme Duvoisin regarde **?** journal dans **?** librairie-papeterie de la rue Truffaut.
4. Mme Latière porte **?** carton. Dans le carton? **?** souris! C'est **?** catastrophe!

En forme

6 Que fait Marie? (G 4, G 5)

Faites huit phrases différentes. Attention à la forme des verbes.
(Bildet acht unterschiedliche Sätze. Achtet auf die Form der Verben.)

Exemple: Marie parle avec la grand-mère d'Alex.

Je / J'	parler avec	la grand-mère d'Alex.
Marie	arriver	une affiche.
Elle	chercher	un magasin.
Tu	regarder	dans la rue.
Une fille	porter	un carton.
Alex	entrer dans	en vacances.
Monsieur Gourmand	être	une BD.
…	…	…

Ecouter et parler

7 Zut, le carton!

59

Ecoutez le texte, puis corrigez les phrases.
(Hört euch den Text an und korrigiert die Sätze.)

1. Dans un magasin, Léo cherche un livre.
2. Une copine de Léo arrive. Elle cherche un stylo.
3. Un monsieur entre dans le magasin avec une affiche.
4. Dans le carton, Léo trouve un chien super.

Ecrire

8 Malabar porte un carton.

→ En plus 176, 4 △

Regardez le dessin et racontez l'histoire. Utilisez les verbes donnés.
(Erzählt die Geschichte. Benutzt dabei die angegebenen Verben.)

Malabar – porter.
Malou – être
Moustique – arriver avec
un chien – parler avec
un chat – regarder
une dame – trouver

Exemple: Malabar porte un carton. …

Atelier B

Approche **1**

Nous, vous, ils, elles

60 *Ecoutez, puis complétez le tableau avec les formes du verbe **être** dans vos cahiers.*
*(Hört zu und vervollständigt die Tabelle mit den Verbformen von **être** in eurem Heft.)*

	être
je	**suis**
tu	**es**
il / elle / on	**est**
nous	…
vous	…
ils / elles	…

En forme **2**

Les copains de Paris … (G 4)

Complétez les phrases (die Sätze) dans votre cahier.

1. Léo et Marie, **ils** ? copain et copine.
2. Marie et Alex, ? **sont** de Paris.
3. Malou et Malabar, **vous** ? un chat et un chien?
4. Moustique et moi, ? **sommes** super!

3 Salut, Jérôme!

61–64

28, 11

1. Léo et Marie sont devant le magasin de Mme Latière. Ils parlent avec Alex.

Marie: Tu habites ici?
Alex: Dans le magasin? Non, moi, j'habite rue Nollet. Et vous, vous habitez où?
Marie: Moi, j'habite rue Truffaut.
Léo: Ah oui? Moi aussi!

2. *Marie:* Tiens, un t-shirt super. Alors, tu aimes le rugby, Alex?
Alex: Oui, et aussi le judo.
Marie: Et toi Léo, qu'est-ce que tu aimes?
Léo: Moi, j'aime le sport et euh … la musique.

3. *Alex:* Oh, voilà Jérôme!
Jérôme: Salut!
Marie: Salut, tu es un copain d'Alex?
Jérôme: Non. Nous sommes frère et sœur.
Léo: Vous êtes frère et …?
Jérôme: Oui, on est frère et sœur. Elle est sympa, Alexandra, non?

4. *Alex:* «Alexandra», je déteste ça. Je m'appelle Alex! D'accord?
Jérôme: D'accord, d'accord.
Alex: Alors, au revoir, Jérôme!
Jérôme: Salut, Alex…andra!

Lire

4 A propos du texte

Vrai ou faux? Corrigez. (Richtig oder falsch? Verbessert.)

Exemple: Léo et Marie parlent avec Alex. → C'est vrai.
Alex habite dans le magasin. → C'est faux. Alex habite rue Nollet.

1. Léo et Marie sont dans le magasin.
2. Léo habite rue Truffaut.
3. Jérôme est le frère d'Alex.
4. Alex est un garçon.
5. Alex est la grand-mère de Jérôme.
6. Marie déteste le t-shirt d'Alex.
7. Alex aime le rugby.
8. Léo déteste la musique.

Ecouter et lire

5 La liaison

65

A *Ecoutez les phrases. Vous remarquez quelque chose?*
(Hört euch die Sätze an. Was fällt euch auf?)

1. Vous êtes de Paris?
2. Vous habitez où?
3. Nous habitons rue Truffaut.
4. Vous aimez le rugby?
5. Oui, c'est un sport fantastique!
6. Et vous, qu'est-ce que vous aimez?
7. Nous aimons la musique.

B *Ecoutez encore une fois, puis lisez les phrases.*
(Hört euch die Sätze noch einmal an. Dann lest sie laut.)

C *Lisez le texte. Faites attention à la liaison.*
(Lest den Text. Achtet dabei auf die Liaison.)

Un chat et un chien dans un magasin.

Léo est à Paris dans un magasin; c'est une librairie-papeterie.

Il cherche un effaceur et une souris pour un ordinateur.

Léo: Bonjour madame, vous êtes Mme Latière? Je suis un ami d'Alex.

Mme Latière: Ah, tu es un copain! Et le chien, c'est aussi un ami?

Léo: Oui, c'est Malabar, un ami de Moustique; nous habitons dans une maison rue Truffaut. Malabar et moi, nous aimons Malou, mais il déteste Malabar.

Mme Latière: Alors, Malou et Malabar dans le magasin, c'est une catastrophe …

En forme

6 Que fait Léo? (G 5)

→ En plus 176, 5

A *Trouvez le pronom. (Findet das Pronomen.)*

Exemple: **1.** **?** cherche une BD. (Léo) ⟶ Il cherche une BD.

1. **?** cherche une BD. (Léo)
2. **?** parlent. (Marie et Mme Latière)
3. **?** sont à l'école. (Alex et Jérôme)
4. Marie et Léo, **?** aim**ez** le rugby?
5. Oui, **?** aim**ons** le rugby.

B *Trouvez la forme correcte du verbe. (Findet die richtige Verbform.)*

1. Tu (parler) avec un monsieur:
2. – Monsieur, vous (travailler)?
3. – Non, je (regarder) le journal.
4. – Et toi, tu (chercher) Léo et Marie?
5. – Oui. Ah, voilà, ils (arriver).
6. – Salut, nous (chercher) la rue Nollet.

Jeu de mots

7 Le sport et la musique

Mehr dazu yy5gp3

66

Ecoutez, puis classez les mots dans votre cahier.
(Hört zu. Ordnet dann die Wörter in eurem Heft.)

1. le rock

2. le rap

3. la techno

4. la chanson

5. le rugby

6. la musique classique

7. le foot

8. le judo

9. la gymnastique

10. le vélo

Ecouter et parler

8 Tu aimes la musique, Léo?

Du musst hier nicht jedes Wort verstehen. Achte vor allem darauf, was auf „J'aime …" und „Je déteste …" folgt.

67

A *Ecoutez, puis notez deux choses que Léo aime et deux qu'il déteste.*
(Hört zu. Schreibt dann zwei Dinge auf, die Léo mag, und zwei, die er nicht mag.)

B *Et toi? Qu'est-ce que tu aimes? Qu'est-ce que tu détestes?*
Discute avec ton voisin ou ta voisine.
(Sprich mit deinem Nachbarn oder deiner Nachbarin darüber.)

Pratique: tâches

Parler

1 Voilà Jonathan.

Travaillez à deux. Chacun présente un élève à son partenaire. (Arbeitet zu zweit. Jeder präsentiert seinem Partner einen Schüler.)

Exemple: Voilà Melissa. Elle habite à Hambourg.
Elle aime … Elle déteste … C'est la sœur de …
et la copine de …

Jonathan

Stadt Saarbrücken
☺ Judo, Rap
☹ Fußball
Geschwister Lukas
Freunde Robin, Orhan

Saskia

Stadt Karlsruhe
☺ Sport, klassische Musik
☹ Rock, Rap
Geschwister Katja, Kevin
Freunde Teresa

Melissa

Stadt Hamburg
☺ Sport, Rock
☹ Schule
Geschwister Lukas
Freunde Kim, Viviane, Julia

Pascal

Stadt Erfurt
☺ Fahrrad, Reggae, Comics
☹ Turnen
Geschwister Cora
Freunde Philipp, Ali

Parler

2 Tu habites où?

Parlez avec votre voisin. Utilisez des mots de l'exercice 7. (Sprecht mit eurem Nachbar / eurer Nachbarin und verwendet die Wörter aus der Übung 7.)

ON DIT

- J'habite rue **Truffaut**.
  Et toi, tu habites où?
- J'habite à Neunkirchen, **Jägerstraße**.

- J'aime **le rugby**.
  Et toi, qu'est-ce que tu aimes?
- J'aime **le vélo** et **le rock**.
  Et toi, tu aimes aussi **le rock**?
- Oui, j'aime **le rock**. /
  Non, je déteste **le rock**.

- Et **Max**, qu'est-ce qu'il aime?
- Il aime **la musique classique**.
- Et **Sonia**, qu'est-ce qu'elle aime?
- Elle aime **le foot**.

En français et en allemand

3 Voilà un copain, voilà une copine.

A *Trouvez pour chaque jeune de l'exercice 1 un correspondant français. Justifiez votre choix en allemand.*
(Findet für jeden Jugendlichen der Aufgabe 1 einen französischen Briefpartner. Begründet eure Wahl auf Deutsch.)

Amélie ★
Ort: Paris

Salut! Je m'appelle **Amélie**, j'habite à Paris. J'aime le basket et le volley. J'aime aussi le violon et je suis dans un orchestre. Je déteste la musique pop.

Lylia ★★
Ort: Toulouse

Je suis **Lylia** et j'habite à Toulouse. J'aime le rock et surtout la guitare électrique. Je déteste la danse! J'aime être avec mes copines.

Noah ★★
Ort: Brest

Bonjour! Je m'appelle **Noah** et j'habite à Brest. J'aime le tennis et la musique: le rap et le rock. Je suis fan de BD et j'aime Astérix.

Romain ★
Ort: Chlichy

Salut, c'est moi, **Romain**. J'habite à Clichy. Je fais du karaté, j'aime Rihanna et Mika. Je cherche un corres qui aime ça aussi. Tu aimes les Sims? Moi aussi!

B *Wen hättest du gerne als Austauschpartner? Warum?*

Stratégie

4 Mit dem Französischbuch arbeiten

1. Wo schlägst du nach, wenn du vergessen hast, was das Wort **devant** bedeutet?
2. Worauf verweist das Zeichen (G) in den Überschriften der Übungen?
3. Wo kannst du nachschauen, wenn du eine französische **Übungsanweisung** nicht verstehst?
4. Wo kannst du nachschlagen, wenn dir ein neues Wort wie zum Beispiel **„librairie-papeterie"** begegnet?
5. Wobei hilft dir die Rubrik **Bilan**?

STRATEGIE

Eine „Gebrauchsanweisung" zu deinem Französischbuch findest du im „Wegweiser" auf Seite 9. Nützliche Ausdrücke für das Gespräch in der Klasse kannst du auf Seite 243 nachschlagen.

PORTFOLIO

5 J'aime ... Je déteste ...

Gestalte eine Seite für dein Portfolio.
Schreibe auf, was du gerne magst und was du gar nicht magst.
Du kannst eine Collage aus Zeitschriften machen oder auch zeichnen.

J'aime ...

Mon dico personnel
Lerne, wie deine Lieblingsbeschäftigung auf Französisch heißt.
Weitere Aktivitäten findest du im Vokabular auf Seite 197.

Je déteste ...

Bilan

Überprüfe, was du kannst! Vergleiche deine Lösungen mit den Lösungen auf Seite 245.

1 Parler

Du kannst jetzt schon …	*Und so kannst du den Satz anfangen:*
1. … sagen, wessen Freund(in) du bist.	Je suis … Joséphine.
2. … fragen, wo jemand wohnt.	Tu …?
3. … sagen, wo du wohnst.	J'… Neustadt, …
4. … fragen, was etwas auf Französisch heißt.	Qu'…, en …?
5. … fragen, was jemand macht.	Que … Max?
6. … fragen, was jemand mag.	Qu'… tu …?
7. … sagen, dass du etwas gerne hast/magst.	J' … le vélo.
8. … sagen, dass du etwas gar nicht magst.	Je … le rap.
9. … sagen, dass du einverstanden bist.	D'…!
10. … sagen, dass du Ferien hast.	Je suis …

Mehr dazu 38cv4k

Weitere Übungen findest du im Internet.

2 Lire et écrire

Mets les phrases dans le bon ordre et écris l'histoire.
(Bringe die Sätze in die richtige Reihenfolge und schreibe die Geschichte auf.)

Commence comme ça: (Beginne so:) **Marie entre dans un magasin. …**

1.

2.

3.

4.

Elle regarde une BD.

Mais que fait Jérôme?

Jérôme, attention, la BD!

Oh! C'est la catastrophe!

Elle cherche une BD pour une amie.

Marie entre dans un magasin.

Ah! Voilà une BD super!

Tiens, voilà Jérôme.

3 Ecouter et lire

68 *Ecoute les questions et trouve la bonne réponse.*
(Hör die Fragen und finde die richtige Antwort.)

Exemple: Vous habitez à Paris? → **1.** Non, nous habitons à Toulouse.

1. Non, nous habitons à Toulouse.
2. C'est un stylo.
3. J'aime le judo et le rugby.
4. Non, Léo est dans le magasin.
5. Non, j'aime bien le vélo.

4 En forme (G 4, G 5)

Mets les verbes à la bonne forme.
(Setze die Verben in die richtige Form.)

1. Alex et Mme Latière (être) dans un magasin.
2. *Mme Latière:* Bonjour, madame, nous (chercher) un t-shirt.
3. *La dame* (chercher) *et dit:* Voilà un t-shirt avec un chat.
4. Mme Latière et Alex (regarder) le t-shirt.
5. *La dame:* Vous (aimer) le t-shirt?
6. *Mme Latière:* Il (être) super, Alex, non?
7. *Alex:* Tu (trouver)? Tu (être) bizarre! Je (détester) ça, moi.
8. *Mme Latière:* Alors, on (chercher) un t-shirt avec un chien.

Grammaire

G 3 le, la: Der bestimmte Artikel Singular

maskulin: **le** chien
l'ami
feminin: **la** catastrophe
l'amie

der bestimmte Artikel – **l'article défini**

G 4 nous sommes, vous êtes ...: Das Verb **être** und die Personalpronomen

Singular		Plural	
je	suis	nous	sommes
tu	es	vous	êtes
il / elle / on	est	ils / elles	sont

der Plural – **le pluriel**

G 5 chercher, arriver, habiter ...: Die Verben auf **-er**

Singular		Plural	
je	cherche	nous	cherchons
tu	cherches	vous	cherchez
il / elle / on	cherche	ils / elles	cherchent

! j'habite – j'arrive Achte auf den Apostroph.

G 6 Tu es le frère d'Alex? Fragen stellen (I)

Tu habites ici?	Wohnst du hier?
Tu habites où?	Wo wohnst du?
Tu t'appelles comment?	Wie heißt du?
C'est qui?	Wer ist das?
Qu'est-ce que c'est?	Was ist das?
Que fait Léo?	Was macht Léo?
Qu'est-ce que tu aimes?	Was magst du?

Unité 4

Bon anniversaire, Léo!

82–83

Mehr dazu z6a86i

En France

Wie feiert ihr Geburtstag? Welche Lieder singt ihr? Kennt ihr den Ausdruck für „Herzlichen Glückwunsch zum Geburtstag" in anderen Sprachen?

Ihr könnt auch das Video im Internet ansehen.

PORTFOLIO

Am Ende dieser Unité kannst du etwas über deine Familie erzählen. Du kannst sagen, wie alt du bist, und über deinen Geburtstag sprechen.

Atelier A

Approche **1**

Dans le magasin de Mme Latière (G7, G8)

Jérôme et Mehdi sont dans le magasin de Mme Latière. Ils cherchent un cadeau.

Exemple: *Mehdi:* Regarde le livre! Léo aime bien les livres de sport!
Jérôme: Et regarde la trousse! Elles sont super, les trousses!
Mehdi: Une trousse? Bof! Et la BD, là? Léo aime bien les BD!
Jérôme: Oui. Et l'affiche de rugby? Il aime aussi les affiches …

*Wie bildet man den Plural von **le**, **la** und **l'**? Was verändert sich bei den Nomen?*

Approche **2**

A la FNAC (G9)

84 Alex et Marie cherchent un cadeau pour Léo à la FNAC.

38, 2

En France

Die FNAC ist ein Supermarkt für Bücher, Poster, CDs, Computer, Handys und vieles andere.

Qu'est-ce qu'il y a à la FNAC? Il y a …

– des livre**s**

– des affiche**s**

– des ordinateur**s**

– des CD

– des BD

*Wie bildet man den Plural von **un** und **une**?*
Was ändert sich bei den Nomen?
*Welche Besonderheit gibt es bei **CD** und **BD**?*

3 Demain, c'est l'anniversaire de Léo.

85 Monsieur Pirou, le père de Léo, travaille à Cologne en Allemagne.

Léo: Allô?
M. Pirou: Léo, c'est papa.
Léo: Oh, papa! Bonjour!
Ça va?
Tu es dans le train?
Tu arrives bientôt?
M. Pirou: Léo, c'est ton anniversaire, mais voilà: je travaille … demain.
Léo: Demain? Oh, non, papa! Zut!
M. Pirou: C'est dommage, Léo! Pour moi aussi. Mais, tu invites tes copains?
Léo: Oui, j'invite mon copain Mehdi, ma copine Alex, Jérôme et bien sûr aussi mon amie Marie!
M. Pirou: Tiens, Marie aussi? C'est bien, Léo. Alors à plus!
Léo: A bientôt, papa.

4 A propos du texte

86 *Ecoutez les phrases, dites si c'est vrai ou faux et corrigez.*
(Hört die Sätze an, sagt, ob es richtig oder falsch ist und korrigiert.)

En forme

5 Ma famille et mes copains (G 10)

Ajoutez les formes ***mon***, ***ma***, ***ton***, ***ta***, ***mes***, ***tes***.
(Fügt die Possessivbegleiter ein.)

Léo montre des photos à Marie.

Léo: Voilà mon papa et ma maman.
Marie: Et ici, c'est ? chien?
Léo: Oui, c'est ? chien, ? super Malabar!
Marie: Et où sont les photos de ? copains?
Léo: ? copains? Voilà ? copines Malika et Sarah et ? copains Clément et Romain. J'aime bien ? famille, ? copains et ? chien! Et ? famille? Tu as aussi des photos de ? famille, de ? copines et de ? copains?

6 On prépare l'anniversaire.

87 Mme Pirou arrive avec les bougies pour le gâteau de Léo.

Mehr dazu s4yp2m

Mme Pirou: Alors demain, il y a Marie, Mehdi, …

Léo: … Alex et Jérôme. Avec toi et moi, on est six.

Mme Pirou: Bon, je prépare un gâteau pour 6… ou plutôt pour 12? Et toi, Léo, demain, tu invites des copains. Alors, range ta chambre, s'il te plaît. Aujourd'hui!

Léo: Je range ma chambre! Je range ma chambre! D'accord, mais demain …

Mme Pirou: Non, maintenant! Ta chambre, c'est l'horreur!

Léo: Oui, mais c'est ma chambre et ce sont mes affaires!

Mme Pirou: Oh, toi, toujours avec tes histoires. D'accord, ce sont tes affaires, mais ce sont aussi tes amis!

Léo: Bon, d'accord, je range ma chambre. Et mon cadeau?

Mme Pirou: Les cadeaux, c'est pour demain, Léo!

Lire

7 A propos du texte

Ecrivez les phrases correctes dans votre cahier. (Schreibt die korrekten Sätze in euer Heft.)

Exemple: **1.** M. Pirou travaille en Allemagne.

1. M. Pirou travaille à Paris. / en Allemagne. / à la FNAC.

2. L'anniversaire de Léo, c'est aujourd'hui. / bientôt. / demain.

3. Léo invite des amis. / des bougies. / des cadeaux.

4. Mme Pirou prépare les trains. / un gâteau. / la chambre.

5. Léo déteste le gâteau. / ranger. / les cadeaux.

Jeu de sons

8 Les amis et le cadeau

88 40, 6

Hört gut zu. Wenn ihr den Singular ***le*** *hört, zeigt euren Daumen.*

Wenn ihr den Plural ***les*** *hört, zeigt 5 Finger.*

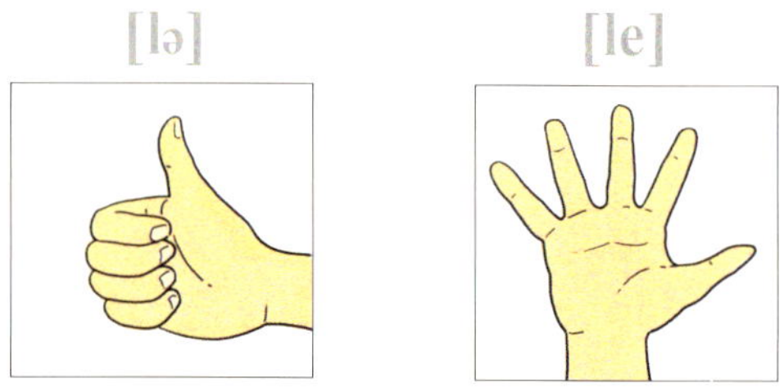

Ecouter et parler

9 C'est une idée super! (G 9)

Mehr dazu 4x2xw9

A *Qu'est-ce qu'ils aiment?*

Qu'est-ce qu'ils détestent?

Faites des phrases.

Exemple: Léo aime les trains, mais il déteste la techno.

89 **B** *Regardez l'exemple. Ecoutez. Qu'est-ce qu'ils aiment? Qu'est-ce qu'ils détestent? Répondez.*

Exemple:

Ecrire 10 Les copains et les cadeaux

Superbus [sypɛRbys] = un groupe de rock français

Complétez les phrases avec ***les*** *ou* ***des****.*
Ecrivez dans votre cahier.
(Vervollständigt die Sätze mit ***les*** *oder* ***des****.*
Schreibt in euer Heft.)

1. ? copains de Léo cherchent ? idées.
2. Léo aime ? BD.
3. Il aime aussi ? CD de rock.
4. Dans le magasin, ils regardent ? BD.
5. Ils écoutent aussi ? CD de Superbus.
6. ? cadeaux, c'est pour demain.

En forme 11 Mon anniversaire et mes copains (G 10)

A *Faites des dialogues.*

Exemple: – C'est ta copine? – Oui, c'est ma copine.
– Non, c'est la copine de …

C'est mon / ma, ton / ta

Ce sont mes, tes

le chat · l'idée · l'ordinateur · le copain · la sœur · la copine · les cadeaux · la chambre · la gomme · la maison · le vélo · les copines · le cahier · l'amie · les crayons · l'ami · les affaires · …

B *Complétez les phrases. Ecrivez dans votre cahier.*
(Vervollständigt die Sätze. Schreibt in euer Heft.)

En forme 12 C'est ton gâteau? (G 10)

Würfelt einmal für die Person, einmal für die Sache. Bildet dann Sätze.

Exemples:

Toi + un gâteau → C'est ton gâteau.

Moi + des livres → Ce sont mes livres.

Person	Moi	Toi	Moi	Toi	Moi	Toi
Sache	une école	des livres	une BD	un gâteau	une chambre	des CD

Jeu de mots 13 La famille de Léo

Les grands-parents
le grand-père /
la grand-mère

Les parents
le père / la mère
l'oncle / la tante

Les enfants
le fils / la fille
le frère / la sœur
le cousin / la cousine

Faites des devinettes. (Erstellt Rätsel.)

Exemple:
C'est le cousin de Léo et le frère de Jean. C'est qui? → C'est Pierre.

ORTFOLIO 14 Ta famille

Faites des dessins ou prenez des photos de votre famille. Collez les images sur une feuille pour votre portfolio et présentez votre famille.
(Macht Zeichnungen oder Fotos von eurer Familie. Klebt die Bilder auf ein Blatt für euer Portfolio und präsentiert eure Familie.)

Exemple:
- Voilà mes tantes: Angela et Christa. Et là, c'est ma cousine Iris.

Stratégie 15 Lire et parler

STRATEGIE

So kannst du das flüssige Vorlesen üben: Nimm dein Buch und setze dich deinem Partner gegenüber. **Lies** nun einen Satz leise, bis du ihn auswendig kannst. **Blicke** dann deinem Partner in die Augen. **Sprich** den Satz laut, aber ohne dabei ins Buch zu sehen. Wechselt euch ab, bis der ganze Text gelesen ist. Probiert es mit dem Text „Le père de Léo".

Probiert die Stratégie mit dem folgenden Text aus.

Le père de Léo
Marc Pirou, le père de Léo, travaille en Allemagne, à Cologne.
Il travaille pour un journal français.
Il parle allemand et français.
Marc Pirou aime bien l'Allemagne.
Il aime aussi être en famille, avec Anne et Léo. Mais la famille de Monsieur Pirou habite à Paris.
Léo dit toujours: «Viens vite, papa!»

Atelier B

Approche **1**

Ça alors! (G 11)

90 | 44, 12

Nicolas: Demain, ma sœur a son anniversaire.
Sophie: Tu as un cadeau?
Nicolas: Oui, j'ai un livre fantastique. Mon frère et moi, nous avons aussi un CD et un gâteau.
Sophie: Vous avez aussi des bougies?
Nicolas: Bien sûr. Mes parents ont 29 bougies pour les 29 ans de ma sœur.
Sophie: Ta sœur a 29 ans? Ça alors!

Trouvez les formes du verbe ***avoir****. Ecrivez-les dans votre cahier.*
(Findet die Formen des Verbs ***avoir****. Schreibt sie in euer Heft).*

Jeu de mots **2**

Les mois de l'année

43, 10

A *Faites des dialogues. (Erstellt Dialoge.)*

Exemple: – L'anniversaire de Marie, c'est quand?
– L'anniversaire de Marie, c'est le premier mars.

B *Parlez avec votre voisine / votre voisin.*
(Sprecht mit eurer Tischnachbarin / eurem Tischnachbarn.)

Exemple: – Ton anniversaire, c'est quand?
– Mon anniversaire, c'est le …

Mehr dazu fz35ia

C *Regardez la vidéo. L'anniversaire de Lou, c'est quand?*

3 L'anniversaire de Léo

91–95 **1.** Le 19 mai, c'est l'anniversaire de Léo. Ses copains et ses copines arrivent. Ils ont des cadeaux et chantent «Joyeux anniversaire!». Puis, sa mère arrive avec le gâteau.

2. Léo souffle les bougies de son gâteau d'anniversaire.

Alex: Marie et moi, nous avons un cadeau pour toi, Léo.
Léo: Qu'est-ce que c'est? Un bonbon, c'est ça?

3. *Léo:* … Oh, un ballon de rugby! Merci, Marie. Merci, Alex.
Mehdi: Moi aussi, j'ai un cadeau.
Léo: Un jeu vidéo de rugby? Euh, merci.
Alex: Léo, Jérôme a aussi un cadeau.
Léo: Encore un DVD sur le rugby?

4. Léo est dans sa chambre avec Marie.

Marie: Léo, mais qu'est-ce que tu as?
Léo: Papa est en Allemagne et aujourd'hui, j'ai onze ans. C'est dommage.
Marie: Ah bon? Mais regarde!

5. *Léo:* Oh, papa, tu es là? Quelle surprise!
M. Pirou: Mais, bien sûr, Léo. C'est ton anniversaire. Voilà ton cadeau.
Léo: Ah, deux tickets pour un match de … rugby. Merci, papa!
M. Pirou: Et tu as envie de regarder le match avec moi?
Léo: Mais oui! C'est un anniversaire super!

Ecrire

4 A propos du texte

Trouvez les phrases correctes et écrivez-les dans votre cahier.
(Findet die richtigen Satzanschlüsse und schreibt die Sätze in euer Heft.)

1. Le 19 mai, c'est →
2. Les amis
3. Léo
4. Marie et Alex
5. M. Pirou

la fête du rugby en France.
chantent pour Léo.
un mercredi.
arrivent avec le gâteau.
souffle les bougies.
regardent un match de rugby.
ont un ballon de rugby pour Léo.
arrive avec un cadeau super.
l'anniversaire de Léo.

Jeu de mots

5 ... cinq, six, sept, clap! ...

*Comptez de 1 à 39. Remplacez les nombres qu'on peut diviser par 4 par **clap**!*
*(Zählt der Reihe nach von 1 bis 39. Ersetzt die Zahlen, die durch 4 teilbar sind, durch **clap**!)*

Regardez le vocabulaire p. 203.

Ecouter

6 Marie et Mehdi

90

Ecoutez le texte et notez les nombres dans votre cahier.
(Hört euch den Text an und schreibt die Zahlen in euer Heft.)

1. Marie a une sœur de **?** ans et un frère de **?** ans.
2. Elle habite avec sa famille **?** rue Truffaut.
3. Mehdi a **?** ans. Il a **?** frère et **?** sœur.
4. La famille de Mehdi habite **?** rue Nollet.

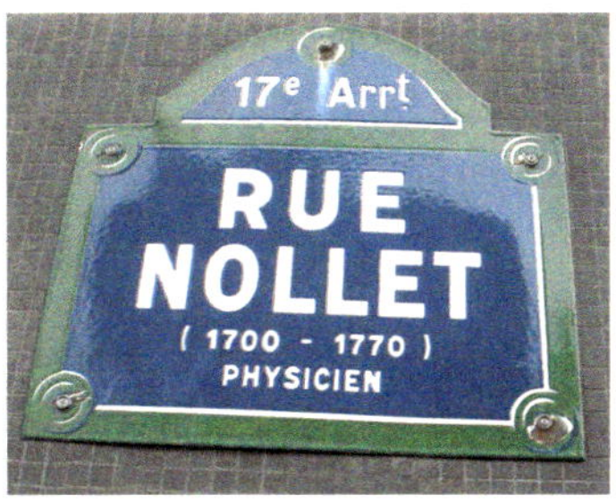

En forme

7 Jérôme parle avec ses amis. (G 11)

*Complétez le texte avec les formes du verbe **avoir**.*
*(Ergänzt den Text mit den Formen von **avoir**.)*

Jérôme: Tu **?** quel âge, Isabelle?
Isabelle: J' **?** 12 ans, mais mes frères **?** déjà 15 et 17 ans.
Jérôme: Et vous, Patrick et Thomas, vous **?** quel âge?
Thomas: Ensemble, nous **?** 23 ans. Patrick **?** 13 ans.
Jérôme: Alors, toi, tu **?** 10 ans. Et ton anniversaire, c'est quand?
Thomas: J' **?** mon anniversaire le 3 mai.
Isabelle: Tiens, moi aussi, j' **?** mon anniversaire le 3 mai. C'est bizarre.

En forme 8 Léo range …, Marie regarde … (G 10)

→ En plus 177, 6 △

Faites des phrases. (Bildet Sätze.)

A Exemple: **1.** Dans sa chambre, Léo range **ses affaires**.

1. les affaires
2. les cadeaux
3. la gomme
4. les livres
5. les CD
6. l'affiche
7. le stylo

B Exemple: **1.** Dans sa chambre, Marie regarde **son DVD**.

1. le DVD
2. les cahiers
3. la BD
4. les livres
5. le journal
6. l'ordinateur
7. l'affiche
8. les t-shirts

En forme 9 Léo invite sa copine Marie. (G 10)

A *Traduisez en allemand les phrases avec **son**, **sa**, **ses**. Qu'est-ce que vous remarquez? (Übersetzt die Sätze mit **son**, **sa**, **ses** ins Deutsche. Was fällt euch auf?)*

Aujourd'hui, Léo fait une fête pour **son** anniversaire.
Il invite **sa** copine Marie.
Il regarde **ses** cadeaux.

Le 10 mai, Léa fête **son** anniversaire.
Elle invite **sa** copine Marie.
Elle regarde **ses** cadeaux.

B *Traduisez en français. (Übersetzt ins Französische.)*

Léo lädt **seinen** Freund Mehdi und **seine** Freundin Marie ein. Marie kommt mit **ihrem** Geschenk an. Léo mag **sein** Geschenk. Schau, da ist Mme Pirou mit **ihrem** Kuchen! Léo pustet **seine** Kerzen aus. **Seine** Freunde singen, Marie und **ihre** Feundinnen auch.

Parler 10 Tu as quel âge?

→ En plus 177, 7 △

46, 16

ON DIT

– Tu as quel âge?	– J'ai 11 ans.
– Ton anniversaire, c'est quand?	– Mon anniversaire, c'est le 23 février.
– Tu as des frères et sœurs?	– Non. / Oui, j'ai un frère. Il s'appelle … J'ai aussi une sœur. Elle s'appelle …
– Ils ont quel âge?	– Mon frère a 14 ans et ma sœur a 9 ans.
– Vous avez des cousins et des cousines?	– Non. / Oui, nous avons deux cousines. Elles ont 18 et 20 ans.

A *Faites des dialogues avec votre voisine / votre voisin. Prenez des notes (Erstellt Dialoge mit eurer Nachbarin / eurem Nachbarn. Macht euch Notizen.)*

B *Présentez votre voisine / votre voisin. (Stellt eure Nachbarin / euren Nachbarn vor.)*

Exemple:
Mona a 11 ans. Son anniversaire, c'est le 2 octobre.
Elle a un frère, il s'appelle Victor. Il a 8 ans …

Lire et écrire 11 Voilà Mehdi.

Voilà quelques informations sur Mehdi. Ecrivez un texte pour présenter Mehdi. (Hier sind einige Notizen zu Mehdi. Schreibt einen Text, um Mehdi vorzustellen.)

Commencez comme ça:

C'est Mehdi. Il a …

Mehdi, 11 ans

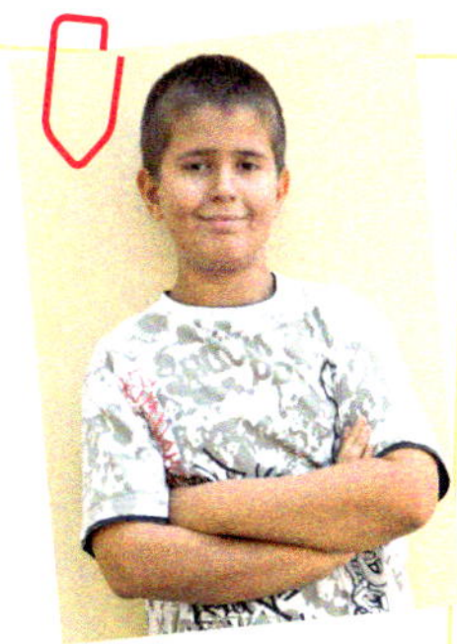

Anniversaire: 04/12
Frère: Abdel (10)
Sœur: Karima (14)
Adresse: 25 rue Nollet
Aime: les mangas, les histoires, le karaté
Déteste: le foot, la gymnastique
Copains, copines: Léo, Jérôme, Marie, Alex

Ecrire

4 Voilà, c'est moi!

Tu cherches un correspondant français. Ecris un petit texte pour te présenter. Prends d'abord des notes.
(Du suchst einen französischen Austauschpartner. Schreibe einen kleinen Text, um dich vorzustellen. Mache zuerst Notizen.)

Commence comme ça:

Je m'appelle …

Wenn du nicht weißt, wie du den Text schreiben kannst, sieh noch einmal die Übungen 10 und 11 auf S. 65 an.

Nom
Age
Adresse
Anniversaire
Famille
J'aime
Je déteste

Parler

5 Ma famille et mes copains

Travaillez à deux. Parlez de vos familles, de vos copains et de vos copines.
(Arbeitet zu zweit. Sprecht über eure Familie, eure Freundinnen und Freunde.)

mon, mes, ma	famille, cousin / cousine, père, amie / amie, mère, frère, sœur, copain / copine	avoir un / une, habiter à, avoir … ans, aimer bien, être sympa, travailler à

Exemple: Dans ma famille, nous sommes …

Jeu de mots

6 Un anniversaire

A *Trouvez les mots. Ecrivez dans votre cahier. Ajoutez si possible les articles définis.*
(Findet die Wörter. Schreibt sie in euer Heft. Ergänzt wenn möglich den bestimmten Artikel.)

1. DAUCEA
2. NIACOP
3. GEIBOUS
4. POCNEI
5. FLERFOUS
6. RUSPIRES
7. AGÂUTE
8. UJE
9. TÊFE
10. MAFILLE

B *Ecrivez un petit texte avec les mots de A.*

Bilan

Überprüfe, was du kannst!
Vergleiche deine Lösungen mit den Lösungen auf Seite 245.

1 Parler

Du kannst jetzt schon …	*Und so kannst du den Satz anfangen:*
1. … jemandem zum Geburtstag gratulieren.	Bon … ! / … !
2. … fragen, was es irgendwo gibt. (Was gibt es in dem Geschäft?)	Qu'est-ce qu'… ?
3. … jemanden fragen, ob er Hunger hat.	Tu … ?
4. … sagen, wie alt du bist. (Ich bin 11.)	… 11 ans.
5. … sagen, wann du Geburtstag hast.	… , … premier mars.
6. … sagen, dass du auf etwas Lust hast. (Ich habe Lust, eine CD zu hören.)	J'ai … écouter un CD.

Mehr dazu 3ny7rn

Weitere Übungen findest du im Internet.

2 Regarder et écrire (G 10)

A *Décris les images et utilise les mots donnés. (Beschreibe die Bilder und benutze dabei die vorgegebenen Wörter.)*

Exemple:

1. Aujourd'hui, c'est l'anniversaire de Léo. **Sa** mère …

1. Aujourd'hui / anniversaire / Léo / mère / préparer / gâteau.
2. Léo / dans / chambre / amie Marie / Malabar / Et voilà / cadeaux / jeu vidéo / BD
3. Maintenant / père / là aussi.

B *Maintenant, Léo parle des images. (Jetzt spricht Léo über die Bilder.)*

Exemple:

Aujourd'hui, c'est **mon** anniversaire. …

1.

2.

3.

3 En forme (G 11)

Invente des phrases. (Erfinde Sätze.)

1. J' …
2. Tu …
3. Il / Elle …
4. Nous …
5. Vous …
6. Ils / Elles …

avoir

une idée. | envie de … | faim? | une surprise. | 11 ans. | un cadeau pour Léo.

4 Jeu de mots

Complète le texte. (Vervollständige den Text.)

1. Léo est le ? de Marc Pirou.
2. La mère de Marc Pirou est la ? de Léo.
3. La fille de l'oncle de Léo est la ? de Léo.
4. La sœur de la mère de Léo est la ? de Léo.

Grammaire

G7 une bougie, deux bougies: Der Plural des Nomens

Singular	Plural
un livre	**deux** livre**s**
une bougie	**deux** bougie**s**
un cadeau	**deux** cadeau**x**
un fils	**deux** fils
une BD	**deux** BD

G8 les: Der bestimmte Artikel Plural

Singular	Plural
le cadeau	**les** cadeau**x**
das Geschenk	die Geschenke
la chanson	**les** chanson**s**
l'ami	**les** ami**s**
l' amie	**les** amie**s**

! der bestimmte Artikel Plural – **l'article défini au pluriel**

G9 des: Der unbestimmte Artikel Plural

Singular	Plural
un crayon	**des** crayons
ein Bleistift	– Bleistifte
une gomme	**des** gommes
un ami	**des** amis
une amie	**des** amies

! der unbestimmte Artikel Plural –
l'article indéfini au pluriel

G10 mon, ton, son ...: Die Possessivbegleiter (I)

Singular	Plural
mon frère	**mes** frères
ton frère	**tes** frères
son frère	**ses** frères
ma copine	**mes** copines
ta copine	**tes** copines
sa copine	**ses** copines

! mon / ton / son amie
der Possessivbegleiter – **l'adjectif possessif**

G11 j'ai, tu as ...: Das Verb **avoir** (haben)

Singular	Plural
j' ai	nous avons
tu as	vous avez
il / elle / on a	ils ont
	elles ont

! Tu **as** quel âge? – Wie alt **bist** du?
J'**ai** onze ans. – Ich **bin** 11 Jahre alt.

Unité 5
Au collège Balzac

PORTFOLIO

Am Ende dieser Unité kannst du über die Schule sprechen und deine Schule vorstellen.

En France

Mehr dazu bh57y4

Regardez les photos.
Qu'est-ce qu'il y a en France?
Qu'est-ce qu'il n'y a pas en Allemagne?
Regardez aussi la vidéo sur Internet.

a Dans la cour, les élèves jouent.

b Un cours d'allemand: tiens, qui est en retard?

c Au CDI: chut! On travaille!

d On a faim! Qu'est-ce qu'il y a à la cantine?

e A l'infirmerie.

104–108 *Ecoutez les scènes et dites où elles se passent. (Hört die Szenen und sagt, wo sie spielen.)*

Atelier A

Approche **1**

La journée de Marie

109

Quelle heure est-il?
(Wie spät ist es?)

Exemple:
1. Il est huit heures cinq.

Parler **2**

Quelle heure est-il?

Fragt eure Tischnachbarn, wie spät es ist, wann sie heute nach Hause gehen, wann sie heute zu Abend essen und wann sie spielen.

Exemple: – Quelle heure est-il, s'il te plaît?
– Il est …

ON DIT

– Marie, **quelle heure est-il**, s'il te plaît?
– **Il est** sept heures et demie.

– Tu rentres **à quelle heure**, aujourd'hui?
– Je rentre **à** quatre heures.

– Vous mangez quand, aujourd'hui?
– **A** huit heures.
– **De** huit heures **à** neuf heures.

3 La clé USB

110–114

1. Lundi, à huit heures moins le quart, Mehdi cherche Léo dans la cour. Il va au CDI. Mais il ne trouve pas son copain. Il va aux toilettes, puis à l'infirmerie, … mais Léo n'est pas là.

2. Huit heures moins deux. Pour les élèves de la 6ᵉA, le cours d'allemand commence dans deux minutes. Mais où est Léo? Mme Barette, la professeure d'allemand, arrive.

3. Huit heures! Aujourd'hui, Léo est en retard. Il arrive au collège. Il entre vite dans la cour. Mais qu'est-ce qu'il y a, là, sous son pied?

4. A huit heures quatre, Léo entre dans la salle de cours.

5. Léo va à sa place. Dans sa main, il a la clé USB.

Jeu de son

4 Chanson: C'est ça, le collège!

115–116 *Ecoutez la chanson, puis chantez.*

C'est ça, le collège!

Le cours commence à huit heures.
«Ecoutez bien», dit la professeure.
Zut, je ne trouve pas mon cahier.
Il est où? Tu as une idée?

Refrain
C'est ça, le collège! (3x)

Je ne regarde pas le ballon.
Oh pardon, oh pardon!
Vous n'écoutez pas la prof!
C'est la catastrophe!

Refrain

A la cantine aujourd'hui,
nous n'aimons pas le céleri!
Ça ne va pas Marie?
Vite, vite, à l'infirmerie!

Refrain

5 La récréation

117 A dix heures, c'est la récréation.
Les garçons retrouvent Marie et Alex dans la cour.
Elles sont en 6ᵉB. Léo raconte l'histoire de la clé USB.

Marie: Une clé USB, dans la cour? Elle est à qui?
Léo: Je ne sais pas!
Alex: Alors, après la cantine nous allons au CDI et nous regardons sur l'ordi, d'accord?
Mehdi: Bof, je ne trouve pas ça bien! Ce ne sont pas mes affaires.

Les enfants discutent … Mais à une heure, ils vont au CDI: bientôt, la clé USB est dans l'ordinateur …

Devinez: *Qu'est-ce qu'il y a sur la clé USB? Elle est à qui?*

6 A propos du texte

A *Lisez les textes à la page 75 et 76 et corrigez les phrases.*
(Lest die Texte auf Seite 75 und 76 und korrigiert die Sätze.)

1. Mehdi cherche Mme Barette.
2. Le cours d'allemand commence à 9 heures.
3. La récréation est à 11 heures.
4. Léo trouve la clé USB à la cantine.
5. Marie et Alex sont en 6ᵉA.
6. A une heure, les amis vont à la maison.

B *Vous trouvez une clé USB dans la cour. Faites un dialogue.*

En forme

7 Marie chante. Léo ne chante pas. (G 12)

→ En plus 178, 8 △

A *Faites des phrases qui s'enchaînent.*
(Bildet eine Satzkette.)

Exemple: **1.** Marie chante. **2.** Léo ne chante pas. Il … **3.** Mehdi ne …

1. chanter

2. parler

3. être à la cantine

4. arriver dans la cour

5. ranger ses affaires

6. entrer dans le collège

7. travailler

8. jouer

9. chercher Malou

10. avoir faim

B *Mimez les verbes de l'exercice, vos camarades devinent.*
(Stellt die Verben der Übung pantomimisch dar. Eure Mitschüler raten.)

Exemple: – Tu travailles?
– Non, je ne travaille pas. / Oui, c'est ça.

En forme

8 Monsieur Pirou pose des questions. (G 14)

Monsieur Pirou pose des questions (stellt Fragen) à Léo avec le verbe **aller**.

Ecrivez le dialogue dans votre cahier.

quand?	qui?	où?
10h00	Léo	dans la cour
12h30	Léo et Marie	à la cantine
13h00	Marie et Alex	au CDI

Monsieur Pirou		**Léo**
– Léo, tu ? dans la cour à neuf heures?	→	– Non, je ? … à …
– Marie et toi, vous ? à la cantine ensemble?	→	– Oui, nous ? … à …
– Et où ? Marie et Alex après la cantine?	→	– A …, Marie et Alex ? …

Jeu de mots

9 On va où?

Exemple: – Je cherche un livre en allemand. → – Alors, on va au CDI. *Continuez.*

- – J'ai envie de rentrer.
- – Il est midi. J'ai faim!
- – Je cherche un cadeau pour un copain.
- – Je cherche un livre en allemand.
- – Aïe! Aïe! Mon pied!
- – C'est la récréation.

– Alors, on va

- **dans** la cour.
- **à la** cantine.
- **chez** Mme Latière.
- au CDI.
- **à l'**infirmerie.
- **à la** maison.

En forme

10 Nous allons au collège. (G 13, 14)

Faites des phrases.

à + le → **au**
à + les → **aux**

Exemple: Nous allons au collège.

1. nous

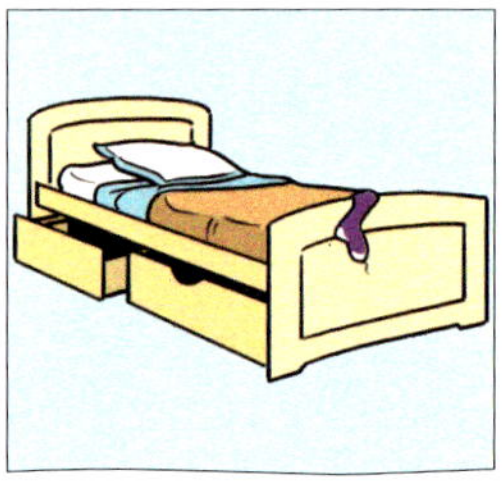

2. tu

3. Léo

4. nous

5. vous

6. elles

7. je

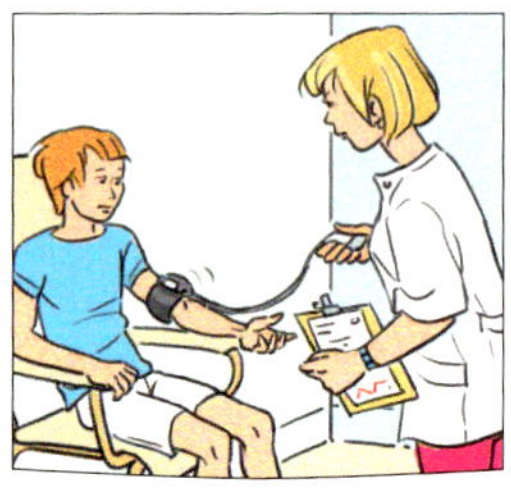

8. on

Ecouter

11 Une journée de ...

118

A *Regardez d'abord le tableau, puis écoutez le texte. Qui parle?*

B *Ecoutez une deuxième fois. Il va au collège à quelle heure?*

C *Ecoutez une troisième fois. Qu'est-ce qu'il fait à quatre heures et demie? Et à neuf heures?*

1. collège 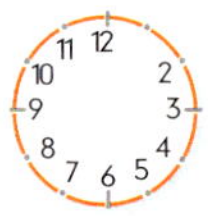

2. allemand  – 

3. sport  – 

4. ? 

5. Mehdi 

6. ? 

Atelier B

Lire

1 L'emploi du temps de Léo

Heures	Lundi	Mardi	Mercredi	Jeudi	Vendredi	Samedi – Dimanche
8h00 – 8h55	allemand	histoire-géo	anglais	histoire-géo	mathématiques	
9h00 – 9h50	allemand	mathématiques	technologie	histoire-géo	mathématiques	
récréation						
10h05 – 11h00	E.P.S.	français	/	français	technologie	
11h05 – 12h00	E.P.S.	français	français	français	E.P.S	
pause / cantine						
13h30 – 14h25	mathématiques	arts plastiques	/	S.V.T.	allemand	
14h30 – 15h25	technologie	allemand	/	S.V.T.	/	
récréation						
15h40 – 16h30	aide au travail	éducation musicale	/	E.P.S.	vie de classe	
16h40 – 17h30	/	/	/	/	/	

- *Wie heißen die Wochentage auf Französisch?*
- *Ihr kennt noch nicht alle Fächer, aber einige könnt ihr sicher erraten. Welche?*

En France

2 L'école en France – et chez nous

A *Comparez l'emploi du temps de Léo avec le vôtre. (Vergleicht Léos Stundenplan mit eurem.)*

B *Schreibt euren Stundenplan auf Französisch auf.*

3 Une surprise

119–121 1. Au CDI, les copains sont devant l'ordinateur.

Sur la clé USB, il y a … leurs interrogations d'allemand!
C'est la clé USB de Mme Barette, leur professeure d'allemand.

2. Léo cherche quelque chose dans son sac … et les enfants discutent.

3.

Que dit Léo? Que font ses copains? Devinez.

Lire

4 A propos du texte

A *Le texte a trois parties. Quel titre va avec quelle partie du texte? (Der Text hat drei Teile. Welche Überschrift passt zu welchem Teil des Textes?)*

Bonjour, Mme Barette. → C'est la partie …

On clique … et on trouve. → …

Qui a raison? → …

122 **B** *Ecoutez la fin de l'histoire, puis répondez. (Hört euch das Ende der Geschichte an und antwortet dann.)*

1. Que cherche Mme Barette?
2. Qu'est-ce qu'il y a sur la clé USB?
3. Qui est M. Castor?
4. Que font les élèves jeudi?

Jeu de mots

5 Les mots de l'école

Copiez et complétez le filet à mots dans votre cahier. (Übertragt das Wortnetz in euer Heft und ergänzt es.)

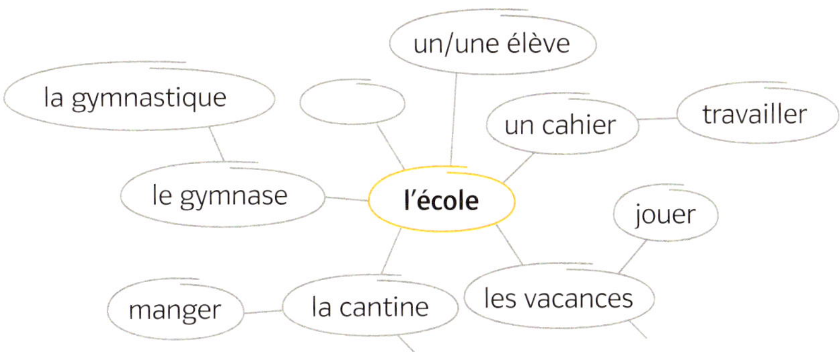

En forme

6 Devant l'ordinateur, on discute. (G 15)

→ En plus 178, 9

Complétez avec les formes du verbe ***faire.***

1. *Marie:* Nos interros! Qu'est-ce qu'on **?** ?
2. *Alex:* Toi et moi, nous **?** les exercices de la 6eB.
   Et les garçons **?** les exercices de la 6eA!
3. *Mehdi:* Non, moi, je ne **?** pas ça!
4. *Léo:* Comment, tu ne **?** pas ça?
   Mais si, Mehdi, c'est comme un cadeau!
5. *Marie:* Mehdi a raison.
   Léo: Oh, vous **?** toujours des histoires.

Parler

7 Qu'est-ce qu'on fait?

Faites des dialogues.

Exemple:
– On parle avec la prof?
– D'accord.

Questions	Réponses
aller au gymnase ensemble	Oui!
commencer les devoirs	Oh, oui, c'est cool!
faire les exercices	Ah, non!
aller à la cantine à midi	D'accord.
préparer l'interro	Non, moi, je ne fais pas ça!
parler avec la prof	Bien sûr.
ranger la salle de cours	Je ne sais pas …
rentrer ensemble …	

Jeu de sons

8 Au collège, aujourd'hui …

123

Cherchez les mots avec **[ʒ]** *et les mots avec* **[ʃ]**.

Au collège, aujourd'hui,
je retrouve mes amis.
Moi, j'aime bien la gymnastique,
mon copain aime la musique.

Nous chantons une chanson,
puis je cherche mes crayons.
Je fais une affiche, et toi?
Moi, je… euh, … je ne sais pas.

Jeu de mots

9 Où est le cahier?

Spielt in kleinen Gruppen: Einer legt einen Gegenstand ***vor***, ***hinter***, ***auf***, ***unter*** *oder* ***in*** *seine Schultasche. Die anderen drehen sich um und raten, wo sich der Gegenstand befindet.*

Exemple:
– Où est le cahier?
– Il est **derrière** ton sac.
– Non!
– Il est **sur** ton sac.
– Oui!

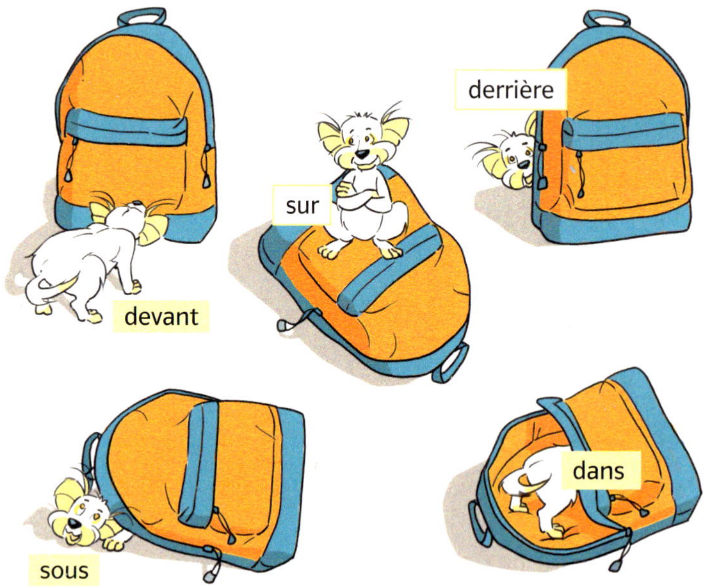

Parler **10** **Non? Si!** (G 12)

Utilisez le verbe ***aimer****.*

Exemple:
– Tu **n'**aimes **pas** la cantine?
– **Non**, je **n'**aime **pas** la cantine.
– **Si**, j'aime bien la cantine.

l'ordinateur | les livres | le français | le collège | la cantine | le sport | l'allemand | les exercices | les surprises | …

En forme **11** **Léo, ses copains et leur collège** (G 16)

→ En plus 178, 10 △

A *Complétez avec* ***son, sa*** *ou* ***ses****.*

1. Léo aime bien **?** collège.
2. Mais il n'aime pas faire **?** devoirs.
3. Dans **?** classe, il y a **?** copain Mehdi.
4. **?** copines Marie et Alex ne sont pas en 6eA. Elles sont en 6eB.

B *Complétez avec* ***leur*** *ou* ***leurs****.*

1. Les copains regardent **?** emploi du temps.
2. Au CDI, ils font **?** devoirs d'allemand.
3. Ils préparent **?** interrogation.
4. A la maison, ils discutent avec **?** parents.

En forme **12** **En classe** (G 16)

Posez des questions et trouvez des réponses.

Exemple:
– Où est notre professeure?
– Notre professeure est dans la salle des professeurs.

Où est Où sont	notre nos votre vos	affaire**s**? exercice? sac**s**? professeure? devoir**s**? copine?

au CDI | dans la salle de cours | dans le cahier | à la cantine | … | aux toilettes | dans la salle des professeurs

En forme 13 Où est mon livre? (G 16)

Dans la salle de cours, les élèves cherchent leurs affaires.

Complétez le texte avec ***mon, ma, mes, ton, ta, tes, son, sa, ses, leur, leurs.***

1. *Marie:* Je cherche ? livre, ? gomme et ? clés. Mehdi, tu cherches aussi ? livre, ? gomme et ? clés?
2. *Mehdi*: Non, mais je ne trouve pas ? cahier, ? trousse et ? crayons.
3. *Marie:* Regarde Léo. Il cherche ? sac, ? copie et ? stylos. Et Léa ne trouve pas ? effaceur, ? BD et ? devoirs.
4. *Mehdi:* Mais où sont Véronique et Gilles? Ils ne sont pas dans la salle de cours.
5. *Marie:* Ils cherchent ? professeur et ? copains et copines.

En forme 14 Je vais chez grand-mère. (G 13, 14)

Spielt mit einem Würfel. Bildet Sätze mit der Form des Verbs ***aller****, die der Würfel euch durch die Augenzahl anzeigt. Benutzt bei ungerader Augenzahl eine gelb unterlegte Ortsangabe, bei gerader Augenzahl ein orange unterlegtes Beispiel.*

		à / au / à la / à l' / aux	chez
1. Je / Moi, je …	aller	école	Léo
2. Tu / Toi, tu …		cantine	un copain
3. Marie / Léo / Il / Elle …		Paris	les Pirou
4. Léo et moi, nous / Nous …		maison	la professeure
5. Marie et toi, vous / Vous …		CDI	grand-mère
6. Marie et Léo / Ils / Elles …		toilettes	Mme Barette

En France 15 Le collège

Lisez les phrases et dites si c'est vrai ou faux.

1. Un collège en France a six classes.
2. On entre au collège à l'âge de 10 ans.
3. Après le lycée, les élèves vont au collège.
4. Un «gymnase», c'est un «Gymnasium» en allemand.

Pratique: tâches

Lire

1 Einen Text verstehen

Um einen Text insgesamt zu verstehen, musst du nicht jedes Wort kennen.

11, 19

STRATEGIE

1. Sieh dir zunächst die Überschrift und die Bilder an: **Worum geht es** in dem Text?
2. Lies den Text dann **einmal ganz** durch. Wenn du ein Wort nicht verstehst, lies einfach weiter.
3. Lies den Text noch einmal durch. Achte auf Wörter, die dich an deine **Muttersprache**, an das **Englische** oder an eine **andere Sprache** erinnern. Manche Wörter kannst du auch erraten, wenn du auf den **Zusammenhang** des Textes achtest.

Le collège
Les élèves français vont au collège à l'âge de 11 ans. Le collège commence avec la classe de 6e. Après la 6e, les élèves vont en 5e, puis en 4e et enfin en 3e. Il y a donc 4 ans de collège, puis les élèves vont au lycée.

«Honoré de Balzac» est un collège et un lycée. C'est le plus grand collège-lycée de Paris: il a 2000 élèves et 200 professeurs, deux CDI, une bibliothèque internationale, une médiathèque, quatre gymnases, une salle de spectacles et même une piscine!

A «Balzac», on trouve des classes internationales avec des cours en anglais, en arabe, en espagnol et en portugais. Il y a aussi des cours de cirque, des cours de cinéma et de journalisme. Dans un gymnase transformé en studio, les élèves font des interviews pour la télé.

En France

A Quelle est la différence entre un «collège» et ton école? (Was ist der Unterschied zwischen einem Collège und deiner Schule?)

B Qu'est-ce que tu aimes au collège Balzac? Qu'est-ce que tu n'aimes pas?

En France

2 Le collège en France et le «Gymnasium» en Allemagne

A *Compare.*

Exemple: **1.** La sixième est la classe 5 en Allemagne. *Continue.*

le collège	**le «Gymnasium»**
1. la sixième	7. Klasse
2. la cinquième	6. Klasse
3. la quatrième	5. Klasse
4. la troisième	8. Klasse
Après, c'est le lycée.	9. Klasse
	Danach kommt die Oberstufe. (10., 11., 12. Klasse)

B *Qu'est-ce qu'il y a au Collège Balzac? Qu'est-ce qu'il n'y a pas dans ton école? Ecris dans ton cahier.*

En français et en allemand

3 Des affiches

A *Am Collège Balzac hast du dieses Plakat entdeckt. Erkläre deinen Eltern auf Deutsch, worum es geht.*

B *Dein französischer Austauschpartner möchte wissen, worum es bei dem Angebot unten geht. Erkläre es ihm auf Französisch.*

PORTFOLIO

4 Mon collège

Gestalte eine Seite, auf der du deine Schule vorstellst. Du kannst mit Fotos oder mit Zeichnungen arbeiten.

- *Bilde verschiedene Räume ab und beschrifte sie auf Französisch.*
- *Stelle deine Lehrer und deine besten Schulfreunde vor.*
- *Nenne die Fächer, die du gerne magst, und die Fächer, die du nicht so gerne magst.*

Mon dico personnel
Lerne, wie deine Lieblingsfächer auf Französisch heißen. Die Schulfächer findest du im Vokabular auf Seite 209.

Ecrire

5 Où va Moustique aujourd'hui?

Racontez la journée de Moustique. Ecrivez l'histoire dans votre cahier.

1. 8h00

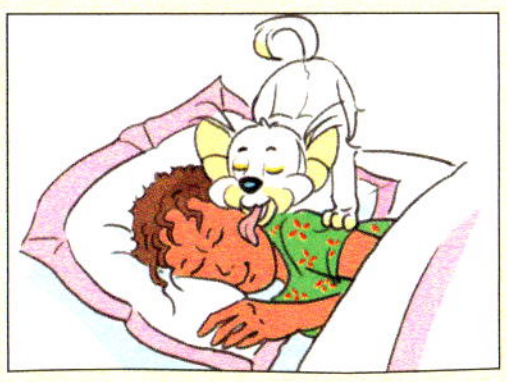

2. 8h15 – 8h30

3. 8h45 – 9h10

4. 9h25

5. 11h45 – 14h35

6. 15h45 – 16h20

7. 17h00

8. 18h30

Ecrire

6 Ma journée

Maintenant à toi. Raconte ta journée. (Erzähle deinen Tagesablauf.)

être à | travailler pour | regarder | … | aller à / chez | jouer (avec) | rentrer

Bilan

1 Parler

Du kannst jetzt schon …	*Und so kannst du den Satz anfangen:*
1. … fragen, wieviel Uhr es ist.	Quelle …?
2. … sagen, wieviel Uhr es ist.	Il est …
3. … sagen, von wann bis wann du heute fernsiehst.	Je regarde …
4. … sagen, welcher Wochentag heute ist.	Aujourd'hui, c'est …
5. … einen Freund fragen, ob ihr die Hausaufgaben gemeinsam macht.	On … ensemble?
6. … sagen, wohin du gehst.	Je … cantine. / Je … un copain.
7. … sagen, dass du etwas nicht weißt.	Je … pas.
8. … um Entschuldigung bitten.	…-moi.

Mehr dazu 2qc6qy

Weitere Übungen findest du im Internet.

2 Ecouter

124

Ecoute les heures. Note les lettres correspondantes et trouve le mot-clé. (Höre die Uhrzeiten. Schreibe die entsprechenden Buchstaben auf und finde das Lösungswort.)

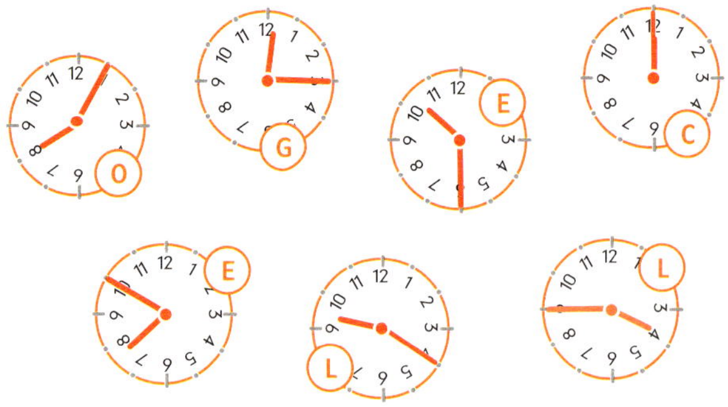

3 En forme (G 12)

*Réponds et utilise **ne … pas**. (Antworte und benutze **ne … pas**.)*

Exemple:
– Tu travailles?
– Non, je ne travaille pas.

1. Tu travailles? – Non, …

2. Alors tu joues? – Non, …

3. Tu regardes la télé? – Non, …

4. Tu es au lit? – Non, …

4 En forme (G 13–15)

Complète les phrases avec les bonnes formes des verbes.
(Ergänze die Sätze mit den passenden Verbformen.)

une fille faire	**sa copine** aller à / chez
1. Qu'est-ce que tu ? maintenant?	– Je ? toilettes.
2. Est-ce que nous ? nos exercices pour M. Racine à cinq heures?	– Oui, mais d'abord, nous ? Léo, d'accord?
3. Marie et Alex ? leurs devoirs?	– Non, elles ? CDI.
4. Et Mehdi, qu'est-ce qu'il ??	– Il ? FNAC.
5. Léo et toi, vous ? un gâteau pour Alex?	– Oui, mais Marie et toi, vous ? Mme Latière.
6. Et moi, qu'est-ce que je ?, alors?	– Tu ? … (Denke dir eine Antwort aus.)

5 En forme (G 16)

Complète les phrases avec les adjectifs possessifs qui conviennent.
(Vervollständige die Sätze mit den passenden Possessivbegleitern.)

1. Léo et Mehdi n'ont pas envie de faire ? devoirs.
2. Marie et moi, nous allons chez ? copine aujourd'hui.
3. Alex et Jérôme ne trouvent pas ? copain Léo.
4. «Vous ne rangez pas ? salle de cours, les enfants?»
5. Les professeurs préparent ? cours.
6. «Monsieur, nous n'avons pas ? affaires de sport.»

Grammaire

G 12 ne … pas: Die Verneinung

Je **ne** sais **pas**.

Elle **n'**est **pas** là.

die Verneinung – **la négation**

G 13 au, aux: Die Präposition **à** und der bestimmte Artikel

Marie est …

au CDI.	à + le	→	au
aux toilettes.	à + les	→	aux
à la maison.	à + la	=	à la
à l'infirmerie.	à + l'	=	à l'

G 14 je vais, tu vas …: Das Verb **aller** (gehen)

Singular		Plural	
je	vais	nous	allons
tu	vas	vous	allez
il / elle / on	va	ils / elles	vont

G 15 je fais, tu fais …: Das Verb **faire** (machen)

Singular		Plural	
je	fais	nous	faisons
tu	fais	vous	faites
il / elle / on	fait	ils / elles	font

G 16 notre, votre, leur, nos, vos, leurs: Die Possessivbegleiter (II)

Singular	Plural
notre frère	**nos** frères
votre frère	**vos** frères
leur frère	**leurs** frères
notre sœur	**nos** sœurs
votre sœur	**vos** sœurs
leur sœur	**leurs** sœurs

Plaisir d'écouter

A *Ecoutez la chanson*.*
Die Wörter des Refrains sind unter dem Text erklärt. Was könnt ihr außerdem noch verstehen?

Ilona Mitrecey: Bye bye collège

Dans la cour du collège
On nous a libérés
C'est l'heure de la récré
On va se retrouver
Mes copines et moi, on se raconte la télé
Ce qu'on a regardé hier soir
Quand on s'est couché tard

Refrain
En sixième, on apprend[1] ses leçons[2]
En cinquième, on monte un peu le son[3]
En quatrième, on regarde les garçons
Et en troisième, bye bye collège …

Le proviseur nous guette
Un moment on se tait
Mais quand il tourne la tête
On se remet à tchatcher
Mes copines et moi, on adore le ciné
C'est qui le meilleur acteur?
Johnny Depp, Harry Potter …

Refrain

La journée, terminée
On reste à bavarder
Passée l'heure du goûter
Pas très envie de rentrer
Mes copines et moi, on se refile des infos
Des petits trucs, tout nouveaux,
Sur les derniers logos.

Refrain

1 apprendre lernen – **2 une leçon** eine Lektion – **3 monter le son** *(hier)* lauter werden

B *Inventez un nouveau refrain. Utilisez des mots qui riment. (Erfindet einen neuen Refrain. Verwendet Wörter, die sich reimen.)*

Exemple:
A huit heures, on a une interrogation.
A … heures, c'est la récréation.
A … heures, …
A … heures, …

Maurice – devoir – exercice – cantine – chanson – récréation – fin – demain – crayon – au revoir – copain – copine – professeur – maison – interrogation – aimer bien – ordinateur – magasin

* Das Chanson befindet sich auf der Audio-CD 3 (622212, Track 22). Aus rechtlichen Gründen ist das Chanson auf der dem Cahier d'activités beiliegenden MP3-CD nicht enthalten.

Lösungen zu den Révision-Übungen findest du auf Seite 246.

Révisions

Jeu de mots

1 Où est Moustique?

Dites où est Moustique. Utilisez les prépositions.
(Sagt, wo Moustique ist. Benutzt die Präpositionen).

Exemple: **1.** Il est sur le sac.

1. **2.** **3.** **4.** **5.**

En forme

2 Allez! (G 14)

*Complétez le texte avec le verbe **aller** et les prépositions et articles qui conviennent.*
*(Ergänzt den Text mit dem Verb **aller** und den passenden Präpositionen und Artikeln.)*

Mehdi: Vous **?** CDI, maintenant?
Marie: On **?** cantine mais après, on **?** CDI avec toi.
Léo: Oui, mais moi, je **?** infirmerie, c'est pour mon pied.
Alex: Tu n'as pas envie de travailler, alors tu **?** infirmerie, c'est ça?
Léo: Mais non, je ne vais pas bien. Après, je **?** maison.
Alex: Et nous, après le collège, nous **?** Marie pour regarder «Spiderman».
Léo: Zut, ils **?** Marie pour regarder «Spiderman», et moi, je **?** lit …

aller à
aller chez

En français et en allemand

3 Bonjour, c'est Joséphine …

125

Lukas ist allein zu Hause. Joséphine, die französische Freundin seiner großen Schwester Isabel, ruft an. Lukas macht sich Notizen und gibt seiner Schwester später auf Deutsch Bescheid.

*Höre genau hin: **Wer? Wo? Wann?** Mache Notizen.*
Notiere nur das Wichtigste.
Was kann Lukas seiner Schwester ausrichten?

Qui?	
Où?	
Quand?	

Ecrire

4 Cherchez et trouvez.

faire · avoir · commencer · être

Trouvez les verbes qui vont avec les expressions. Ecrivez les phrases dans votre cahier.

1. **?** à 10 heures / dans une minute
2. **?** 13 ans / raison
3. **?** en retard / frère et sœur
4. **?** un gâteau / ses devoirs

On prépare le DELF

1 Compréhension de l'oral

126 *Lisez d'abord les phrases.*
Ecoutez, puis trouvez les bonnes réponses.

1. Demain, c'est
a vendredi. **b** mercredi. **c** mardi.

2. Max et Eric retrouvent les copains à
a  **b**  **c** 

3. Ils retrouvent les copains devant
a le magasin. **b** la cantine. **c** le gymnase.

4. Ils vont
a à l'infirmerie. **b** au CDI. **c** chez Mehdi.

2 Compréhension des écrits

Lisez le message, puis les quatre phrases.
Vrai ou faux?

1. C'est un message de Clément pour sa mère.
2. Elle ne rentre pas à midi.
3. Elle va au cours de piano.
4. Il y a des spaghettis et des fruits.

Clément,
Je vais chez le docteur à 11 h 15 et mon cours de gym commence à 14 heures.
Il y a des spaghettis, des bananes et des oranges.
Je rentre à 16 heures.
Bisous, Maman

3 Production écrite

Tu laisses un message à ton correspondant français. Tu écris
– où tu vas,
– ce que tu fais après,
– quand tu rentres.
(Du hinterlässt deinem französischen Austauschpartner eine Nachricht. Du schreibst, wo du hingehst, was du danach machst und wann du zurückkommst.)

4 Production orale

Réponds.

1. Tu as quel âge?
2. Ton anniversaire, c'est quand?
3. Tu rentres à quelle heure, aujourd'hui?
4. Qu'est-ce que tu as envie de faire, samedi?

Unité 6
Un samedi dans le quartier

Mehr dazu 3t7p6p

En France

En France, on aime beaucoup le rugby, le vélo … Et vous, dans votre quartier, vous avez des activités?

Regardez aussi la vidéo sur Internet.

Notre quartier, c'est le quartier des Batignolles, dans le dix-septième arrondissement de Paris. Voilà des photos!

On va au parc? Le roller, c'est super!

PORTFOLIO

Am Ende dieser Unité kannst du von deiner Umgebung und von deinen Freizeitbeschäftigungen berichten.

Dans l'avenue de Clichy.

A Interclub 17, il y a des activités pour tout le monde: des cours de musique, de théâtre … et de judo.

Après le roller, on va au stand de crêpes.

Voilà le journal du quartier.

Atelier A

1 Taxi!

140 Vendredi, après le collège, Alex prépare son sac. Elle va passer la nuit de vendredi à samedi chez Marie. Elle porte son sac dans l'entrée.

Alex: Papa, je vais chez Marie, ce soir.
Son père: Mais qu'est-ce qu'il y a dans ton sac? Vous allez passer 10 jours ensemble?
Alex: Mais non! Je vais rentrer demain soir, après le sport. J'ai aussi mes affaires de judo.
Son père: Ah bon? Alors, à plus, ma puce!
Alex: Euh … papa, on ne va pas chez Marie en voiture?
Son père: Comment?! Mais Marie n'habite pas loin! On ne va pas aller chez elle en voiture! Je ne suis pas ton taxi!
Alex: Oui, mais mon sac …
Son père: Ah? … Bon, je vais porter ton sac, mais on va chez Marie à pied!
Alex: Oh merci, papa!

- *Que va faire Alex?*
- *Quand?*
- *Que va faire son père?*

En France

In Paris ist es schwer, einen Parkplatz zu finden. Es gibt auch viele Staus. Deshalb fahren viele Pariser ungern mit dem Auto.

En forme

2 Aujourd'hui ... et demain? (G 17)

A *Lisez le texte encore une fois et écrivez les phrases avec **aller** dans votre cahier. Ces formes s'appellent le **futur composé**. Traduisez les phrases.*

Exemple: Elle va passer la nuit chez Marie.
→ Sie wird die Nacht bei Marie verbringen.

B *Mettez les phrases au futur composé. Ecrivez dans votre cahier.*

Aujourd'hui:

1. Je téléphone.

2. Alex va à pied chez Marie.

3. Marie et Alex regardent la télé.

4. Vous rangez votre chambre!

Demain:

1.

2.

3.

4.

Parler

3 C'est samedi! (G 17)

24, 5

A *Travaillez à deux. Faites des dialogues.*

Marie
Alex
Léo et Malabar
...

aller

jouer dans le parc
aller au cours de judo
écouter des CD
travailler pour le collège
...
inviter des copains
préparer un gâteau

Exemple: – Qu'est-ce que Léo et Malabar vont faire?
– Ils vont jouer dans le parc.

B *Qu'est-ce que tu vas faire ce soir / demain / samedi / dimanche ...?*

Exemple:
– Qu'est-ce que tu vas faire samedi?
– Samedi, je vais aller à Cologne.
– Et ce soir?
– ...

4 Chez Marie

141-144

1. A sept heures, Alex arrive chez Marie. Marie habite avec sa sœur Clara, son frère Gabriel et ses parents dans un appartement de quatre pièces, rue Truffaut.

Alex: J'ai un cadeau pour Moustique. Il aime les os?
Marie: Tiens, un os pour Moustique? Quelle bonne idée! Moustique va être super content. Mais il est où, Moustique?
Alex: Il est dans le salon? Dans la chambre des filles? Ou dans la salle de bains?
Marie: Non. Et il n'est pas dans la cuisine. Ah, j'ai une idée. Viens!
…

Vous trouvez Moustique?
Il est où?

2. A sept heures et demie, les deux filles quittent l'appartement et font un tour dans le quartier avec Moustique. Une demie heure après, elles rentrent. La famille Chabane est déjà à table. Ils mangent tous ensemble, et après le repas, Alex et Marie vont dans leur chambre.

3. Trois heures après, les filles discutent toujours.

Alex: Alors, qu'est-ce qu'on va faire demain? Le samedi après-midi, à trois heures et demie, je fais du judo. Après, il y a un combat de judo.

Marie: Demain matin, je vais d'abord faire un tour avec Moustique et après, nous allons prendre le petit déjeuner. A deux heures, je fais de l'athlétisme. Après, je vais regarder ton cours de judo, d'accord?

Alex: Oui d'accord. C'est à Interclub 17.

Marie: Interclub? C'est où? …

Alex: Chut, écoute. Il y a un bruit bizarre …

Marie: C'est dans la cuisine. Peut-être un voleur? Viens, on va regarder.

Alex: Euh, je ne sais pas …

Marie: Mais tu n'as pas peur, non?

4. Les filles écoutent, puis regardent par la porte. Mais … Qu'est-ce que c'est? Tiens, tiens! Dans la cuisine, il y a le père de Marie!

Marie: Mais papa, qu'est-ce que tu fais? Il est déjà tard!

Alex: Des spaghettis à minuit? Bonne idée … Marie, j'adore tes parents!

Lire

5 A propos du texte

Lisez les phrases. Qui parle? Justifiez vos réponses. Ecrivez dans vos cahiers. (Lest die Sätze. Wer spricht? Schreibt in euer Heft, wer die Sätze sagt und begründet die Zuordnung.)

Exemple: **1.** – J'adore les os! **a** – C'est Moustique, parce que c'est un chien.

1. – J'adore les os!
2. – J'ai encore faim. Vous aussi?
3. – Je n'ai pas peur des voleurs!
4. – Vous ne mangez pas avec nous?
5. – Où est-ce que tu fais du judo?

a

b

c

d

e

En forme

6 Un week-end chez Marie (G 17)

Jeudi, au collège, Alex rêve …

Ecrivez le rêve d'Alex dans votre cahier au futur composé.

1. Je **?** deux jours chez Marie. C'est super!
2. On **?** pour le collège.
3. Nous **?** du judo ensemble. Et nous **?** au cinéma.
4. Mes parents **?** à quelle heure je vais au lit.
5. Papa et maman, vous **?** un jeu avec Jérôme.
6. Mais toi, Jérôme, tu **?** avec mon ordinateur.
7. *La prof:* Alex, tu rêves! Alors, tu **?** maitenant, s'il te plaît!

ne pas travailler
faire / aller
ne pas jouer
écouter
passer
faire
ne pas regarder

Jeu de mots

7 Les activités

145 **A** *Ecoutez. Que fait Clara?*

B *Faites un filet à mots sur «les activités» dans votre cahier.*

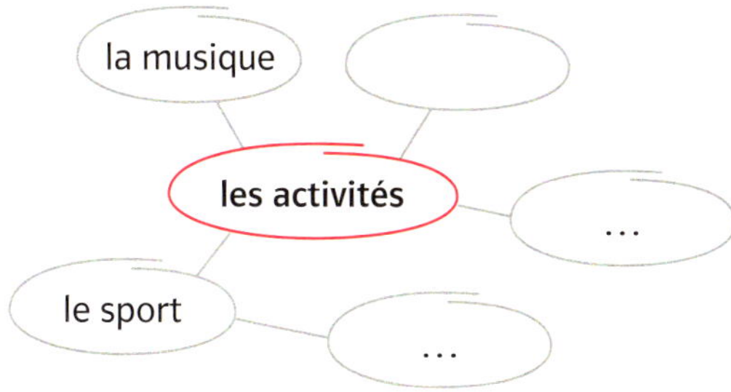

la natation

le vélo

la danse

le théâtre

le roller

la guitare

Vous trouvez d'autres activités à la page 213.

Parler

8 Qu'est-ce que tu fais comme activités? (G 18)

→ En plus 179, 11 △

A *Parlez avec vos camarades.*

Exemple:
– Qu'est-ce que tu fais comme activités?
– Je fais de la natation.
– Quand?
– Le samedi après-midi.

B *Trouve dans ta classe trois élèves qui font la même activité que toi.*

Quoi?

du foot · de la natation · de l'athlétisme · de la gymnastique · de la danse · …

Quand?

le lundi · le vendredi · le mardi · le samedi · le mercredi · le jeudi · le dimanche

matin · après-midi · soir

Parler

9 Bientôt samedi! (G 17)

Travaillez à deux. Mettez les verbes au futur composé. Faites le dialogue.

Moi:

1. – Tu (aller) chez Léo, samedi?

3. – Mais non. Léo (inviter) Alex et Jérôme et ils (préparer) une surprise.

5. – Mais non, nous (regarder) ensemble des combats de judo avec Tomoko Fukumi.

7. – Oui, mais tu (ne pas regarder) les combats avec nous. Dommage!

Toi:

2. – Chez Léo? Oh non, Léo et ses copains (écouter) des CD de rock et moi, je déteste le rock.

4. – Bof! Vous (faire) des jeux vidéo, comme toujours! C'est trop nul.

6. – C'est vrai? Mais elle est vraiment super, Tomoko Fukumi! Ça (être) cool!

8. – Quoi? Mais si!

Atelier B

Approche

1 Marie cherche Interclub.

146

Samedi après-midi, trois heures et quart.

Marie: Allô? Alex, c'est Marie! Je suis devant le collège. Tu es où?
Alex: Je suis déjà à Interclub. Je suis avec mes copains de judo.
Marie: Mais c'est où, Interclub?
Alex: Ce n'est pas loin. Va à droite, puis tourne à gauche après la boulangerie. Va tout droit et au café, tourne à droite. Traverse le carrefour: l'entrée est dans la rue à gauche.
Marie: D'accord, j'arrive!

En forme

2 Marie, Moustique et Malabar (G 19)

A *Que dit Marie à Moustique?*

Exemple:
1. Regarde!

1 regarder
2 tourner à droite
3 traverser le carrefour
4 aller à gauche
5 ~~traverser la rue~~
6 ~~quitter l'appartement~~
7 ~~manger l'os~~
8 ~~chercher Malabar~~

B *Malabar, le copain de Moustique, arrive. Que dit Marie maintenant?*

Exemple:
1. Regardez!

Ecouter et parler

3 Pardon, monsieur, pour aller à … (G 19)

147–148 **A** *Regardez le plan et écoutez les deux dialoges. Vous arrivez où?*

27, 12 **B** *Travaillez à deux. Faites des dialogues.*

Exemple:

– Pardon, monsieur, pour aller à la piscine, s'il vous plaît?
– Allez à droite, puis …

ON DIT

– Pardon, monsieur / madame …, où est …? / pour aller à …, s'il vous plaît? / je cherche …

– Tu vas / vous allez tout droit. ↑
A la rue Nollet, tourne / tournez à gauche. ↰
Au café, tourne / tournez à droite. ↱
Ne tourne / tournez pas à droite.
Traverse / Traversez le carrefour / la rue. ↗

– Comment? / Pardon? / Vous pouvez répéter, s'il vous plaît?

– Tu vas / vous allez tout droit.

– Ah, bon, d'accord! Merci beaucoup, monsieur / madame.

4 C'est gagné!

149–150

1. Marie retrouve Alex à l'entrée d'Interclub 17. A trois heures et demie, tout le monde est là. Le prof arrive et le cours commence. Les élèves font d'abord des exercices. Puis ils font des combats. Alex gagne toujours. Elle est super! Elle gagne même contre les garçons! Marie fait de l'athlétisme, mais elle trouve le judo vraiment cool.

2. Après les combats, Marie pose des questions pour une interview dans le journal du quartier.

Marie: Comment est-ce que tu tombes? Est-ce que ça fait mal?
Alex: Non, non, ça ne fait pas mal.
Marie: Pourquoi?
Alex: Parce qu'on fait des exercices pour ça. Regarde, on tombe comme ça! … Aïe!
Marie: Ça va? Tu as mal?
Alex: Oh, zut! C'est trop nul! Aïe! Aïe!
Le prof: Mais Alex, qu'est-ce que tu fais? Fais attention, s'il te plaît!
Alex: Marie, ne raconte pas ça dans ton journal, d'accord?

Lire

5 A propos du texte

Trouvez les réponses dans le texte.

1. Où **est-ce qu'**Alex fait du judo?
2. Quand **est-ce que** le cours commence?
3. Qu'**est-ce que** les élèves font en cours?
4. Comment **est-ce que** Marie trouve le judo?
5. Pourquoi **est-ce que** tomber ne fait pas mal, en judo?
6. **Est-ce qu'**Alex est d'accord pour l'interview?

Parler

6 Est-ce que je suis Mme Latière? (G 20)

Jouez à quatre. (Spielt zu viert.)

Klebt euch gegenseitig einen Zettel mit dem Namen einer Person aus dem Buch oder der Klasse auf die Stirn. Durch Fragen müsst ihr erraten, wer ihr seid. Es sind nur Fragen erlaubt, auf die man mit ja oder nein antworten kann. Wer die wenigsten Fragen braucht, hat gewonnen.

Exemple:
- Est-ce que je suis un garçon?
- Non!
- Est-ce que j'aime les chats?
- Non!!

En forme

7 Simone à Paris (G 20)

Simone, de Stuttgart, est au collège avec Marie.
Mehdi pose des questions à Simone.

Complétez les questions de Mehdi et écrivez-les dans votre cahier.

Exemple:
Mehdi: Comment est-ce que tu trouves les copains du collège?

Mehdi: ? tu trouves les copains du collège?
Simone: Je trouve les copains du collège très sympas.
Mehdi: ? tu fais comme activités?
Simone: Comme activités je fais de l'athlétisme et de la danse.
Mehdi: ? vous allez faire demain?
Simone: Demain, nous allons regarder un combat de judo.
Mehdi: ? vous allez regarder le combat de judo?
Simone: Nous allons regarder le combat à Interclub 17.
Mehdi: ? tu rentres à Stuttgart?
Simone: Je rentre à Stuttgart dimanche.

Parler

8 Tu ne joues pas avec moi?

→ En plus 179, 12 △

28, 14

Posez des questions et trouvez des réponses.

Exemple:

1. – Pourquoi est-ce que tu ne joues pas avec moi?
   – Parce que tu gagnes toujours.

Pourquoi?

1. Tu ne joues pas avec moi.
2. Tu n'aimes pas le foot.
3. Tu quittes déjà le parc.
4. Tu rentres à pied.
5. Tu n'es pas là demain.

Parce que / qu'

Il est tard.
Ce n'est pas loin.
Je vais chez mon oncle.
Tu gagnes toujours.
Je déteste le sport.

Ecouter

9 L'interview d'Alex

151

A *Ecoutez l'interview. Vrai ou faux?*

1. Le cours de judo d'Alex est un cadeau de ses tantes.
2. Interclub n'est pas loin de la maison d'Alex.
3. Ce sont des cours de 40 minutes.
4. Alex fait des exercices avec son père.

B *Retrouvez les questions de Marie.*

Ecrire et parler

10 On prépare une interview. (G 20)

Préparez l'interview d'un copain ou d'une copine. Notez d'abord les questions. Puis faites l'interview.

Exemple: Qu'**est-ce que** tu fais comme activités?

Continuez: Où … → faire du / de la / de l'
Est-ce que … → loin / aimer bien …
Quand … → commencer …
Pourquoi … → aimer le / la / l'…
Comment … → aller à …
…

Atelier C

1 Au parc des Batignolles

152 Samedi à cinq heures, Léo, Mehdi et Jérôme font du roller dans le parc des Batignolles.

Léo: Ouaouh! C'est fantastique, le roller. Tiens, voilà un SMS de Marie sur mon portable.

Tu fais quoi? On regarde 1 film, ce soir?

:-(Bof. Non, merci! Suis dans le parc des Bat. avec M.

OK, Alex et moi, on va au stand de crêpes.

super idée :-)) On arrive aussi! A +

En France

2 Un stand de crêpes

Mehr dazu s6r2gx

Was gibt es an diesem Stand?
Was gibt es an einem Imbiss-Stand in Deutschland?

3 Au stand de crêpes

153 - 155

1. *Marie:* Salut tout le monde. On prend quelque chose? J'ai soif.
Léo: Oh oui! Moi, j'ai faim. Ça coûte combien, une gaufre? Ah, trois euros.
Alex: Moi, j'ai quatre euros et … soixante-dix centimes. J'ai envie d'un jus de pomme ou d'un jus d'orange.

2. *Le vendeur:* Bonjour! Alors, j'écoute!
Marie: Bonjour, je voudrais un coca, s'il vous plaît.
Léo: Une gaufre et une eau minérale, s'il vous plaît. Et toi, Mehdi, qu'est-ce que tu prends?
Mehdi: Je prends un diabolo menthe et une crêpe!
Alex: Et pour moi, un jus de pomme.

3. *Léo:* Ça fait combien?
Le vendeur: Ça fait …, ça fait …
Mehdi: Un diabolo menthe et une crêpe, ça fait 4,80 € pour moi. Et pour Léo, c'est 4,90 €.
Mehdi: Zut alors, ma crêpe! Regardez Malabar.
Léo: Ah, il est cool, Malabar.
Le vendeur: Alors, vous prenez encore une crêpe …?

Ça fait combien pour Alex? Et pour Marie?

Lire

4 A propos du texte

→ En plus 179, 13

Trouvez les réponses dans le texte.

1. Où sont Marie, Léo, Alex et Mehdi? Qu'est-ce qu'ils font?
2. Qu'est-ce que les enfants prennent au stand de crêpes?
3. Marie a faim?
4. Une crêpe coûte combien? Et un diabolo menthe?
5. Pourquoi est-ce que Malabar est cool?

En forme

5 Chanson: Le rap des crêpes (G 21)

156–157

Ecoutez et répétez. Puis, lisez le texte et écrivez dans votre cahier les formes du verbe ***prendre****.*

Le rap des crêpes

Salut tout le monde, qu'est-ce que
vous faites?
On chante le rap, le rap des crêpes.

On ? quelque chose? Qu'est-ce qu'il y a?
Tu ? une gaufre et un coca?

Je ? une gaufre. Et vous, les filles?
Vous ? une gaufre à la vanille?

Mais qu'est-ce qu'**ils** ?, les garçons?
? une crêpe, les crêpes, c'est bon.

Voilà les crêpes! J'ai déjà faim.
Bon appétit! Ça fait combien?

Parler

6 Qu'est-ce que vous prenez?

Jouez à deux et présentez votre dialogue.

ON DIT

le client / la cliente	le vendeur / la vendeuse du stand
– Bonjour, monsieur / madame.	– Bonjour, monsieur / madame. Qu'est-ce que vous prenez?
– Le diabolo menthe, c'est combien s'il vous plaît?	– Le diabolo menthe, c'est 2,30 €.
– Alors, je prends un diabolo menthe. Et je voudrais aussi … s'il vous plaît.	– Et voilà!
– Ça fait combien?	– Ça fait 6,80 €.
– Voilà 7 €.	– Et 20 centimes, merci!
– Merci, au revoir monsieur / madame.	– Merci monsieur / madame et bonne journée!

Pratique: tâches

Ecrire

1 Ma chambre

Décris ta chambre. (Beschreibe dein Zimmer.)
Ecris 6 à 8 phrases. Voilà des idées et des dessins pour t'aider.

1. Comment est ta chambre?
2. Qu'est-ce qu'il y a dans ta chambre?
3. Où sont tes affaires?
4. Qu'est-ce que tu fais dans ta chambre?

En France

Attention! In Frankreich steht in „**la chambre**" (= Schlafzimmer) immer ein Bett.
Wenn ihr allgemein von „Zimmer" sprechen wollt, benutzt das Wort „**la pièce**".

Parler

2 Tu ne parles pas français?

A *Du bist mit Freunden in Paris. Ihr wollt zu einem Rugby-Match gehen. Ein deutscher Junge steht an der Kasse und hat einige Fragen, aber er spricht kein Französisch. Du hilfst ihm, sich mit der Dame an der Kasse zu verständigen.*

B *Auch deine französischen Freunde stellen ihm ein paar Fragen (Woher kommt er? Mag er Sport? Welchen Sport? Etc.). Anschließend verabredet ihr euch für die nächsten Tage.*

Jeu de mots

3 Un rêve bizarre

1.

2.

3.

4.

5.

6.

A *Faites des phrases.*

Exemple: **1.** C'est la catastrophe, l'ordinateur est dans l'entrée!

B *Et chez vous? Dans quelles pièces sont ces objets?*
(In welchen Zimmern sind diese Gegenstände bei euch?)

Exemple: **1.** Chez nous, l'ordinateur est dans ma chambre.

Parler

4 Qui est «Scoubidou»? (G 20)

Spielt zu zweit. Schüler A wählt eine Figur aus dem Buch aus, verrät sie aber nicht. Er nennt sie vorläufig „Scoubidou". Schüler B stellt Fragen und versucht zu erraten, wer „Scoubidou" ist. Danach tauscht ihr die Rollen.

Il / Elle a quel âge?

Est-ce qu' …?

Qu'est-ce qu' …?

Où / Quand / Comment / Pourquoi est-ce qu'…

C'est le père / la mère / la grand-mère de …?

habiter

faire du / de la / des

aimer, ne pas aimer, détester

travailler

aller au lit tard / à … heures.

aller chez … en voiture / à pied

	Elève A	**Elève B**
Exemple:	– «Scoubidou» a quel âge?	– Je ne sais pas.
	– Est-ce qu'il va au collège?	– Non, il ne va pas au collège.
	– Qu'est-ce qu'il aime?	– Il aime jouer avec Malou et il aime faire un tour dans le parc.
	– C'est **Malabar**!	– Oui, c'est ça!

En français et en allemand

5 Des activités pour tout le monde

Ihr schlagt euren französischen Austauschschülern vor, in den Kinder- und Jugendtreff zu gehen. Erklärt ihnen, was der Jugendtreff ist und was man dort machen kann.

Samstag
Tanzen für Mädchen, Tischfußball

Montag
Die Kinder des Monsieur Mathieu oder Überraschungsfilm

Dienstag
Selbstverteidigung für Kinder

Mittwoch
Fußball, Gitarrenkonzert

Donnerstag
Spieleabend (Kartenspiele, Brettspiele)
Schreibatelier

Freitag
Theaterwerkstatt
Kochkurs: Wir backen Crêpes.

STRATEGIE

Ihr müsst nicht jedes Wort übersetzen. Unwichtiges könnt ihr weglassen. Im Wort „Kartenspiele" ist z. B. „Spiele" wichtiger als „Karten". Die Wendungen rechts können euch helfen.

Alors, il y a …
On fait du / de la / de l' …
Ce sont des …
C'est quelque chose comme …
C'est pour faire …
Vous trouvez ça bien?

Lire et écrire

6 Mon quartier et mes activités

A *Lisez le texte et les questions.*
Ecrivez vos réponses dans votre cahier.

31, 20

> Bonjour,
>
> C'est déjà fin mars et dans 15 jours, tu vas arriver chez nous. Alors, je vais te parler de mon quartier et de mes activités. Dans mon quartier, il y a mon collège et un terrain de sport. Il y a aussi un parc et une bibliothèque. Dans les rues, il y a des magasins et des cafés. Et il y a toujours des voitures, même le dimanche! Alors avec mes copains, on ne joue pas dans la rue. Dommage! Le mercredi après-midi, pour faire du foot, nous allons au terrain de sport et pour faire du roller, nous allons au parc. Le samedi, je fais un tour avec des amis ou je fais du saxophone avec mon copain Antoine. Le dimanche, ma famille et moi nous faisons des jeux ou nous allons à «Aqua-Parc», faire de la natation. Ce n'est pas loin.
> Tu as envie de raconter comment c'est chez toi? Qu'est-ce que tu fais le week-end?
>
> A bientôt, Valentin

1. Quand est-ce que l'élève va arriver chez Valentin?
2. Un terrain de sport, qu'est-ce que c'est en allemand?
3. Qu'est-ce qu'on trouve dans une bibliothèque?
4. Pourquoi est-ce que Valentin et ses amis ne jouent pas dans la rue?
5. Est-ce qu'il y a une piscine dans le quartier de Valentin?
6. Est-ce qu'il y a un cinéma?

PORTFOLIO

B *Répondez à Valentin.*

STRATEGIE

Lest Valentins E-Mail noch einmal genau durch.
- Wie beginnt er die E-Mail, wie beendet er sie?
- Was erzählt er (was, wann, wo)?
- Welche Fragen stellt er?

Bereitet eure E-Mail-Antwort vor. Macht Notizen.
Schreibt dann eure E-Mail. Beantwortet Valentins Fragen. Beginnt eure E-Mail mit einer Anrede und beendet sie mit einem Gruß.

Mon dico personnel
Lerne die Wörter für die Dinge und Orte, die in deinem Wohnviertel wichtig für dich sind. Beispiele findest du im Vokabular auf Seite 216.

Bilan

Überprüfe, was du kannst! Vergleiche deine Lösungen mit den Lösungen auf Seite 246.

1 Parler

Du kannst schon …	*Und so kannst du den Satz anfangen:*
1. … jemanden nach seinem Hobby fragen.	… comme activité?
2. … sagen, dass du (immer) samstagmorgens Sport machst.	… je fais du sport.
3. … nach dem Grund fragen.	… est-ce que tu rentres déjà?
4. … einen Grund angeben.	… il est tard.
5. … fragen, wann man etwas macht.	… qu'on va à Paris?
6. … fragen, ob jemand Schmerzen hat.	… as mal?
7. … jemanden nach dem Weg fragen.	Pardon, … piscine?
8. … jemanden bitten, etwas zu wiederholen.	Vous pouvez …?
9. … sagen, dass du hungrig und durstig bist.	J'ai …
10. … fragen, wie viel ein Crêpe kostet.	…, une crêpe?
11. … sagen, was du möchtest.	Je … une eau minérale, …
12. … einen schönen Tag wünschen.	Bonne …!

Mehr dazu zg3eg7 *Weitere Übungen findest du im Internet.*

2 Jeu de mots

Trouve les mots et complète les phrases.

1. Je vais passer la **?** de vendredi à **?** chez mon copain.
2. En avril, je vais passer 10 **?** chez ma grand-mère.
3. Oh, il est **?**. Il est **?** minuit.
4. **?**, je vais au lit à 21 heures 30.
5. **?** à 14 heures, je fais de la guitare.

Grammaire

G 17 aller faire qc: Das Futur composé

Aujourd'hui, — **Heute …**
Alex **travaille** pour l'école.

Demain, — **Morgen …**
elle **va** **faire** du sport,

elle **ne va pas travailler**.

G 18 du, des: Die Präposition **de** und der bestimmte Artikel

Voilà une photo **des** filles:
Alex fait **du** judo.
Marie fait **de la** danse et **de l'**athlétisme.

de + les	→	des
de + le	→	du
de + la	=	de la
de + l'	=	de l'

G 19 Regarde. Regardons. Regardez.: Der Imperativ

Aussage	Imperativ
je regard**e**	**Regarde.**
nous regard**ons**	**Regardons.**
vous regard**ez**	**Regardez.**
	Seht / Sehen Sie mal!

! je **vais** aber **Va** … Geh!
der Imperativ – **l'impératif**

G 20 Est-ce que …?: Fragen stellen (II)

	Tu as mal?
Est-ce que	tu as mal?
Où est-ce que	tu as mal?

! Est-ce **qu'il** a mal?
Où est-ce **qu'elle** a mal?

G 21 je prends, tu prends …: Das Verb **prendre** (nehmen)

Singular		Plural	
je	prends	nous	prenons
tu	prends	vous	prenez
il / elle / on	prend	ils / elles	prennent

Unité 7
On va à la fête!

Mehr dazu 9jz8m4

En France

Regardez les photos.
Qu'est-ce qu'on fait en France le 14 Juillet?

Regardez aussi la vidéo sur Internet.

Le 14 Juillet, en France, c'est la Fête nationale.
A Paris, il y a un grand feu d'artifice à la tour Eiffel.
Le soir, les gens dansent dans la rue. C'est le bal populaire.

PORTFOLIO

Am Ende dieser Unité kannst du von einem Fest erzählen. Du kannst auch über Kleidung sprechen.

Atelier A

Ecouter

1 Dans le TGV

171 Ecoutez et répondez:

1. Qui parle?
2. Où est-ce que les personnes vont?
3. Pourquoi?

En France

TGV: **T**rain à **G**rande **V**itesse. C'est un train qui va très vite. Comment s'appelle le train allemand qui va très vite?

Approche

2 Tu as préparé le repas, papa?

172

35, 2

Aujourd'hui, les Chabane préparent l'arrivée de Delphine, une amie de madame Chabane, et de sa fille Lilou.

M. Chabane: Alors, est-ce que vous avez préparé la chambre?
Clara: Oui. **J'ai rangé** notre chambre déjà hier.
Marie: Ah bon? Tu as posé des trucs sur mon lit, ça oui!
Clara: Mais nous avons fait le lit de Lilou ensemble. Il est onze heures, papa. Elles arrivent à 11h25 et tu n'as pas encore préparé le repas!
M. Chabane: Eh bien, vous allez chercher Delphine et Lilou à la gare avec maman, et moi, je reste et je vais préparer le repas.
Mme Chabane: Delphine a téléphoné. Il y a un problème: le train est en retard. Elles ont parlé avec le contrôleur et maintenant, elles arrivent à 12h20.
M. Chabane: Ouf! Quelle chance …

A *Seht euch die fettgedruckte Form **j'ai rangé** an. Man nennt sie **passé composé**. Aus welchen zwei Verben setzt sich diese Form zusammen?*

B *Findet heraus, welche Zeit das **passé composé** ausdrückt. Sammelt weitere Beispiele für diese Form im Text und vergleicht sie.*

En forme

3 Lilou prépare ses vacances à Paris. (G 17, 22)

→ En plus 180, 14 △

A *Aujourd'hui, Lilou va beaucoup travailler pour préparer ses vacances. Qu'est-ce qu'elle va faire? Ecrivez dans vos cahiers.*

1. Lilou va ranger sa chambre.
2. Lilou et sa maman …

1. ranger / la chambre

2. faire / le lit

3. aider / papa

4. préparer / les affaires

5. regarder / l'heure du TGV

6. téléphoner / les copines

B *Le soir au téléphone, Lilou parle à sa copine Cécile. Elle raconte sa journée au passé composé. Ecrivez dans votre cahier.*

Exemple:
Aujourd'hui, j'ai rangé ma chambre.
Après, maman et moi, nous …

4 Le journal de Marie

173–175

JEUDI 30 JUIN

Les grandes vacances ont commencé samedi dernier et je suis contente. Maman a invité son amie Delphine et sa fille Lilou … C'est une bonne idée parce que mes copains et copines ne sont pas à Paris en juillet et c'est triste. Maman dit: «Lilou est une fille intéressante et ça va être sympa avec elle.»

JEUDI 7 JUILLET

A la gare de Lyon, nous avons regardé où le train arrive. Mais où est Gabriel? Alors, avec maman, on a cherché mon petit frère, mais la gare de Lyon est très grande. On a regardé à droite et à gauche et après dix minutes, on a enfin retrouvé Gabriel. Monsieur a fait un tour dans la gare, il a écouté des chanteurs et il a oublié l'arrivée du train, Delphine et Lilou!

VENDREDI 8 JUILLET

Hier soir, on a fait une petite fête pour l'arrivée de Lilou. Voilà Lilou. Sur le dessin, elle porte une robe longue, un joli pantalon, un grand chapeau et un t-shirt blanc. Clara, Lilou et moi, on a fait des crêpes, on a dansé et on a discuté encore après minuit (c'est les vacances…). Lilou aime bien Moustique. Et Moustique aime bien Lilou … et son chapeau. Lilou et moi, on va être des grandes copines.

Lire

5 A propos du texte

A *Regardez les images et mettez-les dans le bon ordre.*
(Schaut die Bilder an und bringt sie in die richtige Reihenfolge.)

B *Faites une phrase pour chaque image. Ecrivez dans votre cahier.*

1.

2.

3.

4.

5.

6.

En forme

6 Les vacances (G 22)

A *Avant l'arrivée de Lilou, Marie et Alex parlent des vacances. Lisez.*

Alex:

1. D'abord, **je fais** des t-shirts avec des photos de Malou.
2. Puis **je prépare** une fête avec mes copains de judo.
3. Et après, **on passe** trois semaines chez mes cousins.
4. Et vous, qu'est-ce que **vous faites**?

Marie:

5. **Nous ne quittons pas** Paris.
6. **Nous invitons** des amies de ma mère.
7. **Elles passent** quelques jours ici.
8. Et avec elles, **on va faire** des tours dans Paris.

B *Après les vacances, Alex et Marie racontent. Mettez les phrases au passé composé.*

Parler

7 Qu'est-ce que tu as fait hier?

Un ami téléphone.
Vous parlez de la journée d'hier.
Utilisez les mots donnés.

Exemple:
– Hier, j'ai invité … Puis, j'ai … Après, …
Et toi, qu'est-ce que tu … ?
– D'abord, j'ai … Nous …

hier | mercredi | dernier | d'abord | puis | après | alors | enfin

regarder | écouter | travailler | inviter | retrouver | jouer | faire | passer | …

Lire

8 In einem Text das Wichtigste herausfinden

A *Lest noch einmal den 2. Abschnitt von Maries Tagebuch (7 juillet). Welche der beiden folgenden Reihen enthält eher die Schlüsselwörter?*

1. enfin | avec maman | écouté des chanteurs | Delphine et Lilou | à droite | à gauche | dix minutes

2. la gare de Lyon | l'arrivée à la gare | Gabriel | frère | fait un tour | oublié l'arrivée du train | retrouvé | cherché

STRATEGIE

In jedem Text gibt es Wörter, die für den Inhalt wichtiger sind als andere. Man nennt sie **Schlüsselwörter** (mots-clés). Sie können dir helfen, die Hauptaussage eines Textes zu verstehen.

B *Arbeitet zu zweit. Lest den 3. Abschnitt von Maries Tagebuch (8 juillet). Schreibt wie in Teil A eine Wortreihe auf, in der die Schüsselwörter stehen. Stellt eure Auswahl in der Klasse vor und vergleicht sie mit anderen.*

Ecouter

9 Ce soir, c'est le bal, mais d'abord …

176 *Ecoutez le texte deux fois. Puis corrigez les phrases.*

1. Clara est dans la cuisine.
2. Marie est contente.
3. Clara dit: «Le t-shirt est petit pour toi.»
4. Marie trouve le sac de Clara nul.
5. Lilou quitte l'appartement.

En forme

10 Le 14 Juillet (G 23)

→ En plus 180, 15 △

	maskulin	feminin
Singular	**grand**	**grande**
Plural	**grands**	**grandes**

A *Accordez les adjectifs.*

Exemple:

1. Le 14 Juillet est **une** grand**e** **fête** français**e**.

1. Le 14 Juillet est une (grand) fête (français).
2. Le soir, il y a un (joli) feu d'artifice et un (grand) bal.
3. Tout le monde danse: les parents, les (grand) et les (petit) enfants.
4. Les gens sont (content), c'est une fête (fantastique).
5. Au stand de crêpes, les crêpes sont (bon) et le jus de pomme est (bon) aussi.
6. Et puis, on ne travaille pas le 14 Juillet, alors c'est une (bon) journée.

38, 9

B *Vergleicht die Stellung der Adjektive im Deutschen und im Französischen. Was fällt euch auf?*

En forme

11 Le monde fantastique de Moustique (G 23)

Qu'est-ce qu'il y a dans le monde fantastique de Moustique? Faites des phrases avec les adjectifs corrects.

Dans le monde fantastique de Moustique, il y a …

sympas

grandes

content

verte

bons

petite

intéressants

Atelier B

1 Au bal du 14 Juillet

177–180 **1.** Chez les Chabane, une heure avant le bal, on se prépare. Pourquoi est-ce que Marie met sa jolie robe? Elle va peut-être rencontrer des gens sympas …
Mme Chabane cherche ses affaires …
et M. Chabane donne encore un os à Moustique parce qu'il reste à la maison.

39, 10 **2.** Une heures après. Place de la Bastille, c'est déjà la fête.

Lilou: C'est super ici! Regarde les stands. Et la musique n'est pas mauvaise. On va danser?
Mme Chabane: Mais oui, allez danser! Clara, donne la main à ton petit frère, s'il te plaît!
Clara: Oh, zut, pourquoi toujours moi! Bon, viens Gabriel!

3. Devant un stand, un grand garçon parle à son petit frère.

Le petit: Regarde les filles! Elles vont peut-être danser avec nous?
Le grand: Quoi, un petit comme toi? Tu rigoles …
Le petit: D'accord, une minute, s'il te plaît.

Il met les mains dans les poches, puis il arrive devant les filles.
Il demande à Marie:

Le petit: Salut! Je m'appelle Noah. Mon frère et moi, on fait un petit jeu. Danse avec moi et c'est gagné.
Marie: Euh … bon, d'accord. On va montrer une petite danse à ton frère! Allez, il regarde!

→

4. Cinq minutes après.

Lilou: Alors, Marie, tu as trouvé un petit copain?
Marie: Mais non! C'est un jeu entre les deux frères. J'ai aidé Noah et il a gagné. Regarde, il parle à son frère, maintenant!
Lilou: Ah? C'est son frère, l'autre garçon? Alors, j'ai une bonne idée. Je vais demander une danse au grand frère.

En français et en allemand

2 L'histoire des deux frères

Eine Freundin oder ein Freund, die kein Französisch können, haben die Bilder zum Lektionstext gesehen und möchten mehr darüber erfahren. Erkläre auf Deutsch, worum es in der Geschichte geht.

Um was haben die beiden Brüder wohl gewettet?
Überlege, wie die Geschichte weitergehen könnte … Schreibe drei oder vier Ideen auf.

Ecouter et lire

3 A propos du texte

181

Qui parle?

Exemple: 1. Gabriel, tu restes avec Clara! → C'est Mme Chabane.

2. Aïe! Clara! Ma main!

3. Je vais montrer à mon frère comment on parle à une fille!

4. Ouaouh, la place de la Bastille est vraiment grande.

5. Zut! Il danse vraiment avec elle. Il a gagné!

6. Au bal, il y a peut-être des garçons sympas.

7. Alors, tu danses aussi, comme ton petit frère?

En forme

4 La fête … (G 24)

→ En plus 181, 16 △

Moustique | cherche | son os.

M. Chabane | donne | un os | à Moustique.

Racontez au présent. Mettez les verbes à la bonne forme.

aider **qn**, montrer **qc à qn**: Lernt bei Verben die **Ergänzung** mit!

A

1.	**Mme Chabane**	aider	un chapeau.
2.	Lilou	porter	les filles.
3.	Deux garçons	regarder	**ses affaires.**
4.	Marie	**chercher**	le petit garçon.

B

1.	**Moustique**	montrer	**un os**	à Gabriel.
2.	Clara	donner	une danse	**à M. Chabane.**
3.	Marie et Noah	raconter	la main	**à** Marie.
4.	Noah	**demander**	une histoire	**au** grand frère.

C *Racontez: mettez les phrases de la partie B au passé composé.*

En forme

5 Le puzzle (G 24)

Spielt in Vierergruppen. Bildet sinnvolle Sätze mit den Puzzleteilen. Jedes Gruppenmitglied ist bei jedem Satz für eine Farbe zuständig. Wechselt die Zuständigkeit bei jedem Satz. Spielt 10 Minuten lang. Schreibt die Sätze auf. Setzt die Verben dabei ins Präsens. Die Gruppe mit den meisten sinnvollen Sätzen hat gewonnen.

poser | des questions | aux élèves | Le professeur

Nicolas | à ses copains | raconter | des histoires

des photos | montrer | Les parents | à leurs amis

à sa mère | Léa | téléphoner

Les élèves | au professeur | leurs cahiers | donner

En forme

6 Je mets mon chapeau (G 25)

A *Voilà les formes du verbe* ***mettre*** *sans voyelles* (ohne Vokale). *Trouvez les formes et écrivez-les dans votre cahier (je … / tu … etc.).*

1. MTS
2. MTTNS
3. MTTNT
4. MTS
5. MTTZ
6. MT

B *Complétez le texte avec les formes du verbe* ***mettre****. Ecrivez dans votre cahier.*

Lilou: Qu'est-ce que tu **?** pour la fête?
Marie: Je **?** ma jolie robe jaune.
Lilou: Et Clara, qu'est-ce qu'elle **?** ?
Marie: Elle a envie de **?** mon t-shirt rouge, mais je ne suis pas d'accord. Elle **?** toujours mes affaires.
Mme Chabane: Les filles, **?** d'abord la table. Puis nous **?** nos affaires pour la fête.

Jeu de sons

7 [ɛ] ou [e]?

182–183

A *Ecoutez les mots. Quand vous entendez* **[ɛ]**, *levez les mains.*

B *Ecoutez et répétez les phrases. Puis notez-les. Attention aux accents et aux apostrophes.*

[ɛ] fête

[e] arriv**ée**

juillet même février mauvais une journée à pied très déjà Zoé hier mettre treize

8 Un courriel

184

De: lilou.malibert@hotmail.com
Date: jeudi 21 juillet 2011 14:04
A: marie.chabane@net.fr
Objet: Merci!

Chère Marie,

Merci et encore merci! Paris est vraiment fantastique! J'ai raconté l'histoire du bal et de ton «copain» 🙂 à mes copines. J'ai aussi montré les photos du feu d'artifice du 14 Juillet à mon père et il a bien aimé les couleurs, surtout le feu d'artifice bleu, blanc et rouge derrière la tour Eiffel. Et merci pour ton joli cadeau d'anniversaire: la casquette rouge et jaune est vraiment super!

Bisous!

Lilou

Lire

9 A propos du texte

Répondez aux questions.

1. A qui est-ce que Lilou a raconté l'histoire du bal?
2. A qui est-ce qu'elle a montré les photos?
3. Qu'est-ce que le père de Lilou a bien aimé?
4. Qu'est-ce que c'est, le cadeau d'anniversaire de Marie pour Lilou?

Jeu de mots 10 Des vêtements et des couleurs

bleu blanc rouge noir

jaune vert gris

A *Qui est-ce? Décrivez un des enfants à votre voisine / à votre voisin. Elle / il devine qui c'est.*

B *Décrivez une ou un élève de votre classe. Les autres devinent qui c'est. Le premier élève qui trouve la solution continue.*

C *Quels vêtements et couleurs est-ce que vous aimez? Dessinez dans votre cahier. Après décrivez et dictez votre dessin à votre voisine, votre voisin. Ensuite, vous comparez les dessins.*

Exemple:
Je porte une casquette bleue …

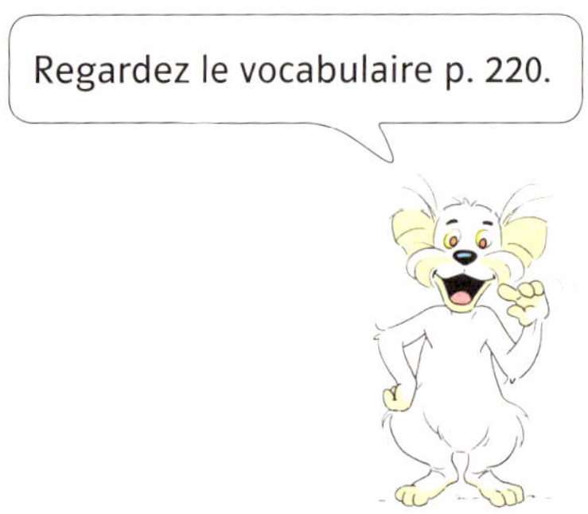

En forme 11 Jouez à la tombola[1] (G 23)

Jouez avec deux dés. Qu'est-ce que vous avez gagné?
Attention à la forme et à la place des adjectifs.

Exemple: Moi, j'ai gagné un joli sac gris et rouge. Et toi?

1 **une tombola [yntɔ̃bɔla]** eine Tombola

En forme 12 Après la tombola (G 25)

A *Complétez avec la bonne forme du verbe* ***mettre****.*

met — mettons — mets — mettent — mets — mettez

Exemple: **1.** – Où est-ce que tu mets le train?

1. … tu **?** le train?
2. … tes copains **?** les t-shirts?
3. … je **?** la voiture?
4. … vous **?** les bougies?
5. … ta copine **?** son sac?
6. … nous **?** les portables?

B *Regardez l'image et trouvez des réponses aux questions de A.*
Utilisez le verbe ***mettre****.*

Exemple: **1.** – Je mets le train sur ma table.

Pratique: tâches

Ecouter et lire

1 Des jours pas comme les autres

186–190

Ecoutez et lisez les textes.
Trouvez les cinq erreurs sur les dessins.

Mehr dazu 47u2wf

185

En France

Le 14 Juillet est **la Fête nationale** de la France et on ne travaille pas: c'est l'anniversaire de la Révolution française.

1. C'est **Noël**! Dans la nuit du 24 décembre, le père Noël passe[1]. Et le matin[2] du 25, les enfants trouvent les cadeaux sous l'arbre[3].

2. Le premier dimanche de janvier, c'est la **Fête des Rois**[4]. On mange la galette[5] des rois. Quand on a trouvé la fève[6], on est le roi ou la reine.

3. C'est le **1er avril**, le jour des «poissons[7] d'avril»! On fait des blagues[8], et on met un poisson en papier sur le dos[9] de quelqu'un!

4. **A Pâques**, les cloches apportent des œufs[10]. Les enfants cherchent les œufs dans le jardin[11]. C'est bon, les œufs en chocolat!

5. Le 21 juin, c'est la **Fête de la musique**. Tout le monde est dans la rue. On écoute et on fait de la musique.

1 passer vorbeikommen – **2 le matin** am Morgen – **3 un arbre** ein Baum – **4 un roi, une reine** ein König, eine Königin – **5 une galette** ein Kuchen – **6 une fève** eine dicke Bohne – **7 un poisson** ein Fisch – **8 une blague** *hier:* ein Streich – **9 un dos** ein Rücken – **10 un œuf** ein Ei – **11 un jardin** ein Garten

Ecrire

2 Une fête

Vous avez fait une fête avec vos amis ou votre famille. Ecrivez 8 phrases. Racontez:

- Quand est-ce que vous avez fait cette fête?
- Qui est-ce que vous avez invité?
- Qu'est ce que vous avez fait à la fête?

En français et en allemand

3 Le joli mois de juillet

A *In eurer Zeitung steht folgende Meldung. Du schlägst deinem französischen Austauschpartner vor, zu diesem Fest zu gehen. Erkläre ihm / ihr, was das für ein Fest ist und was es dort gibt.*

KIRCHBERG – 15. JULI

Zum 20. Mal findet an diesem Samstag das traditionelle Julifest im Kiliansviertel statt.
Das Fest startet um 15.00 Uhr mit der großen Kinder-Tombola.
Ab 19.00 Uhr spielt das River-Trio zum Tanz auf.

191 **B** *Du bist mit Freunden in Frankreich im Urlaub. Am Nachmittag fährt ein Auto durch die Straßen und macht folgende Lautsprecherdurchsage. Erkläre deinen Freunden, worum es geht.*

Ecrire

4 Il a 12 ans …

Ecrivez un poème sur un garçon ou une fille, avec ou sans rime. Les mots suivants peuvent vous aider. (Schreibt ein Gedicht über einen Jungen oder ein Mädchen, mit oder ohne Reim. Die folgenden Wörter können euch helfen.)

Il a 12 ans
Toujours content
Il est très grand
et intéressant
Il aime les chiens
Et ses copains
Ça c'est très bien.

mauvais	sympa	petit	noir	vélo
juillet	je ne sais pas	joli	soir	techno
français	chat	nuit	devoir	cadeau

PORTFOLIO

5 Venez[1] à notre fête française!

Gestalte mit Collagen und Zeichnungen ein Plakat, auf dem du ein französisches Fest in deiner Schule ankündigst – natürlich auf Französisch!

- Gib Anlass, Ort und Datum des Festes an und schreibe, wer eingeladen wird.
- Gib an, was ihr vorbereiten werdet und welche Aktivitäten und Darbietungen es geben wird.

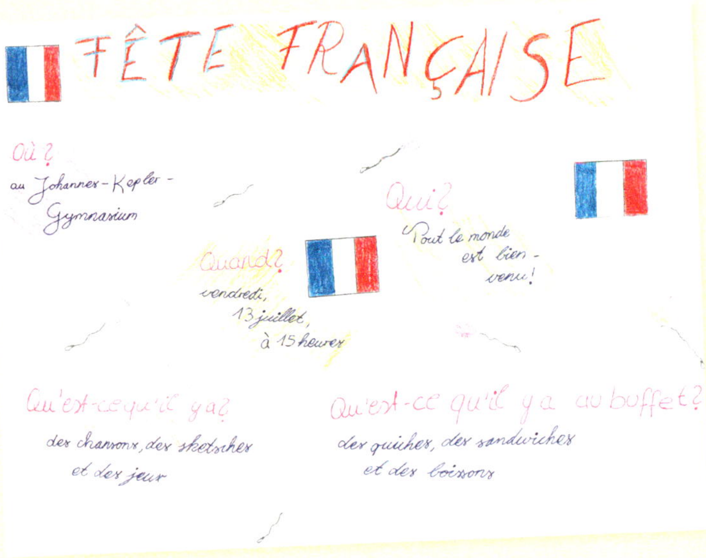

1 **Venez! [vəne]** Kommt!

Mon dico personnel

Lerne die Wörter für die Dinge, die es bei eurem Fest gibt.
Weitere Beispiele findest du im Vokabular auf Seite 221.

1. un concert

2. un sketch

3. des sandwichs *(m.)*

4. des boissons *(f.)*

5. des tartes flambées *(f.)*

Bilan

1 Parler

Du kannst schon … *Und so kannst du den Satz anfangen:*

1.	… eine Freundin / einen Freund fragen, was sie / er am letzten Samstag gemacht hat.	Qu'est-ce que …?
2.	… erzählen, was du gemacht hast. (Freunde getroffen, Spiele gemacht)	D'abord, j'ai …
3.	…. sagen, wie es dir geht. (froh / traurig)	Je suis …
4.	… sagen, was du anziehst. (Pulli / Turnschuhe).	Je …
5.	… sagen, dass du jemandem geholfen hast. (Freundin / Freund)	J'ai …
6.	… sagen, dass du jemandem etwas gegeben hast. (Freund / Buch)	J'ai donné …
7.	… sagen, dass etwas eine gute Idee ist.	C'est une …

Mehr dazu k7z9d2

Weitere Übungen findest du im Internet.

Überprüfe, was du kannst! Vergleiche deine Lösungen mit den Lösungen auf Seite 246.

2 En forme (G 23)

Bilde sinnvolle Sätze. Bei manchen Sätzen sind mehrere Adjektive möglich!

1. A la fête, les gens sont **?** .
2. La musique n'est pas **?** .
3. Il y a des gaufres. Elles sont **?** .
4. Mme Chabane met une robe **?** .
5. Noah danse avec une **?** fille.
6. Il est très **?** .
7. Le **?** frère de Noah ne danse pas.
8. Mais après la fête, il dit: «Lilou est une fille **?** .»
9. Gabriel porte une casquette **?** .

joli · intéressant · bon · noir et blanc · fantastique · mauvais · content · grand · bleu

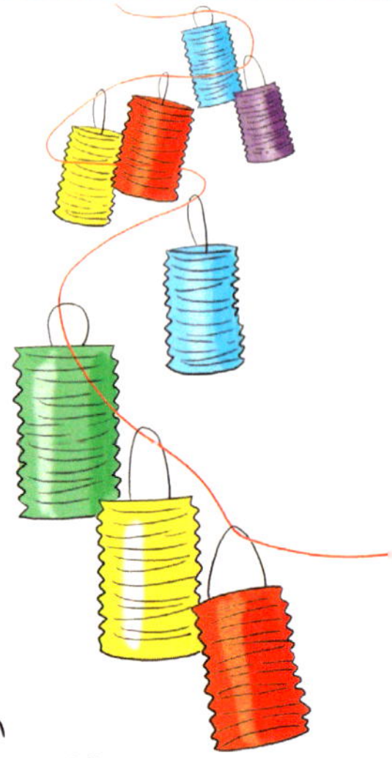

3 Ecrire (G 24)

*Raconte. Utilise le passé composé. Attention à la préposition **à**!*

1. A la gare, Gabriel – parler *à qn* – un chanteur
2. Il – demander *qc à qn* – photo – le chanteur
3. Le chanteur – donner *qc à qn* –photo – le garçon
4. Gabriel – raconter *qc à qn* – histoire – sa famille
5. Il – montrer *qc à qn* – photo – ses copains

4 Ecrire (G 22)

Après la fête du 14 Juillet, Lilou écrit dans son journal.
Utilise le passé composé. Attention à la négation (Verneinung)!

1. A la gare de Lyon, Maman et moi, nous (quitter) la gare, mais d'abord nous (*ne pas* trouver) les Chabane.
2. La famille (chercher) Gabriel dans la gare parce qu'il (*ne pas* faire) attention à l'heure.
3. A la maison des Chabane, nous (discuter) et Moustique (aimer) mon chapeau.
4. Le 14 Juillet, on (passer) des heures sympas sur la place de la Bastille, mais je (*ne pas* trouver) de petit copain.
5. Je (demander) une danse à un garçon, mais le garçon (*ne pas* danser) avec moi…

Grammaire

G 22 J'ai rangé ma chambre: Das **Passé composé** mit **avoir**

Aujourd'hui, (Heute …)
Alex **téléphone.**

Hier, (Gestern …)

elle	**a**		**rangé** sa chambre,
elle	**n' a**	**pas**	**téléphoné** .
	avoir		participe passé

Infinitiv auf „-er"			**Participe passé auf „-é"**	
ranger	J'	**ai**	**rangé**	ma chambre.
poser	Tu	**as**	**posé**	des trucs sur mon lit.
chercher	Il	**a**	**cherché**	ses affaires.
discuter	Nous	**avons**	**discuté**	du problème.
préparer	Vous	**avez**	**préparé**	le repas?
téléphoner	Elles	**ont**	**téléphoné**	
! **faire**	J'	**ai**	**fait**	mon lit.

G 23 Elle est contente: Das Adjektiv

Singular

Mehdi est content.
Alexandra est contente.

Plural

Mehdi et **Léo** sont content**s**.
Alexandra et **Marie** sont content**es**.

Léo et **Marie** sont content**s**.

das Adjektiv – **l'adjectif**

! Stellung!

J'ai retrouvé mon **t-shirt vert**.

J'ai retrouvé mon **joli t-shirt**.

Vor dem Nomen stehen:

petit (klein)	bon (gut)	mauvais (schlecht)
grand (groß)	joli (hübsch)	

G 24 J'ai montré le t-shirt à Jérôme: Das direkte und das indirekte Objekt

Alex montre **le t-shirt** **à son frère**.

direktes Objekt (**Wen?** oder **Was?**)

indirektes Objekt (**Wem?**)

Lerne die Verben immer mit ihren „Anschlüssen“:
demander **à** qn (indirektes Objekt)
aider qn (direktes Objekt).

das direkte Objekt – **l'objet direct**
das indirekte Objekt – **l'objet indirect**
das Subjekt – **le sujet**

! Stellung! Im Französischen S–V–O: Subjekt – Verb – Objekt (direkt vor indirekt)!

Aujourd'hui, Alex raconte une histoire à son frère .

Heute erzählt Alex ihrem Bruder eine Geschichte .

G 25 je mets, tu mets ... : Das Verb **mettre** (setzen/stellen/legen/anziehen)

Singular		Plural	
je	**mets**	**nous**	**mettons**
tu	**mets**	**vous**	**mettez**
il / **elle** / **on**	**met**	**ils** / **elles**	**mettent**

Unité 8

P comme ... Paris!

En France

Beaucoup de touristes visitent Paris. Pourquoi?

PORTFOLIO

Am Ende dieser Unité kannst du dich in Paris orientieren, Interviews führen und über Sehenswürdigkeiten sprechen.

197–204

Cartes postales …

Vous regardez des cartes postales de Paris. Vous reconnaissez des monuments? Ecoutez. Retrouvez les monuments et écrivez les lettres pour retrouver le nom d'un quartier de Paris. Regardez le plan de Paris à la fin de votre livre.

Mehr dazu vp8w7j

Atelier A

Approche **1**

Papa est à Paris!

Super, papa passe une semaine à Paris! Il prépare un reportage sur notre ville pour son journal. Et moi, je suis son assistant! Nous allons visiter des endroits intéressants, faire des interviews avec des touristes et prendre des photos.

Qu'est-ce que tu penses: que vont visiter les touristes? Et toi? Qu'est-ce que tu voudrais visiter?

2

En route pour les interviews …

205–206

1. Léo et son papa préparent le reportage.

Léo: Alors, qu'est-ce qu'on va faire pour ton reportage?
M. Pirou: Je voudrais faire des interviews à la tour Eiffel.
Léo: La tour Eiffel? Mais, c'est nul, papa! Pourquoi est-ce qu'on ne va pas à la Géode au parc de la Villette?
M. Pirou: A la tour Eiffel, on peut faire des interviews avec des touristes. Mais demain, on va au parc Astérix.
Léo: C'est vrai, papa? On va au parc Astérix? Cool!
M. Pirou: Oui, les parcs d'attractions sont intéressants pour les lecteurs de mon journal.

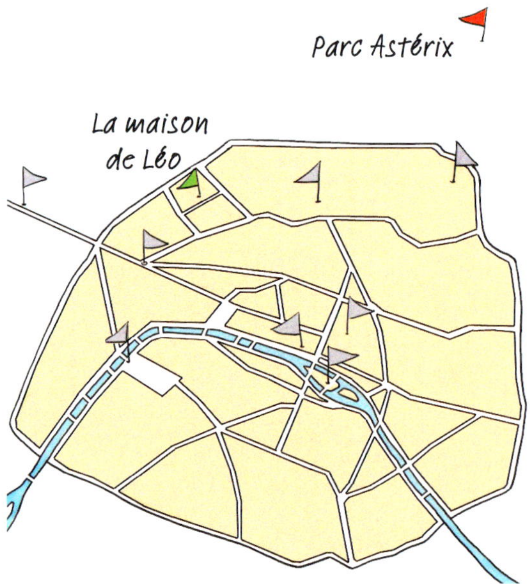

Retrouvez sur le plan la tour Eiffel et les monuments des pages 138 et 139. Regardez aussi sur le plan de Paris à la fin de votre livre.

2. A 7 heures du matin, Léo et son père font déjà des interviews dans des bus, des gares et des stations de métro. C'est les vacances, et 7 heures, c'est un peu tôt pour Léo. Il est encore fatigué.

M. Pirou: Ecoute ça, Léo! A Paris, les gens font 8 millions de kilomètres par jour avec les moyens de transport.
Léo: Combien de kilomètres, papa? 8 millions? C'est vraiment beaucoup, tu ne trouves pas?

3 A propos du texte

Corrigez les phrases. Ecrivez le texte corrigé dans votre cahier.

1. M. Pirou va faire des interviews pour la télé.
2. Avec Léo, il va d'abord faire un reportage sur la Géode.
3. Pour Léo, la Géode n'est pas intéressante.
4. Mais il trouve la tour Eiffel super.
5. Aujourd'hui, les deux vont visiter le parc Astérix.
6. A huit heures du matin, Léo et son père commencent déjà les interviews.
7. C'est tôt, mais Léo n'est plus fatigué.
8. Pour faire les reportages, ils vont à pied.

Stratégie

4 Prononcer

48, 1

A *Vous connaissez déjà ces mots et vous savez comment les prononcer. (Diese Wörter habt ihr schon gelernt. Ihr wisst, wie man sie ausspricht.)*

un cadeau – Truffaut – la main – comment – pied – ils posent

Ces mots sont nouveaux. A vous de trouver comment les prononcer. (Diese Wörter sind neu. Ihre Aussprache könnt ihr selbst herausfinden.)

le vent – froid – ils lisent – beau – chaud – le train

B *Comment est-ce qu'on prononce ces nouveaux mots? Quels mots, que vous connaissez déjà, vous aident à prononcer ces mots? (Findet heraus, wie man die folgenden neuen Wörter ausspricht. Welches schon gelernte Wort hilft euch jeweils bei der Aussprache?)*

schon gelernt	neu
Attention !	mauvais
mais	une explication
la rue	la boutique
elles arrivent	la vue
fantastique	ils écrivent

En France

5 En train, en bus et en métro …

Mehr dazu bh4s4n

Voilà la gare de l'Est.

Tiens, une station de métro!

Voilà un ticket pour le métro ou pour le bus.

Le train arrive!
A Paris, il y a six gares.

Zut! Le bus est en retard!

Le vélo, un moyen de transport écologique.

Super! Des vélos pour tout le monde!

A *Seht euch die Logos und Abkürzungen an. Zu welchen Pariser Verkehrsmitteln gehören sie? Welches Logo gehört nicht hierher?*

1. 2. 3. 4. 5. 6.

B *Corrigez les phrases.*

1. A Paris, il y a 5 gares.
2. «Velib'», ce sont des trains pour tout le monde.
3. Voilà un «M» jaune. Ici, il y a un restaurant.
4. Un ticket de bus est aussi un ticket de cantine.

Ecouter

6 Le blues des transports

207

Lest zuerst die Fragen. Hört das Lied mehrmals an und beantwortet die Fragen auf Deutsch.

1. Für welches „Verkehrsmittel" wirbt das Lied?
2. Welche Verkehrsmittel kommen in dem Lied nicht vor?

Parler

7 Comment est-ce que tu vas ...?

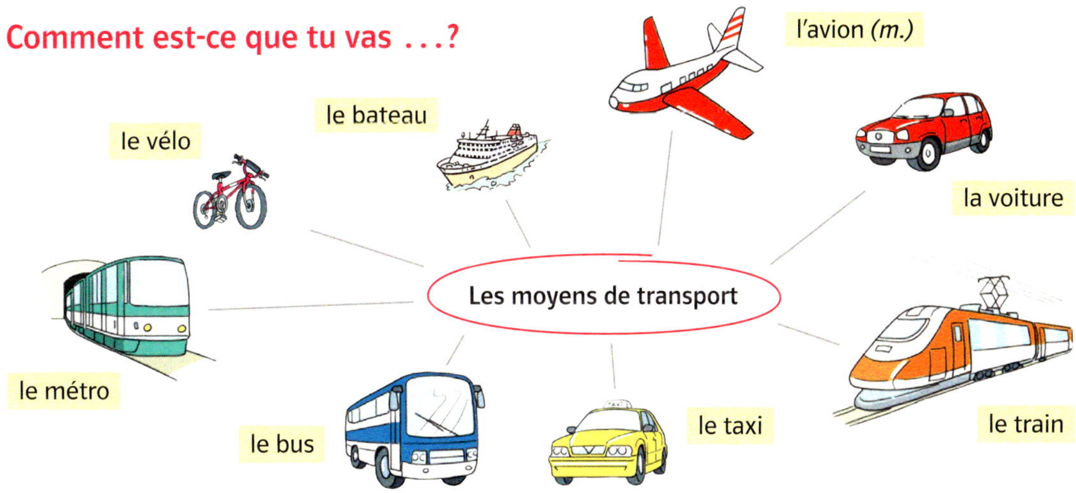

Faites des dialogues.

Exemple:
– Comment est-ce que tu vas à la piscine?
– Je vais à la piscine **en bus**.

Continuez.

aller
- en métro, en bus, en train
- en taxi, en voiture, en avion
- en bateau
- à vélo
- à pied

PORTFOLIO

8 Des mots-images

Wählt mindestens ein Verkehrsmittel. Schreibt dessen Namen so, dass man am Schriftbild erkennt, was das Wort bedeutet.

Lire

9 Paris, un escargot?

A Paris, il y a 20 arrondissements. Chaque arrondissement a une mairie. La Seine traverse Paris. Les arrondissements au nord de la Seine s'appellent la rive droite. La rive gauche, c'est les arrondissements au sud de la Seine. Notre-Dame se trouve sur l'Île de la Cité, dans le 1er arrondissement. C'est le centre de Paris. La Bastille est dans le 11ème arrondissement, le Sacré-Coeur se trouve dans le 18ème et le Parc de la Villette dans le 19ème.

Dans quel arrondissement se trouve:
1. la Tour Eiffel?
2. le Louvre?
3. l'Arc de Triomphe?
La Seine traverse quels arrondissements?

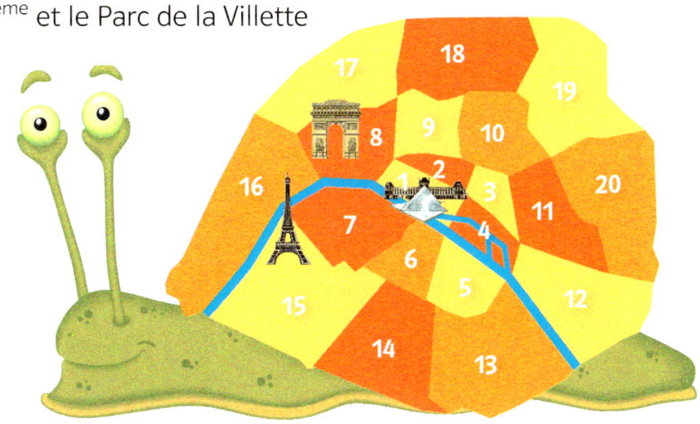

Atelier B

1 Sur la tour Eiffel

208 Aujourd'hui, il fait beau et chaud. Sur la tour Eiffel, il y a beaucoup de touristes. M. Pirou commence ses interviews:

M. Pirou: … qu'est-ce que vous aimez, ici?
Un monsieur: C'est surtout la vue sur Paris. Elle est vraiment fantastique!
Une dame: Et puis la tour Eiffel est comme une petite ville: ici, il y a des restaurants, des boutiques de souvenirs, une poste, des films sur l'histoire de la tour Eiffel …
Le monsieur: Nous avons même visité le bureau de Gustave Eiffel …
Une autre dame: Vous écrivez pour un journal?
M. Pirou: C'est ça.
La dame: Moi, j'écris une carte postale.

La dame: Oh, ici, il y a du vent. Oh! Mon chapeau!
Léo: Un moment, s'il vous plaît! Je prends une photo.
La dame: Georges, va chercher mon chapeau.

En bas de la tour Eiffel, Georges et Léo cherchent le chapeau. Mais où est-il?

Lire et écrire

2 A propos du texte

A *Qu'est-ce qu'il y a sur la tour Eiffel?*

B *Quels mots vont ensemble? Notez les expressions dans votre cahier.*

C *Ecrivez la carte postale de la dame avec ces mots dans votre cahier.*

écrire	de touristes
il fait	fantastique
une vue	vent
il y a du	beau et chaud
beaucoup	une carte postale

Ecouter et écrire

3 La météo

209–210

A *Ecoutez les deux textes deux fois.*

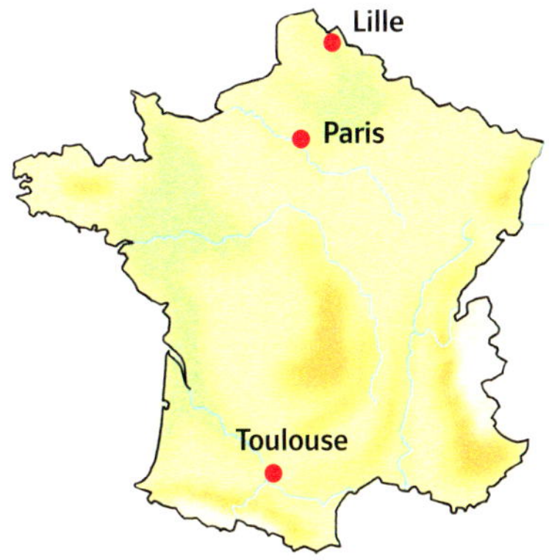

B *Trouvez les bonnes réponses.*

	A	B	C
1. La météo est pour	mardi, 2 août	jeudi, 15 août	mardi, 15 août
2. Il va y avoir du soleil	le matin	l'après-midi	le soir
3. L'après-midi, il va	faire beau	y avoir du vent	faire très mauvais
4. Demain, il va	faire très beau	neiger	faire très froid
5. A Lille, il va	neiger le matin	faire beau l'après-midi	pleuvoir
6. Demain, il va	faire très froid	faire beau	y avoir des nuages

C *Quel temps est-ce que tu aimes? Quel temps est-ce que tu n'aimes pas? Dis pourquoi.*

Parler

4 Quel temps fait-il?

Faites des dialogues.

Exemple:
- Quel temps fait-il aujourd'hui?
- Il fait chaud.
- Alors, je mets mon t-shirt .

une veste
un anorak
un pull
une casquette
…

ON DIT

- Il fait froid.
- Il neige.
- Il fait mauvais.
- Il pleut.
- Il y a du vent.
- Il fait beau.
- Il fait chaud.

Bei „**fait**-il" musst du die „liaison" machen: das „-**t**-" hört man.

En forme

5 Je lis ... tu écris (G 26, G 27)

→ En plus 181, 17 △

*Complétez avec le verbe **écrire** ___ et le verbe **lire** ___.*

Demain, Léo et Marie ont une interro d'allemand.

1. Ils travaillent pour l'interro chez Léo. D'abord, ils ___ dans leurs livres, puis Marie ___ un texte dans son cahier.
2. Léo travaille aussi, mais il ___ seulement les textes de la leçon.
3. *Marie:* Léo, tu n' ___ pas le vocabulaire de la leçon dans ton cahier?
4. *Léo:* Non, mais je ___ les explications dans la grammaire.
5. *Marie:* Ah bon, mais pourquoi est-ce que nous n' ___ pas un texte sur Hambourg?
6. *Léo:* ___ un texte? Pourquoi pas. Alors, moi, je ___ et toi, tu ___, d'accord?
7. *Mme Pirou:* Oh non, Léo. Vous travaillez ensemble, alors, vous ___ le texte tous les deux.

En forme

6 J'écris, tu lis ... (G 26, G 27)

A *Complétez le filet à mots dans votre cahier. Trouvez 6–9 mots.*

B *Regardez les verbes **écrire** et **lire** à la page 153. Puis jouez avec un dé et faites six phrases.*

Exemple:

Elle écrit une carte postale. je tu elle / il / on nous vous ils / elles

PORTFOLIO

7 A Paris, il fait beau!

Gestalte einen Wetterbericht in Form eines Bildgedichts wie in den folgenden Beispielen.

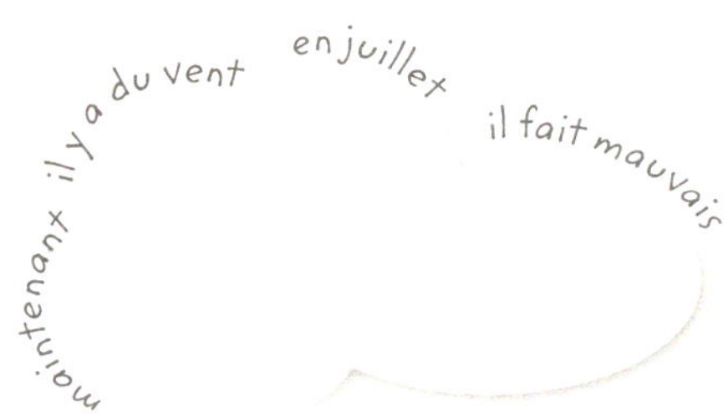

Atelier C

1 Au parc Astérix

211–214 Mehr dazu 7c3tx7

1. *Léo:* Malabar va être content. Il aime les parcs. Et est-ce qu'on va aller aussi sur le grand huit? J'adore le grand huit!
M. Pirou: Ça oui, mais un chien dans le parc? Je ne sais rien sur le parc Astérix, Léo. On va regarder sur Internet.

Léo et M. Pirou cherchent des informations; enfin ils trouvent une liste pratique de questions et de réponses …

Est-ce que Malabar peut entrer dans le parc? Faites comme Léo, regardez sur Internet!

2. Léo et son père arrivent au parc Astérix.

Léo: Ouah, papa, voilà le grand huit! Je peux faire un tour, s'il te plaît?
M. Pirou: D'accord, mais regarde, il y a une queue énorme. Alors, tu peux faire des interviews avec beaucoup de touristes. Viens, on va à la caisse pour acheter un ticket.
Léo: Mais non, papa. Ici, on n'achète pas de tickets pour les attractions, elles sont gratuites dans le parc.

3. Après le tour sur le grand huit, Léo ne va pas bien.

Léo: Papa, le grand huit, c'est cool, mais maintenant, j'ai mal au cœur!
M. Pirou: Oh non, Léo … On va boire quelque chose.
Léo: Regarde, il y a un stand de boissons là-bas. On peut acheter un coca? Je vais aller beaucoup mieux après.

4. Au stand de boissons:

Le vendeur: Bonjour, vous désirez?
M. Pirou: On prend un coca et un café, s'il vous plaît.

Le parc Astérix est un parc d'attractions.

Le vendeur: Désolé, monsieur. Je n'ai plus de coca. Vous prenez un peu d'eau?
Léo: Euh … non merci. Vous n'avez pas d'orangina?
Le vendeur: Et voilà, jeune homme. Ça fait 5 € 40 au total pour le café et l'orangina.
M. Pirou: Oh là là, mais c'est cher!
Léo: Eh bien, papa, tout n'est pas gratuit ici …

Lire et écrire

2 A propos du texte

A *Mettez les six expressions dans le bon ordre et trouvez les lignes du texte.*

quelque chose à boire | mal au cœur | visiter le parc | plus de coca | le grand huit | sans Malabar

B *Ecrivez six phrases dans votre cahier pour raconter l'histoire.*

En forme

3 Pas de gâteau pour demain (G 28)

Mettez le verbe à la bonne forme et complétez la réponse.

52, 8

ne … pas de …	∅	kein(e)
ne … plus de …	✱	kein(e) … mehr
beaucoup de …	++	viel(e)
peu de …	––	wenig(e) …

1. *Mme Pirou:* Léo, tu travailles pour l'école? — *Léo:* Non maman, aujourd'hui, je n' **?** .
   avoir | ∅ | devoirs
2. *Marie:* Léo, on va au cinéma ce soir? — *Léo:* Oh pardon, je ne peux pas. J' **?** pour le reportage sur Paris.
   avoir | ++ | travail
3. *Léo:* Papa, je fais un tour avec Malabar? — *M. Pirou:* D'accord. Aujourd'hui, il y **?** dans la rue.
   avoir | -- | voitures
4. *Léo:* Maman, tu fais un gâteau pour demain? — *Mme Pirou:* Désolée, Léo. Mais je n' **?**.
   avoir | ✱ | sucre

→ En plus 181, 18 △

Parler

4 Vous désirez? (G 28)

Travaillez à deux. Faites des dialogues. Vous pouvez acheter des CD, des livres, des BD, etc.

ON DIT

le vendeur / la vendeuse	**le client / la cliente**
– Bonjour, monsieur / madame. Vous désirez?	– Bonjour. Je voudrais un orangina.
– Désolé(e). Nous **n'**avons **pas d'**orangina / **plus d'**orangina.	– Dommage. Alors, je prends une crêpe.
– **Pas de** problème. Avec un **peu** ou avec **beaucoup de sucre**?	– Avec un **peu de** sucre, s'il vous plaît. Elle fait / coûte combien, la crêpe?
– Ce n'est pas cher, elle fait / coûte seulement 3 € 50.	– Oh, c'est trop cher. Je prends seulement un café pour 2 €.
– D'accord. Voilà, monsieur / madame. Au revoir et bonne journée.	– Merci. Au revoir, monsieur / madame.

En forme

5 Malabar ne dit rien. (G 29)

Ecrivez les phrases. Mettez la bonne négation.

1. Les chiens ? entrent ? dans le parc.
2. Bof! Ça ? fait ? .
3. Je ? aime ? les attractions, moi.
4. Le grand huit, ce ? est ? pour moi.
5. Ce ? est vraiment ? intéressant.
6. Je reste ici. C'est sympa et ça ? coûte ? .
7. Mais … Idéfix, c'est aussi un chien!
   Il ? travaille ? dans le parc?

ne … pas	*nicht*
ne … rien	*nichts*

En français et en allemand

6 Des attractions pour tout le monde!

Du möchtest mit deinen Eltern den Parc Astérix besuchen. Suche im Internet Informationen auf französischen Internetseiten über den Parc Astérix.

- Was gibt es dort alles zu sehen?
- Was kann man dort machen?
- Wann ist der Park geöffnet?
- Wie viel kostet der Eintritt?

Gib die Infos auf Deutsch an deine Eltern weiter.

PORTFOLIO

7 Un monologue minute

Du bist bei deinem französischen Austauschpartner und möchtest gerne Paris besuchen. Du hast eine Minute Zeit, seine Eltern von deinem Plan zu überzeugen.
Bereite einen **monologue minute** (Einminutenrede) vor, in dem du deine Argumente für den Ausflug nach Paris vorträgst. Schreibe die Szene auf, spiele sie vor und nimm sie auf. Beginne mit „Je voudrais …".

Ecouter

8 Un stand pas comme les autres

215

A *Lisez les questions. Ecoutez le texte et notez les réponses.*

1. Qui sont les personnes dans le texte?
2. Qu'est-ce que la sœur de la cliente aime?
3. Qu'est-ce qu'il y a au stand?

B *Sammelt französische Wörter für Dinge, die man nicht kaufen kann.*

Pratique: tâches

Lire et parler

1 Des cartes postales

Lisez les cartes postales des touristes.
Quelle carte va avec quelle photo? Dites pourquoi.

a

b

c

1. Bonjour Flore,
Nous écrivons de Paris. Aujourd'hui, on a visité la Défense. C'est super intéressant et vraiment très moderne.
Grosses bises
Fabien et Liane

2. Salut Léa,
Demain, il ne va pas faire beau. Alors, on va aller au musée du Louvre pour rencontrer la Joconde!
Bises
Flavie

3. Cher papa et chère maman,
Ça va? Regardez mon copain sur la photo! Il n'est pas beau, mais il est cool, non? 🙂
Notre-Dame, c'est super.
Bisous
Julie

Parler

2 Tu aimes les parcs d'attractions?

ON DIT

🙂	🙂🙂	😕	😕😕	😕😕😕
J'aime bien les parcs d'attractions.	J'adore les …	Je n'aime pas trop les …	Je n'aime pas les …	Je déteste les …
J'aime bien visiter les parcs d'attractions.	J'adore visiter …	Je n'aime pas trop visiter …	Je n'aime pas visiter …	Je déteste visiter …

A *Travaillez à deux.*
Posez des questions et répondez.

Exemple:
– Tu aimes les parcs d'attractions?
– Oui, j'adore les parcs d'attractions. Et toi?
– Moi, je n'aime pas trop les parcs d'attractions, mais j'aime bien regarder des films.

les parcs d'attractions	visiter les parcs d'attractions
le grand huit	aller sur le grand huit
les films	regarder des films
le foot	faire du foot
les feux d'artifice	regarder les feux d'artifice
les jeux vidéo (…)	faire des jeux vidéo (…)

B *Ecrivez deux dialogues dans votre cahier.*

Lire

3 Un chien dans le parc?

Lest den Text und beantwortet folgende Fragen:

1. Dürfen Hunde in den Parc Astérix?
2. Was können Hundebesitzer tun, wenn sie den Park besuchen möchten?
3. Wie viel kostet es?

Est-ce que je peux entrer dans le parc avec mon chien?

Les animaux ne sont pas acceptés dans le parc. Vous avez à votre disposition un chenil[1] pour placer votre animal. Le chenil se trouve au bout du parking P6, vous devez traverser le P2 à partir des caisses. Le prix du chenil est de 7 € la journée, à régler sur place.

[1] **un chenil** [ʃənil] Regardez à la page 24. Là, les chiens sont dans un chenil.

PORTFOLIO

4 Une expo sur Paris

Organisez une exposition sur Paris dans votre salle de classe. Travaillez en groupes. Chaque groupe fait une affiche DIN A2 d'un monument ou d'un quartier de Paris.

- *Travaillez sur Internet pour trouver des photos, des dessins et le plan du monument ou du quartier.*
- *Ecrivez un petit texte en français sur le monument ou le quartier.*
- *Cherchez des informations pratiques, par exemple le prix de l'entrée, la station de métro, les horaires, etc. …*
- *Ecrivez un reportage ou une interview avec un touriste qui visite le monument.*
- *Réservez une place sur l'affiche pour un texte en allemand.*

Hintergrundinformationen wie Geschichte und Bedeutung der Sehenswürdigkeit dürft ihr auf Deutsch verfassen, wenn ihr es noch nicht auf Französisch könnt.

Bilan

> Überprüfe, was du kannst! Vergleiche deine Lösungen mit den Lösungen auf Seite 246.

1 Parler

Du kannst schon … *Und so kannst du den Satz anfangen:*

1.	… sagen, was man in Paris besichtigen kann.	A Paris, on peut visiter …
2.	… über das Wetter sprechen (ob es gut / schlecht / kalt / warm ist / ob es regnet oder schneit).	Il fait … Il y a … Il … / Il …
3.	… erklären, wie du dich in Paris fortbewegst (Bus / Bahn / Metro / zu Fuß / mit dem Fahrrad).	Je prends … Je vais à …
4.	… ausdrücken, in welchem Stadtbezirk etwas liegt.	La … se trouve … Le … est dans le …
5.	… eine Ansichtskarte schreiben (Einleitung, Schlussformel).	… Léa, / … papa Bises … / …
6.	… Verkaufsgespräche führen (nach etwas / dem Preis fragen / sagen, dass etwas zu teuer ist).	Ça … / Je voudrais …, s'il vous plaît. C'est trop …

Mehr dazu x6zc92 *Weitere Übungen findest du im Internet.*

2 Ecrire (G 26, G 27)

Mets les formes des verbes au pluriel.

je lis | tu lis | tu écris | Lis! | j'écris | il écrit | elle lit | Ecris!

3 En forme (G 28)

Traduis les phrases.

1. Léo macht viele Interviews mit Touristen in Paris.
2. Aber er macht keine Fotos.
3. Monsieur Pirou hat zu viel Arbeit.
4. Aber er hat wenig Ferien.

4 En forme (G 29)

Complète les réponses.

1. *Léo:* Papa, tu fais des photos pour le reportage? → *M. Pirou:* Non, Léo, je ne fais …
2. *Mme Pirou:* Est-ce que vous avez encore de l'eau minérale? → *La vendeuse:* Non, je n'ai …
3. *La vendeuse:* Est-ce que vous cherchez quelque chose? → *La cliente:* Non, madame, je ne … Je regarde.

Grammaire

G 26 je lis, tu lis ...: Das Verb **lire** (lesen)

Singular		Plural	
je	lis	nous	lisons
tu	lis	vous	lisez
il / elle / on	lit	ils / elles	lisent

G 27 j'écris, tu écris ...: Das Verb **écrire** (schreiben)

Singular		Plural	
j'	écris	nous	écrivons
tu	écris	vous	écrivez
il / elle / on	écrit	ils / elles	écrivent

G 28 ne ... pas de, ne ... plus de, beaucoup de, peu de

Tu as **des** questions?
↓
Je n'ai **pas de** questions.
Je n'ai **plus de** questions.

J'ai **beaucoup de** questions.
J'ai **peu de** questions.

G 29 ne ... pas, ne ... plus, ne ... rien

Je **ne** sais **pas**. Ich weiß **nicht**.

Je **ne** sais **plus**. Ich weiß **nicht mehr**.

Je **ne** sais **rien**. Ich weiß **nichts**.

! Je **n'**écris pas / plus / rien.

Unité 9
C'est les vacances!

Mehr dazu r6y9zh

En France

C'est l'été. En juillet et août, tout le monde va en vacances. Et toi?

PORTFOLIO

Am Ende dieser Unité kannst du über deine Ferienpläne sprechen und dein Urlaubsziel vorstellen.

Paris Plage

Morat (Suisse)

Le pont de l'Ile de Ré

La Cité de Carcassonne

221 *Où est-ce que Marie, Mehdi, Léo, Alex et Jérôme passent leurs vacances d'été?*

Plan

Approche

Wir arbeiten selbstständig

In dieser Unité könnt ihr einmal ohne eure Lehrerin / euren Lehrer arbeiten! Ihr werdet selbstständig die **vier Stationen** der Unité bearbeiten und die Orte kennenlernen, an denen Léo, Marie, Alex und Mehdi ihre Ferien verbringen.

Richtet zu Beginn der Unité euren Klassenraum für das Stationenlernen ein:

1. Für die vier Regionen könnt ihr jeweils eine Fensterbank oder einen freien Tisch reservieren. Erstellt ein Schild für jede Region.

2. Bringt Bücher, Fotos, Kataloge oder andere Gegenstände mit, die zu den vier Regionen passen, und legt sie aus. Nehmt euch zwischendurch Zeit, euch die Materialien anzuschauen.

3. Arbeitet an Gruppentischen mit anderen Mitschülerinnen und Mitschülern zusammen, die an derselben Station arbeiten möchten. So könnt ihr euch austauschen. Hefte, Papier, Schere, Kleber, Würfel und bunte Stifte müssen an jedem Tisch zur Verfügung stehen.

4. Richtet einen Bereich im Klassenraum ein, in dem ihr einen oder mehrere CD-Spieler aufstellt. Dort könnt ihr abwechselnd die Texte anhören. Wenn ihr eigene Kopfhörer mitbringt werden die anderen weniger gestört.

Hier noch einige wichtige Hinweise:

- Ihr könnt euch bei der Arbeit frei im Raum bewegen.
- Die Reihenfolge der Stationen bestimmt ihr selbst.
- Mit Hilfe des Laufzettels im *Cahier d'activités* müsst ihr eure Arbeit so organisieren, dass ihr mit eurer Lehrerin / eurem Lehrer in der vereinbarten Zeit mindestens die Pflichtaufgaben fertig stellt.
- Sucht euch zu Beginn jeder Station eine Lernpartnerin / einen Lernpartner, mit dem ihr einige der Aufgaben zusammen bearbeiten könnt.
- Gebt euch nach jeder Unterrichtsstunde selbst Hausaufgaben auf und kontrolliert diese gegenseitig. Die Lösungen der Aufgaben findet ihr auf Seite 247 – 248.
- Von den vier Portfolio-Aufgaben am Ende der Stationen braucht ihr nur eine Aufgabe zu bearbeiten.

Station 1: Marie dans le Jura

Lire

1 Une lettre pour Mehdi

222

Salut Mehdi, *Morat, le 12 juillet 2015*

J'ai passé trois jours au Pays de Gex dans le Jura, avec ma mère, Lilou et Moustique. C'est super ici! Il fait beau et chaud, et nous faisons beaucoup de randonnées. Mercredi, on a passé la journée au Col de la Faucille, à 15 km de Gex. De là, on a une vue fantastique sur les Alpes, même sur le Mont-Blanc! Nous avons marché trois heures dans la montagne. Tout à coup, trois vaches devant nous! Moustique a eu très peur des vaches, les vaches ont eu très peur de Moustique, et Lilou a eu peur des deux.

Depuis hier, nous sommes en Suisse, au bord du Lac de Morat. C'est beau! Là, nous avons loué des vélos pour faire le tour du Lac de Morat avec Moustique dans le nouveau panier derrière maman. Morat est une petite ville médiévale avec des vieilles maisons, des petits restaurants sympas et des boutiques. Nous habitons dans un bel appartement. Lilou a trouvé une vache miniature comme souvenir. Nous avons mangé la spécialité de Morat: le bon gâteau à la crème, le gâteau du Vully.

Et toi, Mehdi, comment ça va? Tu es triste de rester à Paris pendant les vacances? J'ai une idée: tu n'as pas envie de passer tes vacances avec nous? Maman et Lilou sont d'accord. Ecris vite!
Bisous Marie

Ecrire

2 A propos du texte

Travaillez à deux. Mettez les mots dans le bon ordre, accordez les verbes au présent et écrivez l'histoire dans votre cahier.

1. **D'abord,** - dans le Jura - (passer) - Marie - ses vacances
2. **Avec sa mère, Lilou et Moustique**, - (faire) - elles - randonnées - des longues
3. **Moustique** - content - aussi - (être) - mais - les vaches - il - (ne pas aimer)
4. **Après le Jura,** - au Lac de Morat - en Suisse - (aller) - elles
5. **Pour faire** - du lac - le tour - elles - des vélos - (avoir loué)
6. **Elles** - (adorer) - médiévale - la - ville - belle

En forme

3 Des vélos verts?

62, 3

A *Regardez les dessins. Quel adjectif va avec quel dessin?*

1. 
2. 
3. 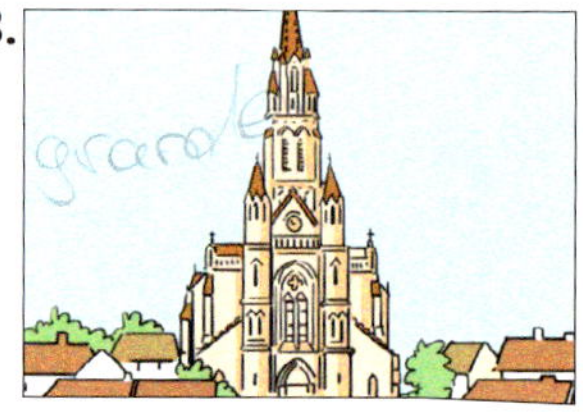
4. 
5. 
6. 

blanche

petit

grande

blancs

verts

petites

B *Ecrivez une phrase avec les adjectifs de la partie A.*

En forme

4 C'est beau, nouveau ou vieux?

→ En plus 182, 19 △

A *Complétez le tableau dans votre cahier avec les formes des adjectifs du texte.*

	singulier	pluriel
m	un beau / ? / vieux quartier un ? / nouvel / vieil appartement	des beaux / nouveaux / ? quartiers / appartements
f	une belle / nouvelle / ? maison	des belles / nouvelles / ? maisons

B *Accordez les adjectifs. Ecrivez le texte dans votre cahier.*

1. La famille de Lilou a trouvé un ? appartement dans un ? quartier.
2. Il vont quitter leur ? appartement.
3. Quand Lilou va rentrer à la maison après les vacances, elle va habiter dans une ? maison.
4. Elle va aller dans un ? collège et elle va trouver des ? amis.
5. Mais elle va écrire des courriels à ses ? copains et téléphoner à ses ? copines.
6. Lilou va avoir une ? chambre avec un ? ordinateur et des ? affiches.
7. A la maison, Lilou va chercher un ? chapeau parce qu'elle a donné son ? chapeau à sa copine.
8. Marie a trouvé son cadeau très ? .

En France et en Suisse

223 Mehr dazu 5q69bf

5 Ça fait dix-huit francs huitante!

Le dernier jour des vacances, les Chabane visitent la belle ville de Morat. A la terrasse d'un petit café, ils prennent un chocolat chaud. Dans la vitrine du café, il y a des boîtes de chocolats.

Lilou: Pardon, madame. La boîte de chocolats, ça coûte combien, s'il vous plaît?
La vendeuse: Ça fait dix-huit francs huitante.
Lilou: Huitante …?
La vendeuse: Huitante, c'est quatre-vingts.

Un client entre.

Le client: Grüessech mittenang, vier Petits-Fours, we d'r wöit so guet sy.
La vendeuse: Das macht nün achtzg. Danke viumau. Uf wyderluege.
Marie: C'est sympa. Ici, on parle deux langues!
La vendeuse: On parle même quatre langues en Suisse.

A *Welche vier Sprachen werden in der Schweiz gesprochen? Informiert euch im Internet.*

B *Fertigt eine Tabelle „En France / en Suisse" an und schreibt die Zahlen für beide Länder ein.*

55 62 74 88 93 98

ON DIT

	En France	En Suisse
69	soixante-neuf	soixante-neuf
70	soixante-dix	septante
71	soixante et onze	septante et un
72	soixante-douze	septante-deux
80	quatre-vingts	huitante
81	quatre-vingt-un	huitante-et-un
82	quatre-vingt-deux	huitante-deux
…	…	…
90	quatre-vingt-dix	noinante
91	quatre-vingt-onze	noinante-et-un
…	…	…
100	cent	cent

PORTFOLIO

6 Des vacances en Suisse

Suche aus Prospekten und im Internet Fotos und Bilder aus der Schweiz und gestalte ein Plakat. Schreibe, wo du am liebsten deine Ferien verbringen möchtest und was dich dort am meisten interessiert.

- Was gibt es dort zu sehen?
- Welche Aktivitäten sind möglich?
- Mit wem würdest du gerne deine Ferien dort verbringen?

Station 2: Léo sur l'Ile de Ré

Lire **1**

Un coup de téléphone

224

Mehdi: Oui, allô?
Léo: Allô Mehdi? C'est Léo.
Mehdi: Salut, Léo. Tu vas bien?
Léo: Ouiiii, très bien. L'Ile de Ré est fantastique, la plage, le soleil …! Et toi, ça va bien? Tu n'es pas seul à Paris?
Mehdi: Mais non, je vais bien!
Léo: Tout le monde est en vacances, mais toi, tu restes à Paris … Malabar et moi, nous sommes sur la plage toute la journée. Je suis déjà hyper bronzé. Ecoute, tu n'as pas envie de passer deux semaines chez nous? La maison est grande, et papa et maman sont d'accord.
Mehdi: C'est très sympa, merci. Mais …
Léo: Mais tu aimes le surf! Ici, je surfe tous les jours avec … euh avec Malabar. On nage aussi beaucoup. Malabar adore la mer et toutes les filles aiment Malabar. Alors, tu prends le TGV pour La Rochelle et … d'accord?
Mehdi: Merci, Léo. Mais j'aime bien rester à Paris en été.
Léo: Mais, l'île est très belle! Il y a les plages, les ports, les magasins de surf … Et pour aller à La Rochelle, on prend le vélo. Il y a un grand pont, il est long de trois kilomètres! Super, tu ne trouves pas?
Mehdi: Euh, Léo …? Tu es un peu seul sur l'île, c'est ça? Alors, d'accord, l'année prochaine, on passe les vacances ensemble sur l'Ile de Ré.
Léo: Bon, d'accord pour l'année prochaine. Bonne journée, Mehdi, et à bientôt!
Mehdi: A plus, Léo!

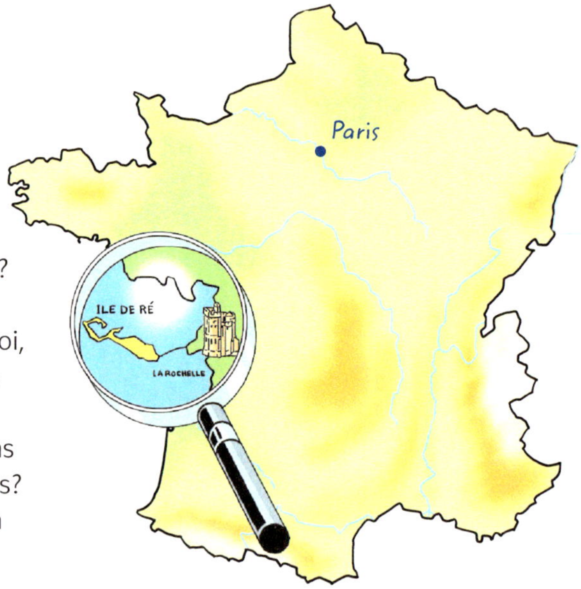

Ecrire

2 A propos du texte

Mehdi raconte le coup de téléphone à sa mère. Sa mère pose des questions. Trouvez la bonne réponse de Mehdi. Ecrivez le dialogue dans votre cahier.

Mme Azemi demande:

1. Léo reste aussi à Paris pour les vacances?
2. Avec qui est-ce qu'il est sur l'Ile de Ré?
3. Qu'est-ce qu'il fait sur l'Ile de Ré?
4. Mais Malabar n'aime pas la mer, non?
5. Et Léo, il aime bien l'île?
6. Et toi, tu as aussi envie d'aller sur l'île de Ré?

Mehdi répond:

- Oui, mais … prochaine.
- Si, … mer.
- Il … tous les jours.
- Léo … famille.
- Non, maman. Il … Ré.
- Oui, … super.

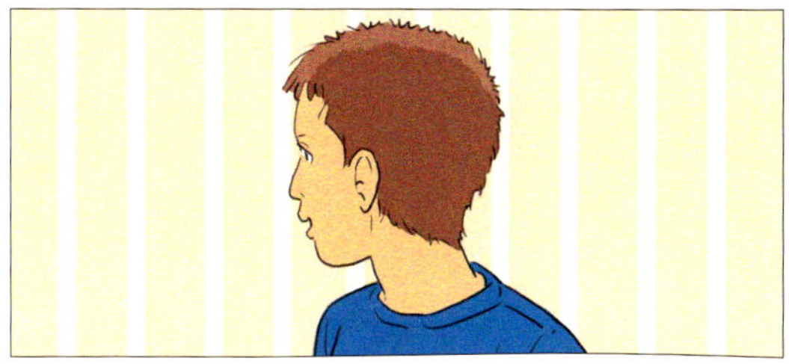

En forme

3 Les vacances avec toute la famille

→ En plus 182, 20 △

A *Sucht im Text alle Formen von **tout + Artikel** heraus. Das dahinter stehende Bezugswort sagt euch, ob es sich um männlich oder weiblich, Singular oder Plural handelt.*

	m	w
sg.		
pl.		

B *Übertragt die Tabelle in euer Heft und fügt die Beispiele aus dem Text (Formen von **tout + Artikel)** dort ein.*

C *Vervollständigt die nachfolgenden Sätze und schreibt sie in euer Heft. Verwendet dabei die folgenden Wörter mit **tout + Artikel**.*

Exemple: 1. Léo part en vacances avec toute sa famille.

1. Léo part en vacances avec ? .
2. La famille est sur l'Ile de Ré ? .
3. ? de Mehdi ont quitté Paris.
4. Malabar et Léo surfent ? .
5. Sur la plage, Léo parle à ? .
6. Il a déjà visité ? sur l'île de Ré.

villes – été – famille – journée – amis – filles

Parler

4 Oui, allô?

Ecrivez puis jouez les dialogues:

65, 4

Exemples:

1. Vous appelez un ami.
   Sa mère est à l'appareil.
   L'ami n'est pas à la maison.
2. Vous appelez un ami, mais vous faites le mauvais numéro.

ON DIT

- Allô? / Oui, allô?
- C'est qui? / Qui est à l'appareil?
- Salut, / Bonjour, c'est … (à l'appareil).
- Je vous / t'écoute.
- Je pourrais parler à …, s'il te / vous plaît?
- Un instant. Ne quitte / quittez pas. / Reste / Restez en ligne.
- Pardon, je te / vous dérange?
- Excusez-moi, j'ai fait le mauvais numéro.
- Pardon, rappelle / rappelez dans deux heures, s'il te / vous plaît.

En forme

5 Qui, où, comment?

*Regardez l'image et écrivez au moins 6 questions avec „**qui**, **que**, **quand**, **où**, **comment**, **pourquoi**, etc." dans votre cahier. Puis posez les questions à votre partenaire.*

Exemple: Avec qui est-ce que Léo joue? … Il joue avec Malabar.

PORTFOLIO

6 Viens en vacances avec moi!

Du möchtest mit deinem französischen Austauschpartner die Ferien verbringen. Deine Familie fährt an einen tollen Urlaubsort, wo ihr viel unternehmen könnt, was euch Spaß macht. Daher rufst du deinen Freund an, um ihn zu überreden, mitzukommen. Sammle als Vorbereitung zunächst wichtige Ausdrücke und schreibe den Dialog zwischen euch beiden dann auf einer DIN A4 Seite für deinen Portfolio-Ordner auf.

Station 3: Alex et Jérôme à Carcassonne

Lire **1**

Le blog d'Alex

225–229

Mehr dazu x454ch

Bienvenue sur mon blog

Samedi, 28 juillet

Salut, les amis! Et merci de visiter mon blog. Mon grand frère Jérôme et moi, nous passons trois semaines dans une colonie de vacances près de Carcassonne! Vous ne connaissez pas cette ville? Et bien, c'est pourquoi j'écris ce blog. C'est pour vous! Voici quelques photos de notre première semaine de vacances.
Bisous à tous,
Alex
P.S.: Mehdi, tu n'as pas envie de visiter Carcassonne avec nous? Il y a encore des places.

1. J'ai visité Carcassonne avec ma nouvelle copine Alice et son cousin.

2. Une excursion dans la montagne. Nous avons passé deux nuits sous ces tentes dans la nature.

En France

In Frankreich verbringen viele Kinder ihre Sommerferien ohne ihre Eltern in einer *colonie de vacances*, einem Ferienlager. Die Betreuer sind meist Studenten. Sie werden *moniteurs* oder einfach *monos* genannt.

3. Au bord de l'Aude. Jérôme et sa copine ont préparé un grand pique-nique. Mon frère est sympa cet été: il est amoureux!

4. La colonie de vacances. Sur cette photo, il y a Claire et Michel, nos monos, avec leurs collègues.

En forme

2 Elles sont super, ces vacances en colonie!

→ En plus 182, 21 △

	m	w
sg.		
pl.		

A *Sucht im Text alle Formen von **ce** heraus. Das dahinter stehende Bezugswort sagt euch, ob es sich um die männliche oder weibliche, die Singular- oder Pluralform handelt.*

B *Übertragt die Tabelle in euer Heft und füllt die richtigen Formen von **ce** dort ein. Wie sieht es mit **cet** aus? Könnt ihr euch denken, warum ein **t** angehängt wird? Formuliert dazu eine Regel.*

C *Complète le texte avec **ce**, **cet**, **cette**, **ces**.*

1. Alex et Jérôme passent les vacances à Carcassonne **?** été.
2. Alex aime bien **?** ville au bord de l'Aude.
3. **?** matin, elle visite la Cité avec Michel et Claire, les monos de la colonie.
4. Jérôme et Alex trouvent que **?** deux monos sont très sympas.
5. Jérôme a rencontré une amie **?** année.
6. Avec **?** amie, il passe beaucoup de temps.
7. Alex raconte toutes **?** choses sur son blog.
8. Sur **?** blog, elle met aussi beaucoup de photos pour ses amis.

Stratégie

3 Durch Französisch andere Sprachen verstehen

230

67, 3

Hört euch von der CD folgende Wörter aus unterschiedlichen Fremdsprachen an. Ihr könnt deren Bedeutung über ähnliche französische Wörter erschließen. Tragt beide Wörter und deren Bedeutung in eine Tabelle in eurem Heft ein. Vorsicht: Nicht immer handelt es sich um wörtliche Übersetzungen!

semana colonia Kolonie naturaleza

city vacaciones settimana Exkursion bordo

vacanze mountain board tent ciudad

Ecrire

4 Aller en colonie de vacances?

Tu as trouvé le blog d'Alex sur Internet. Est-ce que tu as aussi envie d'aller en colonie de vacances à Carcassonne? Pourquoi? Pourquoi pas? Ecris un texte de six à huit phrases dans ton cahier. Voici des idées.

un pique-nique | l'Aude | les copains | les activités | les tentes | la cité | la montagne | …

Exemple: J'ai envie d'aller en colonie de vacances à Carcassonne parce que …

En forme

5 mon, ma, mes …

Spielt zu zweit. Würfelt zweimal. Die Augenzahl des ersten Würfels gibt euch ein Subjekt vor. Die zweite Augenzahl wird hinzuaddiert. Das Ergebnis gibt euch ein Objekt vor. Bildet einen Satz mit den gewürfelten Elementen, die ihr durch „mon, ma, mes, ton, ta tes …" miteinander verbindet. Schreibt mindestens 10 Sätze in euer Heft.

Exemple: **Würfel 1:** [3] → **Subjekt:** 3. Pers. Sg.
Würfel 2: [4], zusammen 7 Augen → **Objekt:** 7. les monos
→ Alex trouve ses monos très sympas.

[1] Je
[2] Tu
[3] Alex / Jérome
[4] Nous
[5] Vous
[6] Alex et Jérome

2. la sœur
3. les photos
4. les vacances
5. le blog
6. le copain
7. les monos
8. la colonie
9. les parents
10. le pique-nique
11. l'excursion
12. la tente

PORTFOLIO

6 Tes photos de vacances

Erstelle eine Fotocollage mit 4–6 Urlaubsfotos, zu denen du jeweils zwei oder drei kurze Sätze auf Französisch schreibst. Nutze ein DIN A4-Blatt quer, so dass du es falten und in deinen Ordner heften kannst.

Station 4: Mehdi à Paris

Lire

1 Une aventure à Paris

231 Mehdi est super content. Il passe ses vacances à Paris. Même sans ses amis, il trouve ça fantastique! Il a un nouveau copain, Anatole. Mehdi a rencontré Anatole dans son quartier. Le père d'Anatole est aussi très sympa. Il est propriétaire d'une péniche, c'est intéressant! Hier, il a invité Mehdi et Anatole à faire un tour en bateau avec lui.

Aujourd'hui, les deux garçons prennent le métro pour aller d'abord à la Gare d'Austerlitz. De là, ils vont au quai d'Austerlitz. Le père d'Anatole arrive avec sa péniche et ils montent.
Il fait beau et chaud. La péniche passe devant l'Ile Saint Louis, le Jardin des Plantes, Notre-Dame et le Louvre. Après le Louvre, au bord de la Seine, il y a Paris Plage. Une plage à Paris? Oui, il y a du sable, des piscines et même des palmiers.

Tout à coup, une dame tombe d'un Batobus dans la Seine. Est-ce qu'elle sait nager? Mehdi est un bon nageur. Il saute à l'eau et, avec l'aide d'Anatole et de son père, il tire la dame dans la péniche. Quelle chance!

Le lendemain, on lit dans le journal:

Mehdi, le héros de Paris Plage
Paris Plage, le mercredi 2 août.

Mehdi, un garçon de 11 ans, a sauvé une dame qui ne sait pas nager.
Bravo, Mehdi!

Lire et écrire

2 A propos du texte

A *Corrigez les fautes dans le texte. (Il y en a six.) Ecrivez le bon texte dans votre cahier.*

1. Mehdi n'est pas content de rester à Paris.
2. Il a envie d'aller en vacances comme ses copains.
3. Un jour, il a trouvé un nouveau copain, Anatole, au Jardin des plantes.
4. Avec le père d'Anatole, ils font un tour à Paris Plage en bus.
5. A Paris Plage, Mehdi tombe à l'eau. Une dame sauve Mehdi.

B *La dame écrit une carte postale à Mehdi pour dire merci. Ecrivez sa carte postale.*

En français et en allemand

3 Paris Plage

70, 3

Du möchtest mit deinen Eltern in den Ferien nach Paris fahren und erklärst ihnen deshalb Paris Plage. Folgende Fragen helfen dir.

1. Warum kann man seine Ferien auch in Paris gut verbringen?
2. Welche Aktivitäten bietet Paris Plage den Touristen an?
3. Kann man das ganze Jahr über Paris Plage besuchen?
4. Wie sind die Öffnungszeiten?
5. Welche Aktivitäten werden für Kinder angeboten?
6. Ist die Teilnahme an den Aktivitäten teuer?

PARIS

PARIS ACTU ▾

PARIS PLAGE

Pourquoi quitter Paris pendant les vacances, prendre la voiture, le train, le bateau ou l'avion pour aller loin avec des millions d'autres touristes? Restez à Paris où vous trouvez le soleil, des plages, la nature et même des palmiers. Du 20 juillet au 20 août, les quais de la Seine sont une très grande plage, longue de 4 kilomètres. C'est Paris Plage. Là, on offre des activités sportives et des jeux. On trouve des plages à plusieurs endroits. La plus grande se trouve près de l'Hôtel de Ville, une autre près de la Villette. Paris Plage est ouvert tous les jours de huit heures à minuit. C'est intéressant pour tous et il y a même un programme spécial pour les enfants! Il y a une plage d'aventure, des terrains de sport et des ateliers de dessin, de théâtre et de danse. Il y a aussi des concerts et des jeux. Mais surtout, il y a une grande piscine. Et beaucoup d'activités sont gratuites! Alors, oubliez les vacances loin de Paris et restez ici pour passer des vacances super.

Stratégie

4 Wortbildung

Diese Regeln zur Wortbildung können dir helfen, einige unbekannte Wörter zu verstehen.

1. Die Vorsilbe ***re-*** bei **Verben** bezeichnet eine Wiederholung: *faire – refaire*
2. **Nomen** können von **Verben** abgeleitet werden. Die Nachsilben ***-eur***, ***-euse*** werden benutzt für jemanden, der etwas tut.

A *Übersetze die folgenden Sätze ins Französische und schreibe sie in dein Heft.*

1. Mehdi liest noch einmal die Mail von Marie.
2. Er telefoniert noch einmal mit Alex.
3. Marie fängt noch einmal an, ihren Plan von Paris zu suchen.

B *Wie nennt man diese Personen auf Französisch? Schreibe die Wörter in dein Heft.*

1. Un monsieur danse. C'est **?** ? 2. Une fille chante. C'est **?** ?

Jeu de mots

5 Les vacances

A *Travaillez à deux. Trouvez au moins 10 mots sur les vacances et les activités.*

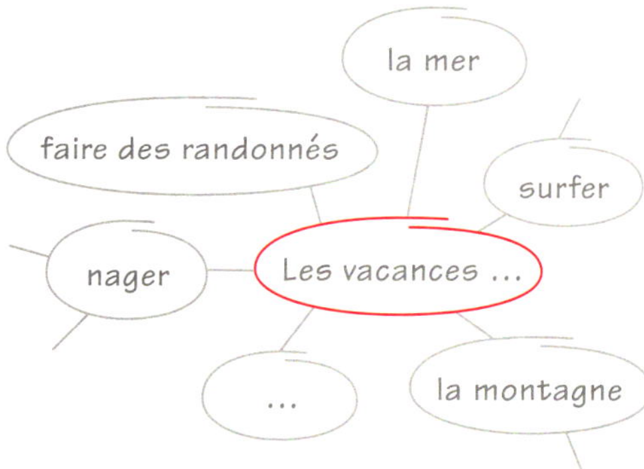

B *Faites 5 phrases avec ces mots.*

Ecrire

6 Une journée à Paris Plage.

Regardez le dessin. Ecrivez 6 à 8 phrases.

Révision

7 Jouons avec des verbes.

Spielt zu zweit. Würfelt abwechselnd mit zwei Würfeln. Der erste Würfel gibt das Pronomen an, der zweite das Verb.

je	tu	il / elle	nous	vous	ils / elles
prendre	aller	lire	écrire	faire	mettre

PORTFOLIO

8 Comment sont tes vacances de rêve?

Parle de tes vacances de rêve. Ecris un petit texte de 6 à 8 phrases.

- *Tu vas où?*
- *Avec qui?*
- *Tes / Vos activités?*

Bilan

Überprüfe, was du kannst! Vergleiche deine Lösungen mit den Lösungen auf Seite 248.

1 Parler

Du kannst schon …	*Und so kannst du den Satz anfangen:*
1. … sagen, dass etwas schön ist.	C'est …
2. … ausdrücken, dass du Angst hast.	J'ai …
3. … jemanden einladen, die Ferien mit dir zu verbringen.	Tu …
4. … sagen, wo du in den Ferien gerne hinfährst.	J'aime …
5. … ein Telefonat beginnen.	…, Tim? … Sami.
6. … fragen, wer am Telefon ist.	C'est … / Qui …
7. … jemanden bitten, in der Leitung zu bleiben.	Ne … / …
8. … um Entschuldigung bitten, wenn du dich verwählst.	Excusez-moi …
9. … ausdrücken, dass etwas plötzlich passiert.	Tout …
10. … sagen, dass jemand Glück gehabt hat.	Quelle …

Mehr dazu pk49zx *Weitere Übungen findest du im Internet.*

2 En France et en Suisse

Ecris les nombres correspondants.
(Schreibe die entsprechenden Zahlen.)

En France	quatre-vingts	**2.** ?	soixante-treize	**4.** ?
En Suisse	**1.** ?	noinante-deux	**3.** ?	septante-neuf

3 En forme (G 30)

Complète avec les adjectifs beau, nouveau et vieux.

1. des (v) ? ordinateurs
2. une (b) ? plage
3. un (n) ? appartement
4. des (b) ? maisons
5. un (v) ? pont
6. des (n) ? amis

4 En forme (G 31)

Complète les phrases avec tout, tous, toute(s).

1. Je vais sur l'Ile de Ré avec
2. Mon papa est avec nous
3. Je ne travaille pas pendant
4. A l'école, je raconte mes vacances à

tout

l'été.
mes amis.
ma famille.
les vacances.

5 En forme (G 32)

Complète les phrases avec **ce**, **cette**, **cet**, **ces**.

1. Regarde! C'est super, ? garçon surfe avec son chien.
2. Regarde! Elle ne sait pas nager, ? dame?
3. Oh non! ? été, il pleut trop souvent!
4. Comment est-ce que tu trouves ? chapeau, Lilou?
5. Elles sont très sympas, ? filles sur la plage!

6 Jeu de mots

A *Traduis en français.*

1. Mehdi fängt noch einmal an, seine Geschichte zu erzählen.
2. Er legt seinen Plan von Paris wieder in den Rucksack.

B *Trouve le mot.*

1. Léo fait de la gymnastique dans un ? .
2. Une dame vend quelque chose. C'est une ? .

7 Ecrire (G 30, G 31, G 32)

Complète le texte dans ton cahier. Remplace
? *par la bonne forme de l'adjectif,*
? *par la bonne forme de* ***tout*** *et*
? *par la bonne forme de* ***ce****.*

J'adore les vacances en Allemagne!

1. Je passe ? mes vacances en Allemagne.
2. J'aime bien les ? (beau) villes allemandes comme Heidelberg ou Dresde.
3. Mon père et moi, nous adorons faire du vélo. Avec nos ? (nouveau) vélos, nous faisons un grand tour ? été.
4. ? année, nous allons visiter Münster, la «ville des vélos» en Allemagne.
5. La ville de Münster est très ? (vieux) avec des ? (beau) maisons.
6. A Münster, il y a même un ? (beau) lac, le «Aasee», et on passe ? les après-midis au bord de ? lac.
7. Je vais écrire des cartes postales et des courriels à ? mes amis.

Grammaire

G 30 Elle est belle, la Suisse! Die Adjektive **beau**, **nouveau**, **vieux**

Singular	Plural
un **beau** lac	des **beaux** lacs
un **bel** hôtel	des **beaux** hôtels
une **belle** ville	des **belles** villes

! Vor Vokal und stummem h:
beau → bel

ebenso:

vieux, vieil	**vieux**
vieille	**vielles**
nouveau, nouvel	**nouveaux**
nouvelle	**nouvelles**

G 31 tout l'été, toute la journée: Der Begleiter **tout**

Singular		Plural	
tout	l'été	**tous les**	étés
toute la	famille	**toutes les**	familles

! Vor Vokal und stummem h:
tout le → tout l'
toute la → toute l'

G 32 ce garçon, cette fille …: Der Demonstrativbegleiter **ce**

Singular		Plural	
ce	garçon	**ces**	garçons
cet	élève	**ces**	élèves
cette	fille	**ces**	filles

! Vor Vokal und stummem h: ce → cet
der Demonstrativbegleiter – **l'adjectif démonstratif**

Plaisir de lire

A *Regardez les photos. Imaginez une histoire avec les mots. Travaillez en groupes de 3 ou 4 élèves.*

un tigre

une cage

un poulet et des frites

un zoo

232 **B** *Ecoutez et lisez l'histoire. Comparez avec votre texte.*

Texte libre

Dimanche, je suis allé chez mon tonton[1] et ma tata[2].
On a mangé du poulet avec des frites.
Après, on est allés au zoo et on a vu le tigre dans sa cage.
Quelle belle journée[3]!

Lundi, je suis allé chez le tigre.
On a mangé mon tonton et ma tata avec des frites.
Après, on est allés au zoo et on a vu le poulet dans sa cage.
Quelle belle journée!

Mardi, je suis allé chez le poulet avec des frites.
On a mangé le tigre.
Après, on est allés au zoo et on a vu mon tonton et ma tata dans leur cage.
Quelle belle journée!

etc.

1 **Le tonton** l'oncle – 2 **la tata / la tante** Tante – 3 **Quelle belle journée** Was für ein schöner Tag

C *A vous: continuez l'histoire.*
Commencez comme ça: «Mercredi, je suis allé(e) …»

D *Faites une bande dessinée de l'histoire dans votre cahier.*

Lösungen zu den Révisions-Übungen findest du auf Seite 248.

Révisions

Ecouter et parler

1 Où est le stand de crêpes?

233 **A** *Ecoutez le texte et regardez le plan. Où se trouve le stand de crêpes? Au numéro 1, 2 ou 3?*

B *Au stand de crêpes un garçon demande le chemin pour aller chez Léo, rue Truffaut. Jouez la scène.*

En forme

2 Sur la tour Eiffel (G 24)

Ecrivez les phrases au passé composé.

Exemple: **1.** Léo et son père ont visité la tour Eiffel.

1. Léo / père / visiter / tour Eiffel.
2. M. Pirou / parler / touristes.
3. Il / poser / questions / touristes.
4. Les touristes / aimer bien / vue sur Paris.
5. Une dame / acheter / carte postale / amie.
6. La dame / montrer / carte postale / fille.

PORTFOLIO

3 Un prospectus

Tu restes chez toi pendant les vacances.
Fais un petit prospectus de ta ville.
Décris (Beschreibe) ce qu'on peut faire comme activités ou ce qu'on peut visiter.

On prépare le DELF

1 Compréhension de l'oral

234 *Lisez d'abord les questions. Ecoutez, puis trouvez les bonnes réponses.*

1. C'est une information

a à la radio?
b à la gare?
c à la télévision?

2. Le feu d'artifice commence à

a dix heures et quart?
b dix heures et demie?
c onze heures moins le quart?

3. On présente un film samedi soir à

a neuf heures et quart?
b dix heures et quart?
c neuf heures moins le quart?

2 Compréhension des écrits

Regarde le livre et lis le texte. Puis, lis les phrases de 1 à 4. Vrai ou faux?

De A comme Arc de triomphe à Z comme Zoo, les enfants partent à la découverte de Paris! Du haut de la tour Eiffel ou dans le métro, au musée ou dans la rue, les petits explorateurs vont résoudre les énigmes qui leur sont proposées. Jeu des 7 erreurs, labyrinthe, cherchez l'intrus, … à toi de jouer!

1. Sur le livre, il y a l'Arc de triomphe.
2. C'est un livre pour les professeurs.
3. Le livre parle des endroits intéressants de Paris.
4. Dans le livre, il y a des jeux.

3 Production écrite

Tu es en vacances. Tu écris une carte postale à ta copine / ton copain.

Chère / cher …, …, le ……… 20…

Je suis … / J'aime bien … / Je fais / Je trouve … / Nous avons visité … / J'ai … / A très bientôt / … / Bises / … .

4 Production orale

Tu es à Paris. Tu cherches un souvenir.
Tu vas dans un magasin et tu parles à un vendeur ou une vendeuse. Préparez le dialogue et jouez-le.

En plus – différenciation

△ Einfachere Zusatzübung
△ Schwierigere Zusatzübung
Ohne Pyramide: Ergänzende Zusatzübung

Jeu de mots

1 Un, deux, trois ...

zu 19, 6 und zu 20, 7

△ *Findet die versteckte Botschaft.*

huit trois douze onze quatre

neuf quatre

six deux neuf cinq

sept un dix deux un

1 = E 2 = N 3 = A
4 = T 5 = U 6 = I
7 = B 8 = S 9 = E
10 = V 11 = U 12 = L

Ecrire

2 Je m'appelle Marie

zu 30, 7

△ *Trouvez les questions. (Findet die Fragen.)*

Exemple: **1.** Ça va?

1. – ...? – Oui, ça va bien, merci!
2. – Tu ...? – Je m'appelle Marie.
3. – Tu ...? – Oui, je suis d'ici.
4. – Moustique, ... chat? – Non. Moustique, c'est un chien.
5. – Et le garçon, ici, ...? – C'est Léo.

Jeu de mots

3 Bleu, blanc, rouge

zu 32, 2

△ *Schreibt auf, welche Farben ihr im ersten Bild mischen müsst, um die Farben im zweiten Bild zu erhalten.*

Exemple: Blanc et noir, c'est gris.

1.

2.

Ecrire

4 Le journal de papa

zu 42, 8

Trouvez les mots et écrivez l'histoire.
(Findet die Wörter und schreibt die Geschichte.)

Exemple:
1. Marie est dans la librairie-papeterie avec Moustique.

le journal · Merci · vite, viens · la rue · la librairie-papeterie · un chat · le journal · le chat · la catastrophe

1. Marie est dans … avec Moustique.
2. Moustique porte … de papa.
3. Zut! Que fait Moustique? Il regarde … !
4. … regarde aussi Moustique.
5. Marie dit: «Moustique, …!»
6. Marie et Moustique arrivent dans … de Marie.
7. Marie regarde Moustique: «Mais Moustique, où est le journal? Oh non, c'est …!»
8. Léo arrive. «Bonjour, Marie. Tu cherches …?»
9. «Oui! …, Léo!»

En forme

5 Qui aime DJ Nervi? (G5)

zu 46, 6

Trouvez les pronoms. Mettez les verbes à la bonne forme.
(Findet die Pronomen. Setzt die Verben in die richtige Form.)

Exemple:
1. Voilà Marie et Alex. **Elles sont** dans le magasin.

1. Voilà Marie et Alex. **?** (être) dans le magasin de Mme Latière.
2. **?** (regarder) un journal de musique.
3. Voilà Mme Latière. **?** (travailler).
4. Voilà Jérôme. **?** (entrer) dans le magasin.
5. *Marie:* «Bonjour, Jérôme. **?** (aimer) la musique, toi?»
6. *Jérôme:* «Oui, **?** (aimer) DJ Nervi.»
7. *Marie:* «Oh, Alex et moi, **?** (détester) DJ Nervi!»
8. *Jérôme:* «Vous deux, **?** (être) une catastrophe!

En forme

6 Tiens, c'est qui?

zu 64, 8

△ *Alex et sa tante regardent des photos d'Alex. Complétez.*

mon / ma / mes
ton / ta / tes
son / sa / ses

Exemple: **1.** *La tante:* Ah, voilà **ton** frère avec …

1. *La tante:* Ah, voilà ? frère avec ? vélo!
Alex: Oui, c'est ? frère avec ? cadeaux d'anniversaire.

2. *La tante:* Ah, c'est dans ? chambre. Ce sont ? copains?
Alex: Oui, ce sont ? copains Léo et Mehdi.

3. *La tante:* Et là, c'est ? amie?
Alex: Oui, c'est ? copine Marie avec ? frère, ? sœur et ? parents.

4. *La tante:* Et ici, c'est encore Jérôme!
Alex: Oui, il est devant ? école avec ? copains.

Parler

7 Les amis des vacances

zu 65, 10

△ **A** *Regardez les informations. Puis complétez le dialogue de Sarah et d'Elise.*

Sarah: Moi, ? ans. Et toi?
Elise: Moi, ? ans. Tu es ici avec ta famille?
Sarah: Je suis ici avec ? . Et toi?
Elise: Moi, je suis ici avec ? .
Ils ? quel âge, ton frère et tes sœurs?
Sarah: Mon frère ? et mes sœurs ?.
Et ta sœur, elle ? quel âge?
Elise: ?.

B *Jouez maintenant le dialogue d'Antoine et de Clément.*

Jeu de mots

8 Qu'est-ce que tu fais?

zu 77, 7

A *Notez les mots qui vont bien ensemble. (Schreibt die Wörter auf, die gut zusammenpassen.)*

Exemple: ranger la salle de cours

ranger | retrouver | commencer | avoir | manger | avoir envie de

ses amis | faim | la salle de cours | jouer | dans 10 minutes | à la cantine

B *Ecrivez un petit texte avec les mots de **A**. Utilisez aussi la négation **ne … pas**.*
*(Schreibt einen kurzen Text mit den Wörtern aus **A**. Verwendet auch die Verneinung ne … pas.)*

Exemple: Il est midi. Nous rangeons la salle de cours. Aujourd'hui, je ne mange pas …

Ecrire

9 Vont, font, sont ou ont ?

zu 81, 6

Complétez.
Exemple: **1.** Voilà Alex et Marie. Elles sont au collège.

1. Voilà Alex et Marie. Elles ? au collège? **2.** D'abord, elles ? au CDI. **3.** Elles ? leurs devoirs. **4.** Après, elles ? une interro d'allemand. **5.** Zut ! Elles ? en retard! **6.** Après l'interro, elles ? faim. **7.** Alors, elles ? à la cantine.

Ecrire

10 Dans la salle de cours (G 10, 16)

son / sa / ses
leur / leurs

zu 83, 11

Complétez avec **son, sa, ses, leur** ou **leurs**.

*Marie et **son** copain.*

*Marie et **sa** professeure.*

*Marie et **ses** copains.*

*Marie, Alex et **leur** copain.*

*Marie, Alex et **leurs** copains*

1. Le cours d'allemand commence. Les élèves font ? exercices d'allemand et préparent ? interrogation.
2. Mme Barette ne regarde pas ? élèves: elle cherche ? stylo.
3. Léo trouve ? professeure bizarre.
4. Après le cours de français, Marie va parler avec M. Racine, ? professeur de français.
5. Elle arrive avec ? interro. «Pardon, Monsieur, je …».
6. Mais aujourd'hui, M. Racine n'écoute pas bien ? élève, il regarde la cour.
7. Léo et Marie regardent ? professeur, puis ils quittent ? salle de classe.
8. Léo dit: «Nos profs sont bizarres, aujourd'hui! Ils ne trouvent pas ? affaires, ils n'écoutent pas ? élèves …»
9. Marie dit: «Tu as raison. Les professeurs sont comme ? élèves … Ils ont aussi envie d'avoir des vacances!»

Parler

11 Qu'est-ce qu'ils font? (G18)

zu 101, 8

Regardez les dessins. Posez des questions et répondez.

Exemple:

1. – Alex fait du rugby? – Non, elle fait …

1. Alex: rugby?
2. Clara et ses amies: natation?
3. Léo: gymnastique?
4. Jérôme: danse?

Parler

12 Quand est-ce que … ?

zu 106, 8

Posez des questions et répondez.

Exemple:

– Quand est-ce que tu retrouves tes amis ?
– L'après-midi, après l'école.

dimanche *am Sonntag*
le dimanche *(immer) sonntags*

Quand est-ce que …?
Attention à la liaison!

regarder la télé | faire ses devoirs | faire du sport | retrouver ses amis | manger | rentrer le soir | aller au lit le soir | quitter la maison le matin | écouter des CD

dimanche | après le repas | le matin | l'après midi | le soir | après l'école | le dimanche … | à … heures | de … à … heures

Ecrire

13 C'est samedi.

zu 109, 4

A *Trouvez les verbes qui vont avec ces compléments.*
(Findet die Verben, die zu diesen Ergänzungen passen.)

aller | faire | avoir | passer

1. **?** la journée / la nuit / l'après-midi
2. **?** un jeu / du roller / un combat
3. **?** chez un ami / au parc / à la piscine
4. **?** raison / soif / faim

En forme

14 Qu'est-ce qu'ils ont fait hier? (G 22)

zu 118, 3

A Exemple: **1.** Alex **a gagné** le combat de judo.

1. Alex: gagner le combat de judo.
2. Léo et Mehdi: faire du roller.
3. Toi: faire tes devoirs?
4. Moi: écouter des CD.
5. Toi: retrouver ta clé?
6. Vous: regarder la télé?
7. Moi: travailler avec mon copain.
8. Nous: manger ensemble.

B Exemple: **1.** Damien **n'**a **pa**s gagné le combat.

1. Damien: ne pas gagner le combat.
2. Léo et Mehdi: ne pas travailler.
3. Toi: ne pas faire tes devoirs?
4. Moi: ne pas retrouver ma clé.
5. Nous: ne pas regarder la télé.
6. Moi: ne pas travailler avec mon copain.

Ecrire

15 Une fête (G 23)

zu 122, 10

Regardez l'image et écrivez un petit texte sur cette fête.
Pour préparer votre texte, trouvez des noms et des adjectifs qui vont ensemble.

noms

Samedi · des chansons · une fête · une histoire · amis · des CD · un jeu · des gâteaux · un film …

adjectifs

français · allemand · bon · dernier · petit · joli · long · fantastique · intéressant · allemand …

Commencez comme ça: Samedi dernier, nous avons fait …

En forme

16 Les cadeaux de Noah (G 13, 24)

zu 125, 4

Après la fête, Noah est très content.
Il fait des cadeaux à tout le monde.
Faites des phrases.

donner qc à qn

à + le → **au**
à + les → **aux**
à + la → **à la**
à + l' → **à l'**
à + nom → **à** Léo

Exemple: Noah a donné des jolies photos **aux** filles de sa classe.

Noah a donné:

1. des jolies photos ? (filles de sa classe)
2. un diabolo menthe ? (amie de Marie)
3. des petites voitures ? (enfants du quartier)
4. une orange ? (vendeur de crêpes)
5. un livre ? (oncle de son copain)
6. une gaufre ? (sœur de Marie)
7. une BD ? (frère de Marie)
8. une bise ? (Marie)

Ecrire

17 Livres, journaux et Cie (G 26, 27)

zu 146, 5

Qu'est-ce que tu aimes lire? Qu'est-ce que tu aimes écrire? Pourquoi? Ecris quatre phrases. Les mots suivants peuvent t'aider.

Je lis …
J'aime écrire …
parce que …
Je trouve ça …

génial
nul
triste
joli
trop long
…
intéressant

En forme

18 Un vendeur pas comme les autres (G 28)

zu 148, 3

Complétez.

1. Bonjour, madame! Vous n'avez ? cadeaux pour vos amis?
2. ? problème!
3. Regardez, j'ai ? sacs: grands, petits, bleus …
4. Comment? Vous ne cherchez ? sacs!
5. Alors, peut-être un portable? Allez, vite! Aujourd'hui, j'ai ? portables!
6. Des bougies? Non, désolé, madame! Aujourd'hui, je n'ai ? bougies.
7. Monsieur! Des petites voitures pour vos enfants? Comment? Vous n'avez ? enfants? Alors, un joli chapeau pour vous?
8. Ah bon! Vous avez déjà ? chapeaux à la maison! Dommage!

keine
kein
viele
keine
wenige
keine mehr
keine
viele

En forme

19 Qu'est-ce que c'est? (G 30)

zu 158, 4

Ecrivez les phrases dans votre cahier.
Exemple: Ce sont des vieux vélos.

1. vieux

2. beau

3. nouveau

4. vieux

5. beau

6. nouveau

En forme

20 Tous les amis cherchent Malabar! (G 31)

zu 161, 3

Complétez les phrases avec la bonne forme de tout.
Exemple: Léo cherche Malabar dans toute la maison.

1. Léo cherche Malabar dans		la maison.
2. Mme Pirou regarde sous		les lits.
3. Marie ne trouve pas Malabar dans	tout	le parc Clichy-Batignolles.
4. M. Pirou cherche Malabar derrière		les voitures.
5. Voilà Malabar! Il a joué avec		les chiens du quartier.
6. Et Moustique? Moustique a mangé		les os de Malabar.

En forme

21 Regarde ces photos! (G 32)

zu 164, 2

Complétez le dialogue avec la bonne forme de **ce** et le mot souligné.
Exemple: **1.** Il est sympa, ce mono.

Alex	**Marie**
1. Voilà une photo de notre <u>mono</u> Gaspard.	Il est sympa, **?** .
2. Regarde, nous avons passé deux nuits sous des <u>tentes</u>.	Mais elles sont petites, **?** .
3. Et voilà une belle photo de la <u>ville</u> de Caracassonne.	Oh, **?** est très belle.
4. Ça, c'est notre mono Caroline avec son <u>enfant</u>.	**?** , c'est un garçon ou une fille?
5. Voilà Jérôme avec ses <u>copains</u> Thomas et Cédric.	Où est-ce qu'ils habitent, **?** de Jérôme?

Gut in Fremdsprachen: So lernst du erfolgreich.

1 Regelmäßig lernen

Lerne in regelmäßigen Abständen und in kleinen Portionen.
So bleibt das Gelernte besser im Gedächtnis!

2 Methoden anwenden

Die *Stratégies* im Buch zeigen dir Methoden, wie du mit Aufgabenstellungen umgehen kannst. Wende sie an!
Die wichtigsten *Stratégies* sind auf den folgenden Seiten zusammengefasst.

3 Was kann ich schon?

Mache dir klar, wo du stehst: Die *Bilan*-Seiten im Schülerbuch und die Seiten zur Selbsteinschätzung im *Cahier d'activités* zeigen dir, wo deine Stärken liegen und was du noch üben musst.

4 Wie lerne ich am besten?

Manche merken sich etwas am besten, wenn sie es hören und vor sich hin sprechen. Andere schreiben es lieber auf und malen vielleicht ein Bild dazu. Manche lernen am liebsten mit einem Computerprogramm. Probiere **verschiedene Lernwege** aus. Welcher Weg ist der beste für dich?

5 Aus Fehlern lernen

Fehler macht jeder. Wichtig ist, dass du aus ihnen lernst.
Dabei kann dir ein Fehlerprotokoll in Form einer Tabelle helfen.
Nach Klassenarbeiten und schriftlichen Übungen schreibst du deine Fehler in die entsprechende Spalte, markierst die Fehlerstelle und schreibst die richtige Form daneben.
Lege die Tabelle auf einer DIN-A4-Seite im Querformat an.

Datum	Rechtschreibung		Wort / Ausdruck		männlich / weiblich		Verbform	
	falsch	richtig	falsch	richtig	falsch	richtig	falsch	richtig
20. 10.	bizare	bizarre			une chat	un chat	tu est	tu es

Sieh dein Fehlerprotokoll vor Klassenarbeiten genau durch.
Nimm dir vor, diese Fehler nie wieder zu machen!

Mit dem Buch arbeiten

Es ist ein riesiger Vorteil, wenn du dich in deinem Französischbuch gut auskennst. Im Inhaltsverzeichnis vorn im Buch steht, wo du Wörter, Arbeitsanweisungen und Grammatik **nachschlagen** kannst.

Zu einigen Übungen gibt es **Lösungen** im Anhang des Buches.
So gehst du damit um:

1. Löse die Übungen zuerst selbst.
2. Lies deine Lösungen genau durch und verbessere die Fehler, die du entdeckst.
3. Vergleiche jetzt deine Lösungen genau mit den Lösungen im Buch, Buchstabe für Buchstabe.
4. Welche Fehler hast du gemacht? Schreibe sie in dein Fehlerprotokoll.

Mit dem Portfolio arbeiten

Mehr dazu 93bm95

Das Portfolio ist ein **Ordner,** in dem du deinen eigenen Lernfortschritt verfolgen kannst. Nimm einen Ordner und trenne ihn mit Deckblättern in 2 Bereiche.

- Im Bereich **„Mein Französisch-Dossier"** kannst du gelungene Arbeiten aus dem Französischunterricht aufbewahren, z. B. deinen „Steckbrief", Geschichten oder Plakate. *Dossier* bedeutet „Sammlung von Dokumenten".
- Im Bereich **„Meine Sprachen-Biografie"** kannst du die Bögen für die Selbsteinschätzung sammeln, die du im *Cahier d'activités* ausfüllst.

Ecouter

- **Den Zusammenhang verstehen**
  Auch wenn du nicht jedes Wort verstehst, kannst du schon einiges herausfinden und Notizen dazu machen:
  - **Wer** spricht?
  - **Wie** sprechen die Leute? Achte auf den Tonfall: ist es eine Frage, eine Aussage, eine Warnung …?
  - Versuche die Situation zu verstehen. Achte auch auf Geräusche. **Was** geschieht?

	Wer?	Wie?	Was?
1.			
2.			
3.			

- Was machst du, wenn es darum geht, ganz **bestimmte Informationen** herauszuhören? Konzentriere dich auf ganz bestimmte **Schlüsselwörter.** Wenn du z. B. herausfinden willst, was jemand mag, achte darauf, was er nach dem Schlüsselwort *J'aime* … sagt. Wenn du eine Uhrzeit verstehen willst, konzentriere dich auf die Zahlen, die du hörst.

Lire

- Um die **Gesamtaussage** eines Textes zu verstehen, musst du nicht jedes einzelne Wort kennen.

1. Sieh dir zunächst die Überschrift und die Bilder an. Sie verraten oft schon viel. **Worum geht es** in dem Text?
2. Lies den Text dann **einmal ganz** durch. Wenn du ein Wort nicht verstehst, lies trotzdem weiter.
3. Lies den Text noch einmal durch. Welche Wörter erinnern dich an deine **Muttersprache,** an das **Englische** oder an eine **andere Sprache**? Manche Wörter kannst du auch verstehen, wenn du auf den **Zusammenhang** des Textes achtest (siehe Beispiel).
4. Lies den Text ein weiteres Mal und mache dabei Notizen. Suche nach **Schlüsselwörtern** *(mots-clés)*. Sie können dir helfen, die Hauptaussage des Textes zu verstehen.

- ***Wörter verstehen*** *(Beispiel zu Punkt 3)*

Französisch	weitere Sprache	Deutsch	Zusammenhang
spectacle		Spektakel	salle de spectacles
cinéma	Englisch: cinema		
plus grand		plus (und, mehr) Grand Prix (großer Preis)	

Parler

- Die richtige **Aussprache** der Wörter und Sätze kannst du auf der *Découvertes*-CD und natürlich von deiner Französischlehrerin oder deinem Französischlehrer hören. In den *Jeu de sons*-Übungen lernst du wichtige Laute und Lautverbindungen wie die *liaison* (z. B. Übung 6, Seite 30 und Übung 5, Seite 45).
Wenn du nicht weißt, wie man ein neues Wort ausspricht, überlege, welches bekannte Wort ähnliche Buchstaben enthält, z. B. neu: b**eau** → bekannt: cad**eau**.

- Das **Vorlesen** kann dir helfen, **flüssig sprechen** zu lernen. So kannst du mit einem Partner üben: Nimm dein Buch und setze dich deinem Partner gegenüber. Lies nun einen Satz leise, bis du ihn auswendig kannst. Blicke dann deinem Partner in die Augen. Sprich den Satz laut, aber ohne dabei ins Buch zu sehen. Wechselt euch ab, bis der ganze Text gelesen ist.

- Nützliche **Redewendungen** für den Alltag findest du in den gelben *On dit*-Kästen. Auf Seite 103 steht zum Beispiel, wie du nach dem Weg fragst und wie du nachfragen kannst, wenn du etwas nicht verstanden hast. Weitere Redewendungen findest du im Vokabular. Übe diese Wendungen zusammen mit einem Partner.

Ecrire

- Wenn du etwas aus dem Buch **abschreibst,** versuche dir ein ganzes Wort zu merken und es auf einmal aufzuschreiben. Vergleiche dann Buchstabe für Buchstabe, ob du es genau so geschrieben hast, wie es im Buch steht. Nimm dir die Zeit zu vergleichen, dann machst du weniger Fehler!

- Wenn du einen **eigenen Text** schreibst, sammle die wichtigen Punkte zuerst auf einem **Stichwortzettel**. Wenn du über eine Person schreibst, kann dein Stichwortzettel z. B. wie der von Moustique rechts aussehen:

  Stehen alle wichtigen Punkte auf deinem Stichwortzettel? Prima, dann schreibe deinen Text. Verbinde deine Sätze mit „kleinen Wörtern" wie *et, mais, parce que, … d'abord, puis …*

  Mache nach dem Schreiben eine kurze Pause. Lies deinen Text dann noch einmal genau durch. Verstehst du, was du geschrieben hast? Fehlt etwas? Entdeckst du Fehler? Verbessere sie und schreibe sie in dein Fehlerprotokoll.

  Achte besonders auf diese **Fehlerquellen:**
  - Angleichung von Subjekt und Verb: Elle**s** aim**ent**; **tu** habite**s**.
  - Angleichung von Nomen und Adjektiv: **une** robe vert**e**, maman est content**e**.

nom: ______
adresse: ______
âge: ______
anniversaire: ______
frère: ______
sœur: ______
amis: ______
aime: ______
déteste: ______

En français et en allemand (Médiation)

Bei der *Médiation* geht es darum, jemandem zu helfen, der die Sprache – Französisch oder Deutsch – nicht so gut kennt wie du.

Am besten kannst du helfen, wenn du dich in den anderen hineinversetzt und dir klarmachst, **welche Information** wirklich **wichtig** für ihn ist. Du musst nicht jedes einzelne Wort wiedergeben. Unwichtiges kannst du weglassen.

Wenn du ein wichtiges Wort nicht weißt, kannst du versuchen es zu umschreiben.

en français

en allemand

c'est quelque chose comme …

c'est pour faire …

avec ça, vous pouvez …

avec ça, on peut …

comme ça, on …

Lautzeichen

Nasalvokale

[ɔ̃]	b**on**jour	werden durch die Nase gesprochen und deshalb **Nasalvokale** genannt
[ɑ̃]	croiss**ant**	
[ɛ̃]	bi**en**	

Halbkonsonanten

[j]	b**i**en	wie in ***j**a*
[w]	**to**i	wie in *Trott**oi**r*
[ɥ]	je s**u**is	kurz gesprochenes [y], gehört zum folgenden Vokal

Vokale

[a]	m**a**d**a**me	wie in *Ban**a**ne*
[e]	t**é**l**é**phon**er**	wie in *t**e**lefonieren*
[ə]	**je** m'appelle	wie in *Tass**e***
[ɛ]	je m'app**e**lle	wie in *b**e**llen*
[i]	**i**l, biz**a**rre	wie in *Br**i**lle, L**ie**be*
[o]	**au**ssi	wie in *R**o**se*
[ɔ]	c**o**mment	wie in *L**o**ch*
[ø]	monsi**eur**	wie in *b**ö**se*
[œ]	t-sh**i**rt	wie in *St**ö**cke*
[u]	bonj**ou**r	wie in *T**u**be*
[y]	Sal**u**t!	wie in *T**ü**r*

Konsonanten

[ʒ]	bon**j**our	wie in ***J**ournalist*
[f]	**f**amille, **ph**oto	wie in ***F**amilie, **F**oto*
[ʀ]	bonjou**r**	wie in ***R**ad, hö**r**en*
[s]	Mou**s**tique	wie in *Ma**ß***
[z]	bi**z**arre	wie in ***S**aal, Ro**s**e*
[v]	**V**iens!	wie in ***W**asser*
[ɲ]	Allema**gn**e	wie in *Lasa**gn**e*
[ŋ]	campi**ng**	wie in *Campi**ng***
[ʃ]	**ch**at	wie in ***sch**ön*

Das Alphabet

A [a]	**D** [de]	**G** [ʒe]	**J** [ʒi]	**M** [ɛm]	**P** [pe]	**S** [ɛs]	**V** [ve]	**Y** [igrɛk]
B [be]	**E** [ə]	**H** [aʃ]	**K** [ka]	**N** [ɛn]	**Q** [ky]	**T** [te]	**W** [dubləve]	**Z** [zɛd]
C [se]	**F** [ɛf]	**I** [i]	**L** [ɛl]	**O** [o]	**R** [ɛr]	**U** [y]	**X** [iks]	

Symbole und Abkürzungen

Im Vokabular begegnen dir die folgenden Abkürzungen und Symbole:

fam.	*familier* (= umgangssprachlich)
ugs.	umgangssprachlich
f.	*féminin* (= feminin, weiblich)
m.	*masculin* (= maskulin, männlich)
sg.	*singulier* (= Singular, Einzahl)
pl.	*pluriel* (= Plural, Mehrzahl)
Adv.	Adverb, frz. *adverbe*
inv.	*invariable* (= unveränderlich)

	Aussprache beachten!
‿	Zwei Wörter werden wie ein Wort ausgesprochen, z. B. *les‿amis* [lezami]!
	Schreibung beachten!
→	… wird zu …
qc	*quelque chose* (= etwas)
qn	*quelqu'un* (= jemand)

MON DICO PERSONNEL

Das ***dico personnel*** ist dein „persönliches Wörterbuch". In dieses kannst du Wörter und Ausdrücke eintragen, die im Vokabular ab S. 193 in *blauer Handschrift* gesetzt und für dich wichtig sind. Diese blauen Wörter oder Ausdrücke brauchst du, wenn sie für dich nicht wichtig sind, nicht zu lernen.

AUF EINEN BLICK

Hier erfährst du das Wichtigste zu einem bestimmten Thema, damit du z. B. in einer bestimmten Situation die passenden Wendungen und Ausdrücke parat hast. In dieser Rubrik sind oft auch Wörter zu einem Sachgebiet zusammengefasst, das erleichtert das Behalten enorm!

Mehr dazu b82w62 Hier kannst du die Lernwörter anhören!

Aussprache:
Hier im Vokabular findest du zu jedem französischen Wort die Lautschrift in eckigen Klammern.

Übersetzung:
In der mittleren Spalte steht die Übersetzung des französischen Wortes.

Zusatzinformationen:
In der rechten Spalte findest du Beispielsätze, Hilfen zur Aussprache, Tipps und vieles mehr.

Unité 1 Bienvenue!

Bienvenue! [bjɛ̃vny]	Willkommen!	**Bien** …: ***i*** = [j] wie in ***j****a*, ***en*** = [ɛ̃] wird durch die Nase gesprochen und deshalb „Nasalvokal" genannt; lass dir das von deiner Lehrerin / deinem Lehrer noch einmal vorsprechen. … **venue**: [v] wie in ***W****asser*, [y] wie in *T****ü****r*
Atelier A1 **Bonjour!** [bɔ̃ʒuʀ]	Guten Tag!	B**on**jour: [ɔ̃] „Nasalvokal"; Bonj**our**: [u] wie in *T****u****be*; in der Lautschrift wird das kleine **r** durch ein großes **R** wiedergegeben.
Salut! *(fam.)* [saly]	Hallo! / Grüß dich!	**S**alut: [s] wie im Deutschen *Ta****ss****e* oder *Schlo****ss*** *fam.* ist die Abkürzung von *familier* und bedeutet, dass das Wort vor allem in der Umgangssprache verwendet wird.

En France
Mit **„Salut!"** begrüßen sich Freunde untereinander. Kennt man sich nicht so gut oder grüßt man Erwachsene, dann sagt man **„Bonjour (madame / monsieur)!"**.

je m'appelle [ʒəmapɛl]	ich heiße	**Salut! Je m'appelle Lucie!** Hallo! Ich heiße Lucie! **J**e: [ʒ] wie in ***J****ournalist*, [ə] wie in *Fab****e****l*; je m'app**e**lle: [ɛ] wie in *b****e****llen*
et [e]	und	[e] wie in ***E****lefant*. Das ***t*** von ***et*** wird nicht ausgesprochen.
toi [twa]	du	**Et toi?** Und du? t**o**i: [w] wie in *Tr****o****tt****oi****r* (Gehweg, Bürgersteig)

moi [mwa]	ich	**Moi, je m'appelle Sarah!** Ich, ich heiße Sarah!
madame [madam]	Frau	**Bonjour, madame!** Guten Tag! sagt man, wenn man eine Frau begrüßt.
monsieur [məsjø]	Herr	**Bonjour, monsieur!** Guten Tag! [ø] wie in *b****ö****se* sagt man, wenn man einen Mann begrüßt.
Floret [flɔʀɛ]	*Familienname*	
Duvoisin [dyvwazɛ̃]	*Familienname*	[z] wie in ***S****aal, Ro****s****e*
A2 **Ça va?** [sava]	Wie geht's?	Das Häkchen unter dem *C/c* bedeutet, dass man das *c* wie [s] statt [k] ausspricht. Die Franzosen nennen dieses Häkchen „une **cédille**".
oui [wi]	ja	
merci [mɛʀsi]	danke	**Ça va? – Oui, ça va, merci!** Wie gehts? – Ok, danke. me**r**ci: [ʀ] wie in *Be****r****lin*
A plus! *(fam.)* [aplys]	Bis später!	

	bien *(adv.)* [bjɛ̃]	gut *(Adv.)*	**Ça va bien? – Oui, ça va, merci.** Geht's dir gut? – Es geht. Danke. *Adv.* ist die Abkürzung von „Adverb", auf Französisch adverbe.
	Au revoir! [ɔʀvwaʀ]	Auf Wiedersehen!	**au** revoir: [ɔ] wie in *Loch*
	Salut! *(fam.)* [saly]	Tschüs!	

En France

Von Freunden oder guten Bekannten verabschiedet man sich meist mit **„Salut!"**, von Erwachsenen eher mit **„Au revoir!"**.

	Moustique [mustik]	*Name eines Hundes*	
A3	une **chanson** [ynʃɑ̃sɔ̃]	ein Lied	**chan** … [ʃ] wie in ***sch**ön*, [ɑ̃] „Nasalvokal"
	les amis [lezami]	die Freunde	**les‿amis** [lezami] = die Freunde, ‿ bedeutet, dass zwei Wörter wie ein einziges ausgesprochen werden.
	Venez! [vəne]	Kommt! *(Aufforderung)*	
	à [a]	in, nach	Venez à Paris!
	les copains [lekɔpɛ̃]	die Freunde	cop**ains**: [ɛ̃] wie in bi**en**
	à **demain** [adəmɛ̃]	bis morgen	
A4	un **sac à dos** [ɛ̃sakado]	ein Rucksack	
	un **crayon** [ɛ̃kʀɛjɔ̃]	ein Bleistift	
	un **feutre** [ɛ̃føtʀ]	ein Filzstift	
	une **gomme** [yngɔm]	ein Radiergummi	
	un **cahier** [ɛ̃kaje]	ein Heft	
	un **stylo** [ɛ̃stilo]	ein Füller, ein Kuli	
	un **classeur** [ɛ̃klasœʀ]	ein Ordner	class**eur**: [œ] wie in *St**ö**cke*
	une **règle** [ynʀɛgl]	ein Lineal	
	un **effaceur** [ɛ̃nefasœʀ]	ein Tintenkiller	
	un **livre** [ɛ̃livʀ]	ein Buch	
	une **trousse** [yntʀus]	ein Mäppchen *(für Füller etc.)*	
A5	**en classe** [ɑ̃klas]	im Unterricht	
A6	la **France** [lafʀɑ̃s]	Frankreich	
Atelier B1	**dans la rue** [dɑ̃laʀy]	auf der Straße	
	une **maison de la presse** [ynmɛzɔ̃dəlapʀɛs]	ein Zeitschriften- und Schreibwarengeschäft	
	un **bureau de poste** [ɛ̃byʀodəpɔst]	ein Postamt	bur**eau**: [o] wie in *H**o**se*
	une **pharmacie** [ynfaʀmasi]	eine Apotheke	
	un **cinéma** [ɛ̃sinema]	ein Kino	
	une **boulangerie** [ynbulɑ̃ʒʀi]	eine Bäckerei	
	une **médiathèque** [ynmedjatɛk]	eine Mediathek	In einer Mediathek kann man verschiedene Medien nutzen, ausleihen oder kaufen.
	un **café** [ɛ̃kafe]	ein Café	Durch den Akzent auf dem **e** wird dieser Buchstabe wie ein „e" ausgesprochen.
	un **parc** [ɛ̃paʀk]	ein Park	französisch: **parc**, deutsch: **Park**

	Französisch	Deutsch	Hinweis
	un restaurant [ɛ̃ʀɛstɔʀɑ̃]	ein Restaurant	
B2	**Gourmand** [guʀmɑ̃]	*Familienname*	
	au restaurant [oʀɛstɔʀɑ̃]	im Restaurant	**au**: [o] wie in bur**eau**
B4	les **bonbons** [lebɔ̃bɔ̃]	die Bonbons	
	c'est bon! [sɛbɔ̃]	das ist gut!	
	un **lapin** [ɛ̃lapɛ̃]	ein Kaninchen	
	un **croissant** [ɛ̃kʀwasɑ̃]	ein Croissant *(Hörnchen)*	
	un **ballon** [ɛ̃balɔ̃]	ein Ball	
	un **bonbon** [ɛ̃bɔ̃bɔ̃]	ein Bonbon	
	un **volcan** [ɛ̃vɔlkɑ̃]	ein Vulkan	
	un **chien** [ɛ̃ʃjɛ̃]	ein Hund	
	une **main** [ynmɛ̃]	eine Hand	
	un **éléphant** [ɛ̃nelefɑ̃]	ein Elefant	Achte auf die Schreibung: französisch: Akzente auf dem *e*, deutsch: *f* statt *ph*.

	Französisch	Deutsch	Hinweis
	un **enfant** [ɛ̃nɑ̃fɑ̃]	ein Kind	Achte auf die Bindung: les‿enfants [lezɑ̃fɑ̃].
	une **maison** [ynmɛzɔ̃]	ein Haus	
	un **gratin** [ɛ̃gʀatɛ̃]	ein Auflauf *(Speise, Gericht)*	
B5	l'**alphabet** [lalfabɛ]	das Alphabet	
B7	**mon petit chat** [mɔ̃pətiʃa]	mein kleines Kätzchen	
B9	**Bof!** *(fam.)* [bɔf]	Na ja., Ach.	
B10	**je suis** [ʒəsɥi]	ich bin	**Moi, je suis Marie. Et toi?** Ich, ich bin (ich heiße) Marie. Und du? suis [ɥ]: kurz gesprochenes [y]. Das **s** am Ende wird nicht ausgesprochen! Bitte deinen Lehrer / deine Lehrerin, dir das Wort mehrmals vorzusprechen.
	Toulouse [tuluz]	Toulouse *(Stadt in Frankreich)*	Auf der Frankreichkarte hinten im Buch findest du alle großen und bedeutenden Städte. Fotos von Toulouse und Nice → S. 192
	Nice [nis]	Nizza *(Stadt in Frankreich)*	
	voilà [vwala]	da ist, da sind	**Voilà Malabar!** Da ist Malabar!
	de / d' [də]	von; aus	

	Französisch	Deutsch	Hinweis
	elle est [ɛlɛ]	sie ist	**Elle est de Toulouse.** Sie ist (kommt) aus Toulouse.

un, deux, trois . . . So zählt man auf Französisch bis zwölf!

0	zéro [zeʀo]	4	quatre [katʀ]	7	sept [sɛt]	10	dix [dis]
1	un [ɛ̃]	5	cinq [sɛ̃k]	8	huit [ɥit]	11	onze [ɔ̃z]
2	deux [dø]	6	six [sis]	9	neuf [nœf]	12	douze [duz]
3	trois [tʀwa]						

Unité 2 Bonjour, Paris!

TIPP

Wahrscheinlich wirst du schon festgestellt haben, dass die Lautschrift in eckigen Klammern dir hilft, die neuen Wörter aussprechen zu lernen. Damit du die Lautzeichen kennen lernst, die sich vom Deutschen unterscheiden, gibt es in der rechten Spalte zusätzliche Hilfen zur Aussprache, z. B. **Je**: [ʒ] wie im Deutschen *Journalist*, [ə] wie im Deutschen *Fabel*.

Atelier A1

Französisch	Deutsch	Hinweise
Paris [paʀi]	Paris *(Hauptstadt Frankreichs)*	Im Französischen wird das „s" von Paris nicht ausgesprochen.
Malabar [malabaʀ]	*Name eines Hundes*	
Viens! [vjɛ̃]	Komm! *(Aufforderung)*	
papa [papa]	Papa	
vite *(adv.)* [vit]	schnell *(Adv.)*	**Viens papa! Vite!** Komm Papa! Schnell!
Miaou! [mjau]	Miau!	*Miaou!* So miaut eine Katze auf Französisch.
Ouah, ouah! [wawa]	Wau, wau!	[w] wie in *trottoir* — *Ouah, ouah!* So bellt ein Hund auf Französisch.
C'est qui? [sɛki]	Wer ist das?	
S.P.A. [ɛspea]	die S.P.A.	

En France

Die **S.P.A. Refuge Grammont** ist ein Tierheim in einem Pariser Vorort. Die S.P.A. kümmert sich um verlassene und gequälte Tiere, die sie auf Tierheime im ganzen Land verteilt.

Französisch	Deutsch	Hinweise
Attention! [atɑ̃sjɔ̃]	Achtung!, Vorsicht!	
non [nɔ̃]	nein	**Attention, Moustique! Non!** Pass auf, Moustique! Nein!
Pardon! [paʀdɔ̃]	Entschuldigung.	
Comment? [kɔmɑ̃]	Wie? *(Fragewort)*	
Tu t'appelles comment? [tytapɛlkɔmɑ̃]	Wie heißt du?	**tu t'appelles** wird wie **je m'appelle** ausgesprochen, das *s* am Ende bleibt stumm.

Atelier B1

Französisch	Deutsch	Hinweise
c'est [sɛ]	das ist	**C'est Moustique!** Das ist Moustique!
bizarre [bizaʀ]	komisch, merkwürdig	bizarre: Die Aussprache der Lautzeichen [s] und [z] kannst du dir gut merken, wenn du an das Zischen einer Schlange [s] z. B. in „Salut" und an das Summen einer Biene [z] denkst.

Französisch	Deutsch	Hinweise
un chat [ɛ̃ʃa]	eine Katze	
mais [mɛ]	aber	
ici [isi]	hier, hierher	
tu es [tyɛ]	du bist	**je suis** = ich bin, **tu es** = du bist
aussi [osi]	auch	**Je m'appelle Manon. Et toi? – Moi aussi, je m'appelle Manon.** Ich heiße Manon. Und du? – Ich, ich heiße auch Manon. **aussi**: [o] wie in *Hose*

	super *(inv.)* [sypɛʀ]	super, toll	**Achte auf die Betonung:** französisch = 2. Silbe: sup**er**, deutsch = 1. Silbe: **su**per; inv. ist die Abkürzung von invariable und bedeutet, dass dieses Wort unveränderlich ist.
	un **garçon** [ɛ̃gaʀsɔ̃]	ein Junge	
	une **fille** [ynfij]	ein Mädchen, eine Tochter	**fille**: [ij] wie *i* + ein starkes *j* aussprechen!
	il est [ilɛ]	er ist	
!	Merke dir gut die Formen von **être**: **je suis** (ich bin), **tu es** (du bist), **il est** (er ist), **elle est** (sie ist).		
	fantastique [fɑ̃tastik]	fantastisch, toll	
B4	un **copain** / une **copine** *(fam.)* [ɛ̃kɔpɛ̃/ynkɔpin]	ein Freund / eine Freundin	**Valentin est un copain de Clément.** **Béatrice est une copine de Louise.** Valentin ist ein Freund von Clément. Béatrice ist eine Freundin von Louise.
B5	une **dame** [yndam]	eine Dame, eine Frau	Erinnerst du dich? **Bonjour, madame!**
	un **monsieur** [ɛ̃məsjø]	ein Herr, ein Mann	Denke daran: **Bonjour, monsieur!** Bei der Begrüßung ohne **un**.
B6	une **bise** *(fam.)* [ynbiz]	ein Kuss, ein Küsschen	[z] wie das Summen einer Biene

En France

Une bise ist ein angedeuteter Kuss auf beide Wangen; so begrüßen sich in Frankreich Verwandte und gute Bekannte.

	pour [puʀ]	für	
	Quoi? [kwa]	Was?	**Quoi, une bise?** Was, ein Kuss?
	Je pique une crise! *(fam.)* [ʒəpikynkʀiz]	Ich krieg die Krise.	
	Appelle la police! [apɛllapɔlis]	Ruf die Polizei!	
	pas de dessert [padədesɛʀ]	kein Nachtisch	
	dans le désert [dɑ̃ldezɛʀ]	in der Wüste	Achte auf die Aussprache: le de**ss**ert [lədesɛʀ], le dé**s**ert [lədezɛʀ]
B8	**Strasbourg** [stʀasbuʀ]	Straßburg *(Stadt in Frankreich)*	
	Brest [bʀɛst]	Brest *(Stadt in Frankreich)*	

Toulouse

Strasbourg

Nice

AUF EINEN BLICK

Prendre contact avec les autres
Mit anderen Kontakt aufnehmen

– Salut, Marie! Ça va?	**– Oui, ça va bien, merci.** **– Et toi?**	– Hallo Marie, wie geht's?	– Danke, es geht mir gut. – Und wie geht es dir?
– Tu es de Paris?	**– Oui, je suis de Paris.**	– Bist du aus Paris?	– Ja, ich bin aus Paris.
– Bonjour, madame! / monsieur! / Marie!		– Guten Tag! / – Guten Tag, Marie!	
– Ça va bien?	**– Oui, ça va bien, merci.** **– Bof!**	– Geht's (dir, …) gut?	– Ja, es geht (mir) gut. – Na ja.
– Au revoir, monsieur! / madame! / Marie!		– Auf Wiedersehen! / – Auf Wiedersehen, Marie!	

Atelier **C1**

les **couleurs** [lekulœʀ]	die Farben
rouge [ʀuʒ]	rot
bleu [blø]	blau
vert [vɛʀ]	grün
marron [maʀɔ̃]	braun
jaune [ʒon]	gelb
blanc [blɑ̃]	weiß
noir [nwaʀ]	schwarz
orange [ɔʀɑ̃ʒ]	orange
gris [gʀi]	grau
rose [ʀoz]	rosa

MON DICO PERSONNEL

Mon chien, mon chat …
Mein Hund, meine Katze und andere Tiere

un hamster [ɛ̃amstɛʀ]

une tortue [yntɔʀty]

une perruche [ypɛʀyʃ]

un serpent [ɛ̃sɛʀpɑ̃]

un rat [ɛ̃ʀa]

un perroquet [ɛ̃peʀɔkɛ]

un canari [ɛ̃kanaʀi]

un cochon [ɛ̃kɔʃɔ̃]

Wörter in blauer Handschrift müssen nicht gelernt werden; du kannst sie in dein dico personnel eintragen.

Unité 3 Copain, copine

TIPP
un oder **une**? Lerne die Nomen immer mit ihren Begleitern! Du kannst die **männlichen** Nomen **blau**, die **weiblichen** Nomen **rot** aufschreiben oder markieren. Um dir Wörter gut zu merken, solltest du sie auch **laut** vorsagen. Gehe beim Lernen auf und ab und mache **Bewegungen** zu den Vokabeln; dadurch behältst du sie viel besser.

TU TE RAPPELLES?

Erinnerst du dich?

Es gibt Wörter, die man leicht vergisst oder die schwer zu schreiben sind. Daher wirst du in diesen ***Tu te rappelles?***-Kästen an solche Wörter erinnert, die du schon gelernt hast und in dieser Unité wieder vorkommen.

je suis	ich bin	**mais**	aber
tu es	du bist	**aussi**	auch
il est, elle est	er ist, sie ist	**moi aussi, toi aussi**	ich auch, du auch
c'est	das ist	**ici**	hier, hierher
et	und	**voilà**	da ist, da sind

un **magasin** [ɛ̃magazɛ̃]	ein Geschäft, ein Laden	maga**s**in: [z] wie das Summen einer Biene
un **journal** [ɛ̃ʒuʀnal]	eine Zeitung	
une **BD** [ynbede]	ein Comic	
une **affiche** [ynafiʃ]	ein Plakat, ein Poster	

Qu'est-ce que c'est? [kɛskəsɛ]	Was ist das?	
une **librairie-papeterie** [ynlibʀɛʀipapetʀi]	eine Buch- und Schreibwarenhandlung	
la **Maison de la Presse** [lamɛzɔ̃dəlapʀɛs]	das Maison de la presse	

En France
Maison de la Presse ist der Name einer franz. Zeitschriften- und Schreibwarenkette.

Atelier A1

chercher qn / qc [ʃɛʀʃe]	jemanden / etwas suchen	**Marie cherche** [ʃɛʀʃ] **Léo.** Marie sucht Léo. Achte auf die Aussprache; das *e* von *cherche* bleibt stumm. **qn** ist die Abkürzung von **quelqu'un** [kɛlkɛ̃] und bedeutet „jemand"; **qc** ist die Abkürzung von **quelque chose** [kɛlk(ə)ʃoz] und bedeutet „etwas".
regarder qc [ʀəgaʀde]	etwas ansehen, etwas betrachten	**Léo regarde** [ʀəgaʀd] **une BD.** Léo sieht sich einen Comic an. Auch hier bleibt das „e" stumm. Diese Regel gilt für alle Verben, die im Infinitiv auf **-er** enden.
parler avec qn [paʀle]	mit jemandem sprechen	
avec [avɛk]	mit	**Un monsieur parle** [paʀl] **avec Malabar.** Ein Mann spricht mit Malabar.

écouter qn / qc [ekute]	jemandem zuhören, etwas anhören	Tu écout**es**? [ekut] Hörst du? Die letzten beiden Buchstaben werden nicht ausgesprochen. Dies gilt für alle Verben, die im Infinitiv auf **-er** enden.
arriver [aʀive]	(an)kommen	**Une fille arrive** [aʀiv]. Ein Mädchen kommt.
trouver qn / qc [tʀuve]	jemanden / etwas finden	Das **e** von **je trouve** (ich finde) wird nicht gesprochen: [ʒətʀuv]. Diese Regel gilt für alle Verben, die auf **-er** enden.
travailler [tʀavaje]	arbeiten	**Je travaille.** Ich arbeite. Die Aussprache ist dieselbe wie bei il travaill**e**.
porter qc [pɔʀte]	etwas tragen	
un **carton** [ɛ̃kaʀtɔ̃]	ein Karton	
A2 **En rythme**	im Rhythmus, rhythmisch	
A3 **dans** [dɑ̃]	in	
une **rue** [ynʀy]	eine Straße	**la** rue = **die** Straße
dans la rue [dɑ̃laʀy]	auf der Straße	französisch: **dans** la rue, deutsch: **auf** der Straße
entrer [ɑ̃tʀe]	eintreten, hereinkommen	**Un chat entre dans le magasin.** Eine Katze kommt ins Geschäft herein. **le** magasin = das Geschäft

! **Entrer** ist ein regelmäßiges Verb und hat daher dieselben Endungen wie alle regelmäßigen Verben auf **-er**: j'entr**e** [ʒɑ̃tʀ] (ich trete ein), tu entr**es** [tyɑ̃tʀ] (du trittst ein), il entr**e** [ilɑ̃tʀ] (er tritt ein), elle entr**e** [ɛlɑ̃tʀ] (sie tritt ein), on entr**e** [ɔ̃nɑ̃tʀ] (man tritt ein/wir treten ein)

Que fait Malabar? [kəfɛmalabaʀ]	Was macht Malabar?	
euh ... [ø]	äh ...	**euh** ... sagt man, wenn man zögert.
là [la]	da, dort	**Ah, tu es là!** Ah, da bist du (ja)!
Chut! [ʃyt]	Pst!	
une **école** [ynekɔl]	eine Schule	**Tu travailles pour l'école?** Arbeitest du für die Schule? **le** und **la** werden vor Vokal zu **l'**.

En France

Das Wort **école** bezeichnet die Schule im Allgemeinen. Mit zwei Jahren gehen die Kinder in den Kindergarten (**école maternelle**), mit sechs in die Grundschule (**école élémentaire**), mit elf wechseln sie für vier Jahre aufs **collège** (entspricht der dt. Sek I), anschließend können sie für drei weitere Jahre aufs **lycée** gehen, um das Abitur zu machen.

en vacances *(f., pl.)* [ɑ̃vakɑ̃s]	in den Ferien	**On est en vacances.** Wir haben Ferien. **On** bedeutet „man". In der Umgangssprache wird es auch für „wir" verwendet.
Tiens! [tjɛ̃]	Sieh mal! / Schau mal!	
une **grand-mère** [yngʀɑ̃mɛʀ]	eine Großmutter	**Voilà grand-mère.** Da ist Großmutter.
Latière [latjɛʀ]	*Familienname*	
il dit / elle dit [ildi / ɛldi]	er sagt / sie sagt	**Elle dit bonjour.** Sie sagt „Guten Tag".

un **ami** / une **amie** [ɛ̃nami / ynami]	ein Freund / eine Freundin	**Lucie est l'amie d'Anne. Valentin est l'ami de Clément.** Lucie ist die Freundin von Anne. Valentin ist der Freund von Clément. Wenn Jugendliche von ihren Freunden sprechen, dann verwenden sie meist **copain** oder **copine**.
Malou [malu]	*Name einer Katze*	
Zut! *(fam.)* [zyt]	Mist!, Verdammt!	
une **catastrophe** [ynkatastʀɔf]	eine Katastrophe	Achte auf die Schreibweise: französisch: **c**atastrophe, deutsch: **K**atastrophe.
Atelier B3 **être** [ɛtʀ]	sein	**C'est Malabar!** Das ist Malabar. 
! Du kennst schon die Formen **je suis**, **tu es**, **il est** und **elle est**. Die übrigen Formen lauten: **on‿est** [ɔ̃nɛ] (man ist, wir sind), **nous sommes** [nusɔm] (wir sind), **vous‿êtes** [vuzɛt] (ihr seid/Sie sind), **ils sont** und **elles sont** [ilsɔ̃/ɛlsɔ̃] (sie sind). **Vous** steht auch für die höfliche Anrede (= „Sie").		**Ce sont Malabar et Moustique!** Das sind Malabar und Moustique. 
devant [dəvɑ̃]	vor *(örtlich)*	**Léo et Marie sont devant la maison de Mme Latière.** Léo und Marie sind / stehen vor dem Geschäft von Madame Latière. **Mme** ist die Abkürzung von **Madame** und wird wie das ausgeschriebene Wort ausgesprochen.
habiter [abite]	wohnen	**J'habite à Paris.** Ich wohne in Paris.
! j'habit**e**, tu habit**es**, il habit**e**, elle habit**e**, on‿habit**e** [ɔ̃nabit], nous‿habit**ons** [nuzabitɔ̃], vous‿habit**ez** [vuzabite], ils‿habit**ent** [ilzabit], elles‿habit**ent** [ɛlzabit].		
rue Nollet [ʀynɔlɛ]	*Name einer Straße in Paris.*	**J'habite rue Nollet.** Ich wohne in der Rue Nollet.
où [u]	wo; wohin	**Tu habites où?** Wo wohnst du?
rue Truffaut [ʀytʀyfo]	*Name einer Straße in Paris*	
un **t-shirt** [ɛ̃tiʃœʀt]	ein T-Shirt	
aimer qn / qc [eme]	jemanden / etwas lieben, jemanden / etwas mögen	 
! j'aim**e**, tu aim**es**, il aim**e**, elle aim**e**, on‿aim**e** [ɔ̃nɛm], nous‿aim**ons** [nuzɛmɔ̃], vous‿aim**ez** [vuzɛme], ils‿aim**ent** [ilzɛm] elles‿aim**ent** [ɛlzɛm].		
le **rugby** [ləʀygbi]	das Rugby *(Ballspiel)*	
le **judo** [ləʒydo]	das Judo	**Tu aimes le rugby? – Oui, et j'aime aussi le judo.** Magst du Rugby? – Ja, und ich mag auch Judo.
Qu'est-ce que … ? [kɛskə]	Was … ?	**Qu'est-ce que tu aimes?** Was magst du?
le **sport** [ləspɔʀ]	der Sport	deutsch: Ich mag Sport. französisch: J'aime **le** sport.
la **musique** [lamyzik]	die Musik	
un **frère** [ɛ̃fʀɛʀ]	ein Bruder	
une **sœur** [ynsœʀ]	eine Schwester	**Nous sommes frère et sœur. / On est frère et sœur.** Wir sind Geschwister.

sympa [sɛ̃pa]	nett	**Alex et Jérôme sont sympas.** Alex und Jérôme sind sympathisch. **sympa** ist die Kurzform von **sympathique**.
détester qn / qc [detɛste]	jemanden / etwas verabscheuen	

! je détest**e**, tu détest**es**, il/elle/on détest**e**, nous détest**ons**, vous détest**ez**, ils/elles détest**ent**.

ça [sa]	das	**Je déteste ça!** Ich mag das überhaupt nicht!
d'accord [dakɔʀ]	einverstanden, o.k.	**Tu es d'accord?** Bist du einverstanden?
alors [alɔʀ]	nun, jetzt, dann	**Alors, au revoir, Jérôme!** Dann auf Wiedersehen, Jérôme.
B7 le **rock** [ləʀɔk]	Rock, Rockmusik	
le **foot(ball)** [ləfut(bɔl)]	der Fußball *(Sportart)*	 
un **vélo** [ɛ̃velo]	ein Fahrrad	
la **techno** [latɛkno]	Techno *(Musikstil)*	
le **rap** [ləʀap]	Rap *(Musikstil)*	
la **gymnastique** [laʒimnastik]	das Turnen, die Gymnastik	Jugendliche benutzen meist die Kurzform: **la gym** [laʒim].
classique [klasik]	klassisch	la **musique classique** die klassische Musik

AUF EINEN BLICK

Questions et réponses — Fragen und Antworten

– Qu'est-ce que c'est en français?	**– C'est un crayon.**	– Wie heißt das auf Französisch?	– Das ist ein Bleistift.
– Que fait Léo / Marie?	**– Il porte un carton.** **– Elle parle avec un monsieur.**	– Was macht Léo / Marie?	– Er trägt einen Karton. – Sie spricht mit einem Mann.
– Tu habites où?	**– J'habite à Paris.**	– Wo wohnst du?	– Ich wohne in Paris.
– Tu habites rue Nollet?	**– Non, j'habite rue Truffaut.**	– Wohnst du in der rue Nollet?	– Nein, ich wohne in der rue Truffaut.
– Tu aimes le rugby?	**– Oui, et j'aime aussi le judo.**	– Magst du Rugby?	– Ja, und ich mag auch Judo.

MON DICO PERSONNEL

J'aime / Je déteste … — Ich mag … / Ich mag überhaupt nicht …

le rock / le rap / la techno	Rockmusik / Rap / Techno	le cinéma [ləsinema]	Kino
le foot(ball)	Fußball	la natation [lanatasjɔ̃]	Schwimmen
le vélo	Fahrrad fahren	la télé(vision) [latelevizjɔ̃]	Fernsehen
le rugby / le judo	Rugby / Judo	le roller [ləʀɔlœʀ]	Inlinerfahren
la gym(nastique)	Turnen	l'athlétisme *(m.)* [latletism]	Leichtathletik
l'ordi(nateur)	Computer	le basket(ball) [ləbaskɛtbɔl]	Basketball

TIPP

Mehrere leichte Gewichte kannst du besser stemmen als ein großes, schweres! Genauso ist das mit dem Vokabellernen: Lerne die neuen Wörter in **kleinen Portionen** von höchstens 10–15 Wörtern. Und wenn du **regelmäßig 10 Minuten** übst, ist das viel besser als nur ab und zu. Beim nächsten Vokabeltest wirst du punkten!

Unité 4 Bon anniversaire, Léo!

TU TE RAPPELLES?

alors	nun, jetzt, dann	**là**	da, dort
ça	das	**d'accord**	einverstanden
dans	in	**avec (toi et moi)**	mit (dir und mir)
Ça va?	Wie geht's?	**pour (toi)**	für (dich)
Comment?	Wie?	**Qu'est-ce que c'est?**	Was ist das?

un **anniversaire** [ɛ̃nanivɛʀsɛʀ]	ein Geburtstag	**Bon anniversaire! / Joyeux anniversaire!** Alles Gute zum Geburtstag! / Herzlichen Glückwunsch zum Geburtstag! [bɔnanivɛʀsɛʀ] [ʒwajøzanivɛʀsɛʀ]

En France

Zum Geburtstag wird in Frankreich das Lied „*Joyeux anniversaire*" gesungen; die Melodie ist dieselbe wie bei „*Happy birthday to you*" oder „*Zum Geburtstag viel Glück*".

bientôt [bjɛ̃to]	bald	**C'est bientôt l'anniversaire de Léo!** Léo hat bald Geburtstag.
Ah, bon? [abɔ̃]	Ach ja? / Wirklich?	
un **cadeau** [ɛ̃kado]	ein Geschenk	
ensemble [ɑ̃sɑ̃bl]	gemeinsam, zusammen	**On cherche un cadeau ensemble?** Sollen wir gemeinsam ein Geschenk suchen?
une **idée** [ynide]	eine Idee	**C'est une idée super.** Das ist eine Superidee.
d'abord [dabɔʀ]	zuerst	
bien sûr [bjɛ̃syʀ]	Sicherlich!, Na klar!, Selbstverständlich!	
Atelier A 2 la **FNAC** [lafnak]	die FNAC	

En France

Die **FNAC** ist eine franz. Ladenkette, die hauptsächlich Bücher, CDs, DVDs und Elektronikartikel vertreibt, oft zu günstigeren Preisen als anderswo.

une **histoire** [ynistwaʀ]	eine Geschichte	**une histoire fantastique** eine Fantasygeschichte
ou [u]	oder	Gleiche Aussprache: **ou** = „oder", **où** = „wo"
un **DVD** [ɛ̃devede]	eine DVD	
un **CD** [ɛ̃sede]	eine CD	
il y a [ilja]	es gibt	
Qu'est-ce qu'il y a? [kɛskilja]	Was gibt es?	**Qu'est-ce qu'il y a à la FNAC?** Was gibt es in der FNAC?
des [de]	***des*** *ist der Plural (die Mehrzahl) von* ***un*** *und* ***une****.*	**un** feutre → **des** feutres **ein** Filzstift → Filzstifte **une** gomme → **des** gommes **ein** Radiergummi → Radiergummis

un ordinateur [ɛ̃nɔʀdinatœʀ]	ein Computer	Kurzform: **l'ordi** [lɔʀdi]
A3 **demain** [dəmɛ̃]	morgen	
Pirou [piʀu]	*Familienname*	Familiennamen werden im Französischen ohne Plural-*s* am Ende geschrieben: deutsch: die Pirou**s**, französisch: *les Pirou*.
Cologne [kɔlɔɲə]	Köln	**Tu es à Cologne?** Bist du in Köln?
la France [lafʀɑ̃s]	Frankreich	
l'**Allemagne** *(f.)* [lalmaɲ]	Deutschland	Allema**gne**: [ɲ] wie in *Lasa**gne***
en Allemagne [ɑ̃nalmaɲ]	in Deutschland	en France et en‿Allemagne [ɑ̃nalmaɲ]
Allô? [alo]	Hallo? *(am Telefon)*	französisch: **all*ô***, deutsch: **h**all**o**, englisch: **h**ell**o**

En France

In Frankreich meldet man sich am Telefon mit **„Oui"** oder **„Allô?"**.

un train [ɛ̃tʀɛ̃]	ein Zug	**Tu es dans le train?** Bist du im Zug?

AUF EINEN BLICK

en – à – dans 3-mal „in"

Le papa de Léo est **en** Allemagne.
Léos Papa ist **in** Deutschland.

Tu es **à** Cologne?
Bist du **in** Köln?

Tu es **dans** le train?
Bist du **im** Zug?

ton / ta / tes [tɔ̃/ta/te]	dein / deine	**ton anniversaire** dein Geburtstag
C'est dommage. [sɛdɔmaʒ]	Das ist schade.	
inviter qn [ɛ̃vite]	jemanden einladen	**Tu invites tes copains?** Lädst du deine Freunde ein?

! j'invit**e**, tu invit**es**, il invit**e**, elle invit**e**, on‿invit**e**, nous‿invit**ons**, vous‿invit**ez**, ils‿invit**ent**, elles‿invit**ent**.

mon / ma / mes [mɔ̃/ma/me]	mein / meine	**mon / ton copain, ma / ta copine, mes / tes copains, mes / tes copines**
à bientôt [abjɛ̃to]	bis bald	

A 5	une **famille** [ynfamij]	eine Familie	
	une **photo** [ynfɔto]	ein Foto	
	maman *(f.)* [mamɑ̃]	Mama, Mutti	
A 6	**préparer** qc [pʀepaʀe]	etwas vorbereiten	**On prépare l'anniversaire.** Wir bereiten den Geburtstag vor.
!	je prépar**e**, tu prépar**es**, il prépar**e**, elle prépar**e**, on prépar**e**, nous prépar**ons**, vous prépar**ez**, ils prépar**ent**, elles prépar**ent**.		
	une **bougie** [ynbuʒi]	eine Kerze	**la** bougie (die Kerze) → **les** bougies (die Kerzen), **le** train (der Zug) → **les** trains (die Züge)
	un **gâteau** / des **gâteaux** [ɛ̃gato / degato]	ein Kuchen / Kuchen	**Mme Pirou prépare un gâteau pour 6.** Mme Pirou bereitet einen Kuchen für 6 (Personen) vor. Ebenso: un cadeau / des cadeau**x**
	plutôt [plyto]	eher	
	ranger qc [ʀɑ̃ʒe]	etwas aufräumen	
!	je rang**e**, tu rang**es**, il rang**e**, elle rang**e**, on rang**e**, nous rang**eons**, vous rang**ez**, ils rang**ent**, elles rang**ent**.		
	une **chambre** [ynʃɑ̃bʀ]	ein (Schlaf)Zimmer	
	s'il te plaît [siltəplɛ]	bitte *(wenn man jemanden duzt)*	**Range ta chambre, s'il te plaît.** Räum bitte dein Zimmer auf! s'il **vous** plaît = wenn man jemanden siezt
	aujourd'hui [oʒuʀdɥi]	heute	
	maintenant [mɛ̃tnɑ̃]	jetzt	
	C'est l'horreur! [sɛlɔʀœʀ]	Das ist der Horror!	
	une **affaire** [ynafɛʀ]	eine Sache, eine Angelegenheit	**Ce sont mes affaires!** Das ist meine Sache! Achte auf die Bindung: mes‿affaires [mezafɛʀ].
	toujours [tuʒuʀ]	immer	**Toujours des histoires.** Immer dasselbe Theater.

AUF EINEN BLICK

Zeitangaben „heute, morgen, immer …"

d'abord	zuerst	**demain**	morgen	**souvent** [suvɑ̃]	oft
maintenant	jetzt	**bientôt**	bald	**puis** [pɥi]	dann
aujourd'hui	heute	**toujours**	immer	**tout de suite** [tutsɥit]	sofort

A 9	un **jeu** / des **jeux** [ɛ̃ʒø]	ein Spiel / Spiele	Achte auf den Plural mit **-x**: Nomen mit Plural auf **-x**: des cadeau**x** (Geschenke), des gâteau**x** (Kuchen), des jeu**x** (Spiele), les trava**ux** (die Arbeiten), des journ**aux** (Zeitungen)
	un **jeu vidéo** / des **jeux vidéo** [ɛ̃ʒøvideo / deʒøvideo]	ein Computerspiel / Computerspiele	Achte auf die Schreibung: des jeu**x** vidéo
A 10	**Superbus** [sypɛʀbys]	*Name einer französischen Rockband*	
A 13	un **fils** [ɛ̃fis]	ein Sohn	**une fille** eine Tochter

Ma famille – Eltern, Geschwister und Verwandte

A 15	**français** [frɑ̃sɛ]	französisch; Französisch	
	allemand [almɑ̃]	deutsch; Deutsch	**Il parle allemand et français.** Er spricht Deutsch und Französisch. **un journal allemand** eine deutsche Zeitung
Atelier B1	**Ça alors!** [saalɔʀ]	Na, so was! / Unglaublich!	
	avoir [avwaʀ]	haben	Achte auf die Aussprache: ils_ont [ilzɔ̃] (sie haben), aber: ils sont [ilsɔ̃] (sie sind)

! **j'ai** [ʒe], tu **as** [tya], il **a** [ila], elle **a** [ɛla], on_**a** [ɔ̃na], nous_**avons** [nuzavɔ̃], vous_**avez** [vuzave], ils_**ont** [ilzɔ̃], elles_**ont** [ɛlzɔ̃].

	son / sa / ses *(+ Nomen)* [sɔ̃/sa/se]	sein / seine; ihr / ihre	**Ses copains et ses copines arrivent.** Seine Freunde und seine Freundinnen kommen an. / Ihre Freunde und ihre Freundinnen kommen an. **son** copain (sein / ihr Freund), **sa** copine (seine / ihre Freundin), **ses** copain**s** (seine / ihre Freunde), **ses** copine**s** (seine / ihre Freundinnen)
	avoir vingt-neuf ans [avwaʀvɛ̃tnœvɑ̃]	29 Jahre alt sein	**Elle a vingt-neuf ans.** Sie ist 29 (Jahre alt). Achte auf den Unterschied: J'**ai** onze ans, maintenant! Ich **bin** jetzt 11 Jahre alt.
B2	un **mois** [ɛ̃mwa]	ein Monat	
	une **année** [ynane]	ein Jahr	**L'année a 12 mois.** Ein Jahr hat 12 Monate.
	le **premier** [ləpʀəmje]	der erste	
	Quand? [kɑ̃]	Wann?	**– L'anniversaire de Marie, c'est quand?** **– Son anniversaire, c'est le premier mars.** – Wann hat Marie Geburtstag? – Sie hat am 1. März Geburtstag. Statt **le premier** kannst du auch **le 1**[er] schreiben. Ab der Zahl 2 schreibt man beim Datum so: le **deux** décembre (der 2. Dezember), le **trois** février (der 3. Februar).
B3	**chanter** [ʃɑ̃te]	singen	
!	je chant**e**, tu chant**es**, il chant**e**, elle chant**e**, on chant**e**, nous chant**ons**, vous chant**ez**, ils chant**ent**, elles chant**ent**.		
	puis [pɥi]	dann	
	avoir faim [avwaʀfɛ̃]	Hunger haben	**Vous avez faim?** Habt ihr / Haben Sie Hunger?
	manger qc [mɑ̃ʒe]	etwas essen	Achte auf das **e** bei „nous mang**e**ons".
!	je mang**e**, tu mang**es**, il/elle/on mang**e**, nous mang**eons**, vous mang**ez**, ils/elles mang**ent**.		
	souffler qc [sufle]	etwas ausblasen	
!	je souffl**e**, tu souffl**es**, il / elle / on souffl**e**, nous souffl**ons**, vous souffl**ez**, ils / elles souffl**ent**.		
	C'est ça? [sɛsa]	Stimmt's?	
	encore [ɑ̃kɔʀ]	noch	
	sur [syʀ]	auf, über	
	Regarde! [ʀəgaʀd]	Sieh mal! / Guck mal!	
	une **surprise** [ynsyʀpʀiz]	eine Überraschung	**Quelle surprise!** Was für eine Überraschung!
	un **ticket** [ɛ̃tikɛ]	eine Eintrittskarte	
	un **match** [ɛ̃matʃ]	ein Spiel	
	avoir envie de faire qc [avwaʀɑ̃vi]	Lust haben, etwas zu tun	**Tu as envie de regarder le match avec moi?** Hast du Lust, dir das Spiel mit mir anzusehen?
B4	une **fête** [ynfɛt]	ein Fest, eine Party	la **fête du rugby en France** das Rugbyfest in Frankreich, das französische Rugbyfest

B 9	**fêter** [fɛte]	feiern	

> ! je fêt**e**, tu fêt**es**, il / elle / on fêt**e**, nous fêt**ons**, vous fêt**ez**, ils / elles fêt**ent**.

B 10	l'**âge** *(m.)* [laʒ]	das Alter	**Tu as quel âge?** Wie alt bist du?
	il s'appelle [ilsapɛl]	er heißt	**Il s'appelle comment? – Il s'appelle Léo.** Wie heißt er? – Er heißt Léo.

... treize, quatorze ...

So zählt man ab 13. Die Zahlen bis zwölf findest du auf der Seite 190.

		20	vingt [vɛ̃]	**30**	trente [tʀɑ̃t]
		21	vingt-et-un [vɛ̃teɛ̃]	**31**	trente-et-un [tʀɑ̃teɛ̃]
		22	vingt-deux [vɛ̃tdø]	**32**	trente-deux [tʀɑ̃tdø]
13	treize [tʀɛz]	**23**	vingt-trois [vɛ̃ttʀwa]	**33**	trente-trois [tʀɑ̃ttʀwa]
14	quatorze [katɔʀz]	**24**	vingt-quatre [vɛ̃tkatʀ]	**34**	trente-quatre [tʀɑ̃tkatʀ]
15	quinze [kɛ̃z]	**25**	vingt-cinq [vɛ̃tsɛ̃k]	**35**	trente-cinq [tʀɑ̃tsɛ̃k]
16	seize [sɛz]	**26**	vingt-six [vɛ̃tsis]	**36**	trente-six [tʀɑ̃tsis]
17	dix-sept [disɛt]	**27**	vingt-sept [vɛ̃tsɛt]	**37**	trente-sept [tʀɑ̃tsɛt]
18	dix-huit [dizɥit]	**28**	vingt-huit [vɛ̃tɥit]	**38**	trente-huit [tʀɑ̃tɥit]
19	dix-neuf [diznœf]	**29**	vingt-neuf [vɛ̃tnœf]	**39**	trente-neuf [tʀɑ̃tnœf]

Les mois de l'année

Von Januar bis Dezember

janvier [ʒɑ̃vje]	Januar	**juillet** [ʒɥijɛ]	Juli
février [fevʀije]	Februar	**août** [ut]	August
mars [maʀs]	März	**septembre** [sɛptɑ̃bʀ]	September
avril [avʀil]	April	**octobre** [ɔktɔbʀ]	Oktober
mai [mɛ]	Mai	**novembre** [nɔvɑ̃bʀ]	November
juin [ʒɥɛ̃]	Juni	**décembre** [desɑ̃bʀ]	Dezember

Die Monate sind im Französischen alle **männlich**:

le premier janvier, le premier février ...	der erste Januar, der erste Februar ...
le deux mars, le trois avril [lətʀwazavʀil], **le quatre mai ...**	der 2. März, der 3. April, der 4. Mai ...

AUF EINEN BLICK

L'anniversaire etc. Geburtstag, Alter und Familie

– Bon anniversaire, ... (Léo)!		– Alles Gute zum Geburtstag ... (Léo)!	
– Joyeux anniversaire!		– Herzlichen Glückwunsch zum Geburtstag!	
– Ton anniversaire, c'est quand?	**– Mon anniversaire, c'est le deux août.**	– Wann hast du Geburtstag?	– Ich habe am 2. August Geburtstag.
– Tu as quel âge?	**– J'ai ... (douze) ans.**	– Wie alt bist du?	– Ich bin ... (12) Jahre.
– Tu as des frères et sœurs?	**– Oui, j'ai un frère et deux sœurs.**	– Hast du Geschwister?	– Ja, ich habe einen Bruder und zwei Schwestern.
– Il s'appelle comment, ton frère?	**– Il s'appelle ... (Marc).**	– Wie heißt dein Bruder?	– Er heißt ... (Marc).

MON DICO PERSONNEL

Les fêtes Feste, die in Frankreich gefeiert werden.

l'anniversaire *(m.)* [lanivɛʀsɛʀ]	Geburtstag	**Pâques** *(f.)* [pak]	Ostern
le baptême [ləbatɛm]	Taufe	**la Pentecôte** [lapɑ̃tkot]	Pfingsten
le mariage [ləmaʀjaʒ]	Hochzeit	**Noël** *(m.)* [nɔɛl]	Weihnachten
le 14 Juillet [ləkatɔʀzʒɥijɛ]	14. Juli (franz. Nationalfeiertag)	**le nouvel an** [lənuvɛlɑ̃]	Neujahr

Unité 5 Au collège Balzac

TIPP

Schaffe dir ein **angenehmes Lernumfeld**, in dem du ungestört ohne fremde Geräuschquellen üben kannst.
Bahn, Bus, Bett, Badewanne: Hilfreich ist auch, wenn du **immer an denselben Orten** lernst. So wird Lernen zur Gewohnheit und der Erfolg nicht ausbleiben, garantiert!

TU TE RAPPELLES?

encore	noch	**bientôt**	bald
puis	dann	**d'abord**	zuerst
où / ou	wo / oder	**ensemble**	zusammen
aujourd'hui	heute	**Qu'est-ce qu'il y a?**	Was gibt es?
toujours	immer	**quand**	wann

un collège [ɛ̃kɔlɛʒ] ein „Collège"

En France

Le collège: Nach der Grundschule (fünf Jahre) gehen alle französischen Kinder für vier Jahre aufs **collège**. Sie sind dann ungefähr elf Jahre alt. Die Klassen werden absteigend **la 6ᵉ** [lasizjɛm] (entspricht der 6. Klasse), **la 5ᵉ** [lasɛ̃kjɛm], la **4ᵉ** [lakatʀijɛm] und **la 3ᵉ** [latʀwazjɛm] (entspricht der 9. Klasse) genannt.

au [o] collège Balzac – **auf** dem Collège Balzac

Honoré de Balzac [ɔnɔʀedəbalzak]	Honoré de Balzac (*(frz. Schriftsteller; 1799-1850)*	
une **cour** [ynkuʀ]	ein (Schul-)Hof	
un **élève** / une **élève** [ɛ̃nelɛv / ynelɛv]	ein Schüler / eine Schülerin	
jouer [ʒwe]	spielen	In den Unités 1-4 hast du immer die konjugierten Verbformen (von **je** bis **ils / elles**) mitlesen können. Ab jetzt werden bei regelmäßigen Verben nur noch die Infinitive aufgeführt.
un **cours** [ɛ̃kuʀ]	eine Unterrichtsstunde	**Aujourd'hui, ils ont un cours d'allemand. / A huit heures, ils ont français.** Heute haben sie eine Stunde Deutsch. / Um acht Uhr haben sie Französisch. gleich ausgesprochen, unterschiedlich geschrieben: [kuʀ] une **cour**, un **cours**
être en retard [ɛtʀɑ̃ʀətaʀ]	zu spät kommen	**Léo est en retard.** Léo kommt zu spät.
un **CDI** [ɛ̃sedei]		**Ils travaillent au CDI.** Sie arbeiten im CDI.

En France

CDI ist die Bezeichnung für die Bibliothek an französischen Schulen.

une **cantine** [ynkɑ̃tin]	eine Kantine, eine Mensa	**Qu'est-ce qu'il y a à la cantine?** Was gibt es in der Kantine?
une **infirmerie** [ynɛ̃fiʀməʀi]	eine Krankenstation	**Il est à l'infirmerie.** *hier:* Er ist im Krankenzimmer.
Aïe! [ai]	Aua!	
Atelier A1 un **pied** [ɛ̃pje]	ein Fuß	
une **journée** [ynʒuʀne]	ein Tag	**la journée de Martine** der Tag von Martine
une **heure** [ynœʀ]	eine Stunde	Achte auf die Bindung, wenn Zahlen voranstehen, vor allem bei deux‿heures [døzœʀ], trois‿heures [tʀwazœʀ], six‿heures [sizœʀ], dix‿heures [dizœʀ].
sept heures [sɛtœʀ]	sieben Uhr	**Il est sept heures** [sɛtœʀ]. Es ist sieben Uhr.
un **lit** [ɛ̃li]	ein Bett	
sept heures et demie [sɛtœʀedəmi]	halb acht	
les **toilettes** *(f.)* [letwalɛt]	die Toilette	
huit heures et quart [ɥitœʀekaʀ]	Viertel nach acht	
Racine [ʀasin]	*Familienname*	**A huit heures et quart, Marie a un cours de français avec M. Racine.** Um Viertel nach acht hat Marie Französisch bei M. Racine.
midi [midi]	zwölf Uhr (mittags)	**Midi, c'est l'heure de la cantine.** 12 Uhr mittags ist Essenszeit.

commencer [kɔmɑ̃se]	anfangen, beginnen	**Deux heures cinq: Le cours de musique commence.** Fünf nach zwei: die Musikstunde fängt an.
! je commence, tu commences, il/elle/on commence, nous commen**ç**ons, vous commencez, ils/elles commencent		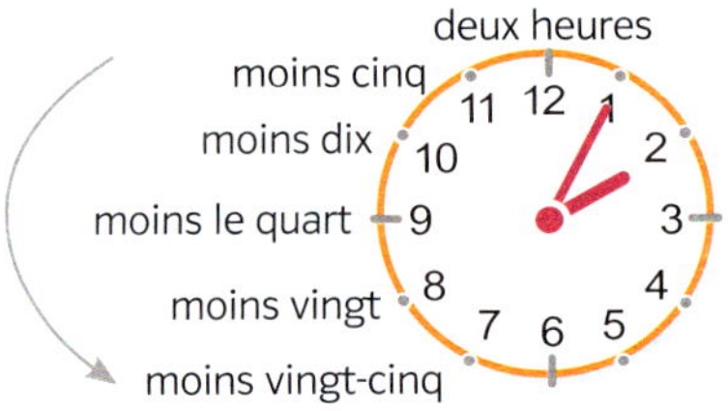
après [apʀɛ]	nach; danach	
rentrer [ʀɑ̃tʀe]	zurückkommen, nach Hause gehen	
six heures moins le quart [sizœʀmwɛ̃lkaʀ]	Viertel vor sechs	
chez qn [ʃe]	bei jemandem	**Marie est chez Alex.** Marie ist bei Alex(andra).
la **télévision** [latelevizjɔ̃]	das Fernsehen	**Nous regardons la télé.** Wir sehen fern. **la télé** ist die Kurzform von **la télévision**.
A2 **Quelle heure est-il?** [kɛlœʀɛtil]	Wie viel Uhr ist es? Wie spät ist es?	Du kannst auch fragen: **Il est quelle heure?**
à quelle heure [akɛlœʀ]	um wie viel Uhr	**Tu rentres à quelle heure?** Um wie viel Uhr kommst du nach Hause?
de … à [dəa]	von … bis	**Les enfants sont à l'école de huit heures à cinq heures.** Die Kinder sind von acht bis fünf in der Schule.
A3 une **clé** [ynkle]	ein Schlüssel	**une clé USB** [ynkleyɛsbe] ein USB-Stick
lundi *(m.)* [lɛ̃di]	Montag	
aller [ale]	gehen, fahren	**Léo va au CDI.** Léo geht ins CDI. aber: Il va **chez** Alex. (Person)
! je **vais**, tu **vas**, il/elle/on **va**, nous‿**allons**, vous‿**allez**, ils/elles **vont**		
ne … pas [nə … pa]	nicht	**Léo ne trouve pas son copain. Marie n'écoute pas Alex.**
la **6ᵉA** [lasizjɛma]	die Klasse 6A	la **6ᵉA** = la **sixième A**
une **minute** [ynminyt]	eine Minute	**Le cours d'allemand commence dans deux minutes.** Die Deutschstunde fängt in zwei Minuten an.
Barette [baʀɛt]	*Familienname*	
un **professeur** / une **professeure** [ɛ̃pʀɔfesœʀ/ynʀɔfesœʀ]	ein Lehrer / eine Lehrerin	**Mme Barette est prof de maths.** Mme Barette ist Mathelehrerin. **un prof / une prof** ist die Kurzform von **un(e) professeur(e)**.
sous [su]	unter	
une **salle de cours** [ynsaldəkuʀ]	ein Klassenraum	
Excusez-moi. [ɛkskyzemwa]	Entschuldigen Sie. / Entschuldigung!	Wenn du jemanden duzt, heißt es **Excuse-moi.**
une **place** [ynplas]	ein Platz	**Léo va à sa place.** Léo geht zu seinem Platz.

En France

In Frankreich haben die Kinder in der Regel **kein** eigenes Klassenzimmer.

A4	**Ecoutez bien!** [ekutebjɛ̃]	Hört gut zu!	
A5	la **récréation** [laʀekʀeasjɔ̃]	die Pause	**A dix heures, c'est la récréation.** Um 10 Uhr ist Pause. / Um zehn Uhr gibt es eine Pause. In der Umgangssprache benutzt man häufig die Kurzform **la récré** [laʀekʀe].
	retrouver qn / qc [ʀətʀuve]	jemanden treffen; etwas wiederfinden	**Les garçons retrouvent Marie et Alex dans la cour.** Die Jungs treffen Marie und Alex im Hof.
	en 6ᵉB [ɑ̃sisjɛmbe]	in der 6B	
	raconter qc [ʀakɔ̃te]	etwas erzählen	**Léo raconte l'histoire de la clé USB.** Léo erzählt die Geschichte vom USB-Stick.
	Elle / Il est à qui? [ɛlɛtaki / ilɛtaki]	Wem gehört er / sie / es?	
	Je ne sais pas. [ʒənəsɛpa]	Ich weiß nicht.	
	Ce ne sont pas mes affaires. [sənəsɔ̃pamezafɛʀ]	Das sind nicht meine Sachen.	*hier:* Ich will damit nichts zu tun haben.
	discuter (de qc) [diskyte]	(über etwas) diskutieren, sich (über etwas) unterhalten	

Les jours de la semaine

Montag, Dienstag, Mittwoch …

Aujourd'hui, c'est mercredi. Demain, c'est jeudi.
Heute ist Mittwoch. Morgen ist Donnerstag.

Die Wochentage sind im Französischen alle **männlich:**
le jeudi, le mardi … montags, dienstags …

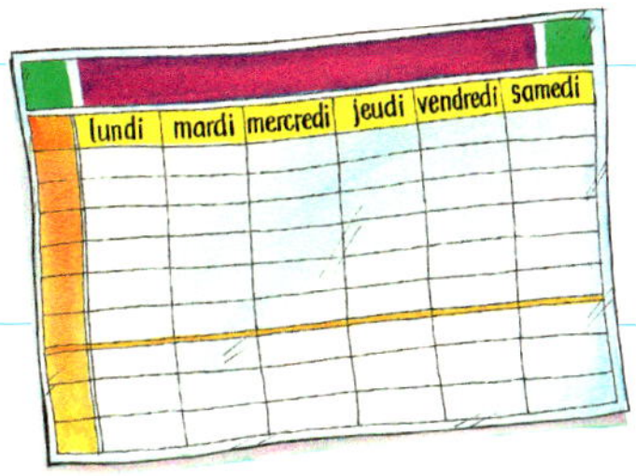

Atelier

B1	le **temps** [lətɑ̃]	die Zeit	
	l'**emploi** *(m.)* **du temps** [lɑ̃plwadytɑ̃]	*(der Stundenplan)*	
B3	**rêver** [ʀɛve]	träumen	**Je rêve!** Ich träume (wohl)!
	cool *(fam.)* [kul]	cool	
	cliquer [klike]	klicken	
	notre / nos [nɔtʀ / no]	unser / unsere	**notre père – nos pères**
	votre, vos [vɔtʀ / vo]	euer / eure; Ihr / Ihre	**notre / votre** professeur, **nos / vos** professeurs, **notre / votre** professeure, **nos / vos** professeures
	leur / leurs [lœʀ]	ihr / ihre	**Voilà les parents, leurs enfants et leur chien.** Das sind die Eltern, ihre Kinder und ihr Hund.
	une **interrogation** [ynɛ̃teʀɔgasjɔ̃]	eine Klassenarbeit	Kurzform: **une interro**
	une **classe** [klas]	eine Klasse	

	quelque chose [kɛlkəʃoz]	etwas	Abkürzung: **qc**
	un **sac** [ɛ̃sak]	eine Tasche	
	faire qc [fɛʀ]	etwas machen	
!	je **fais**, tu **fais**, il/elle/on **fait**, nous **faisons**, vous **faites**, ils/elles **font**		
	une **copie** [ynkɔpi]	eine Kopie	**On fait une copie?** Sollen wir eine Kopie machen?
	un **exercice** [ɛ̃nɛgzɛʀsis]	eine Übung	
	si [si]	doch	**– On ne fait pas ça. – Mais si!** – Das tut man nicht. – Aber doch!
	comme ça [kɔmsa]	so, auf diese Weise	
	comme [kɔm]	wie	**C'est comme un cadeau!** Das ist wie ein Geschenk!
	avoir raison [avwaʀʀɛzɔ̃]	recht haben	**Mehdi a raison! C'est non!** Mehdi hat recht. Es bleibt beim Nein. / So etwas tut man nicht!
	les **devoirs** *(m., pl.)* [ledəvwaʀ]	die (Haus-)Aufgaben	**Vous faites vos devoirs?** Macht ihr eure Hausaufgaben?
B4	une **partie** [ynpaʀti]	ein Teil	
	un **titre** [titʀ]	ein Titel	**Quel titre va avec quelle partie?** Welcher Titel passt zu welchem (Text-)Teil?
	la **fin** [lafɛ̃]	das Ende, der Schluss	**à la fin** = zum Schluss
B5	un **mot** [ɛ̃mo]	ein Wort	
	un **gymnase** [ɛ̃ʒimnaz]	eine Turnhalle	**Un gymnase** darf nicht mit „ein Gymnasium" übersetzt werden; „das Gymnasium" heißt auf Französisch **le lycée** [ləlise].
B9	**derrière** [dɛʀjɛʀ]	hinter	**La clé USB est derrière l'ordinateur.** Der USB-Stick ist / liegt hinter dem Computer.

AUF EINEN BLICK

Où est Moustique? Il est …

sur le sac

dans le train

sous le lit

derrière l'ordinateur

devant la télé

AUF EINEN BLICK

Parler de l'école Über die Schule sprechen

– Les cours commencent à quelle heure? **– A huit heures.**	– Um wie viel Uhr beginnt der Unterricht? – Um acht Uhr.
– A huit heures et quart, nous avons un cours de français avec M. … / Mme …	– Um Viertel nach acht haben wir eine Französischstunde / haben wir Französisch bei Herrn … / Frau … .
– Vous êtes en 6ᵉA? **– Non, nous sommes en 6ᵉB.**	– Seid ihr in der 6A? – Nein, wir sind in der 6B.
– Qu'est-ce qu'il y a à la cantine?	– Was gibt es in der Kantine?
– Qu'est-ce que vous faites après la cantine? **– Nous allons au CDI.**	– Was macht ihr nach der Kantine? – Wir gehen ins CDI.
– On fait les devoirs ensemble?	– Sollen wir die Hausaufgaben gemeinsam machen?
– Tu rentres à quelle heure?	– Um wie viel Uhr gehst du nach Hause?

MON DICO PERSONNEL

A l'école Unterrichtsfächer

allemand	Deutsch	**éducation musicale** [edykasjɔ̃mysikal]	Musik
français	Französisch	**arts plastiques** [aʀplastik]	Kunst
anglais [ɑ̃glɛ]	Englisch	**E.P.S. (Education physique et sportive)** [epeɛs]	Sport
mathématiques [matematik]	Mathematik	**S.V.T. (Sciences de la vie et de la terre)** [ɛsvete]	Biologie
histoire-géo [istwaʀʒeo]	Geschichte und Erdkunde	**technologie** [tɛknɔlɔʒi]	Technik

Unité 6 Un samedi dans le quartier

TIPP

Vokabeln lassen sich besonders gut einprägen, wenn man sie **„vernetzt“** lernt. Ein Beispiel für solche Netze hast du schon auf Seite 201 kennen gelernt. Von dem Ausgangswort in der Mitte gehen immer mehrere „Zweige“ aus, an die du die passenden Begriffe schreibst. Probiers mal aus!

TU TE RAPPELLES?

euh …	äh …	**Alors (j'écoute)!**	Nun (ich höre).
Chut!	Pst!	**A plus!**	Bis später!
Zut!	Mist!, Verdammt!	**D'accord?**	Einverstanden?
Aïe!	Aua!	**Comment?**	Wie (bitte)?
Bon, …	Na gut, …	**Ah bon?**	Ach ja?, Wirklich?

beaucoup [boku]	viel	
un **quartier** [ɛ̃kaʀtje]	ein Stadtviertel	Achte auf die Aussprache [**kaʀtje**].
Batignolles [batiɲɔl]	Batignolles *(Name eines Viertels in Paris)*	
le, la dix-septième [lə/ladisɛtjɛm]	der, die, das siebzehnte	
un **arrondissement** [ɛ̃naʀɔ̃dismɑ̃]	ein Arrondissement *(ein Verwaltungsbezirk)*	
le **roller** [ləʀɔlœʀ]	das Inlinerfahren	**Le roller, c'est super!** Inlinerfahren ist super!
une **avenue** [ynavəny]	eine Straße	**C'est l'avenue de Clichy.** Das ist die avenue de Clichy. Clichy [kliʃi] *Kleinstadt bei Paris*
Interclub 17 [ɛ̃tɛʀklœbdisɛt]	Interclub 17 *(Name eines Jugendzentrums)*	
une **activité** [ynaktivite]	eine Freizeitbeschäftigung	
tout le monde [tulmɔ̃d]	alle, jeder	**A Interclub 17, il y a des activités pour tout le monde.** Im Interclub 17 gibt es Freizeitbeschäftigungen für jeden / alle.
un **stand** [ɛ̃stɑ̃d]	ein Stand, eine Bude	
une **crêpe** [ynkʀɛp]	eine Crêpe	**On va au stand de crêpes.** Wir gehen zum Crêpestand. 

Atelier A1

un **taxi** [ɛ̃taksi]	ein Taxi	
aller faire qc [alefɛʀ]	etwas tun werden	**Elle va rentrer à six heures.** Sie wird um sechs Uhr nach Hause gehen. Mit **aller** und einem **Verb** im Infinitiv kannst du ausdrücken, was du in der Zukunft (z. B. morgen) machen wirst.
passer qc [pase]	etwas verbringen	
la **nuit** [lanɥi]	die Nacht	la **nuit de vendredi à samedi** die Nacht von Freitag auf Samstag 
une **entrée** [ynɑ̃tʀe]	ein Eingang	
le **soir** [ləswaʀ]	der Abend	

	ce soir [səswaʀ]	heute Abend	
	un **jour** [ɛ̃ʒuʀ]	ein Tag	**Vous allez passer 10 jours ensemble?** Werdet ihr 10 Tage zusammen verbringen?
	A plus, ma puce! [aplysmapys]	Bis später, mein Kleines.	
	une **voiture** [ynvwatyʀ]	ein Auto	
	en voiture [ɑ̃vwatyʀ]	mit dem Auto	
	loin [lwɛ̃]	weit *(Adv.)*	**Marie n'habite pas loin.** Marie wohnt nicht weit weg.
	à pied [apje]	zu Fuß	**– On va chez Marie en voiture? – Non, on va à pied.** – Fahren wir mit dem Auto zu Marie? – Nein, wir gehen zu Fuß.
A2	**téléphoner** à qn [telefɔne]	mit jemandem telefonieren, jemanden anrufen	
A4	un **appartement** [ɛ̃napaʀtəmɑ̃]	eine Wohnung	
	une **pièce** [ynpjɛs]	ein Zimmer	**Ils habitent dans un appartement de quatre pièces.** Sie wohnen in einer Vierzimmerwohnung.

En France

Un appartement ist „eine Wohnung", deutsch „Appartement" heißt im Französischen **un studio** [ɛ̃stydjo]. **Une pièce** ist das allgemeine Wort für „Zimmer"; **une chambre** wird meistens für „Schlafzimmer" verwendet.

un **os** / des **os** [ɛ̃nɔs/dezo]	ein Knochen; Knochen	Achte auf die Aussprache: un os [ɛ̃nɔs], des os [dezo]
bon / bonne [bɔ̃/bɔn]	gut	Achte auf die Aussprache: **bon** wie in **bon**jour.
content / contente [kɔ̃tɑ̃/kɔ̃tɑ̃t]	zufrieden	
un **salon** [ɛ̃salɔ̃]	ein Wohnzimmer	
une **salle de bains** [ynsaldəbɛ̃]	ein Badezimmer	
une **cuisine** [ynkɥizin]	eine Küche	
quitter qc [kite]	etwas verlassen	
un **tour** [ɛ̃tuʀ]	eine Tour, ein Rundgang	**Les filles vont faire un tour.** Die Mädchen werden eine Tour / einen Rundgang machen.
les **Chabane** [leʃaban]	die Chabanes	
une **table** [yntabl]	ein Tisch	**La famille Chabane est à table.** Die Chabanes sitzen am Tisch.
tous / toutes [tu/tut]	alle	**Ils mangent tous ensemble.** Sie essen alle gemeinsam.
un **repas** [ɛ̃ʀəpa]	ein Essen, eine Mahlzeit	
le samedi [ləsamdi]	samstags	**samedi** = Samstag
l'**après-midi** *(m.)* [lapʀɛmidi]	der Nachmittag	

Les pièces d'un appartement

Was zu einer Wohnung gehört.

faire du judo [fɛʀdyʒydo]	Judo betreiben	**Le samedi après-midi, je fais du judo.** Samstagnachmittags mache ich Judo.
un **combat** [ɛ̃kɔ̃ba]	ein Kampf	
le **matin** [ləmatɛ̃]	der Morgen	**demain matin** morgen früh Ebenso: **demain soir** morgen Abend
prendre qc [pʀɑ̃dʀ]	etwas nehmen	
! je prends, tu prends, il/elle/on prend, nous pre**n**ons, vous pre**n**ez, ils/elles pre**nn**ent		
le **petit déjeuner** [ləp(ə)tideʒœne]	das Frühstück	**prendre le petit déjeuner** frühstücken
l'**athlétisme** *(m.)* [latletism]	die Leichtathletik	**faire du/de la/de l':** **faire du foot** Fußball spielen, **faire de la musique** musizieren, **faire de l'athlétisme** Leichtathletik machen
Ecoute! [ekut]	Hör zu!	
le **bruit** [ləbʀɥi]	das Geräusch, der Lärm	
peut-être [pøtɛtʀ]	vielleicht	

un **voleur** [ɛ̃vɔlœʀ]	ein Dieb	
la **peur** [lapœʀ]	die Angst	**Tu n'as pas peur?** Hast du keine Angst?
par [paʀ]	durch	
une **porte** [ynpɔʀt]	eine Tür	**Les filles regardent par la porte.** Die Mädchen sehen zur Tür hinaus.
déjà [deʒa]	schon	
tard [taʀ]	spät	**Il est déjà tard!** Es ist schon spät.
des **spaghettis** *(m., pl.)* [despageti]	Spaghetti	
minuit *(m.)* [minɥi]	Mitternacht, 12 Uhr nachts	**Des spaghettis à minuit?** Spaghetti um Mitternacht?
adorer qn / qc [adɔʀe]	jemanden / etwas sehr gern mögen	
A7 la **natation** [lanatasjɔ̃]	das Schwimmen	
la **danse** [ladɑ̃s]	der Tanz, das Tanzen	
le **théâtre** [lɔteatʀ]	das Theater	**Elle adore faire du théâtre.** Sie liebt es, Theater zu spielen.
une **guitare** [yngitaʀ]	eine Gitarre	Vergleiche die Schreibung: französisch: **guitare**, deutsch: **Gitarre**
A8 **comme** [kɔm]	als	**Qu'est-ce que tu fais comme sport?** Was für einen Sport machst du?

Les sports
So bleibt man fit.

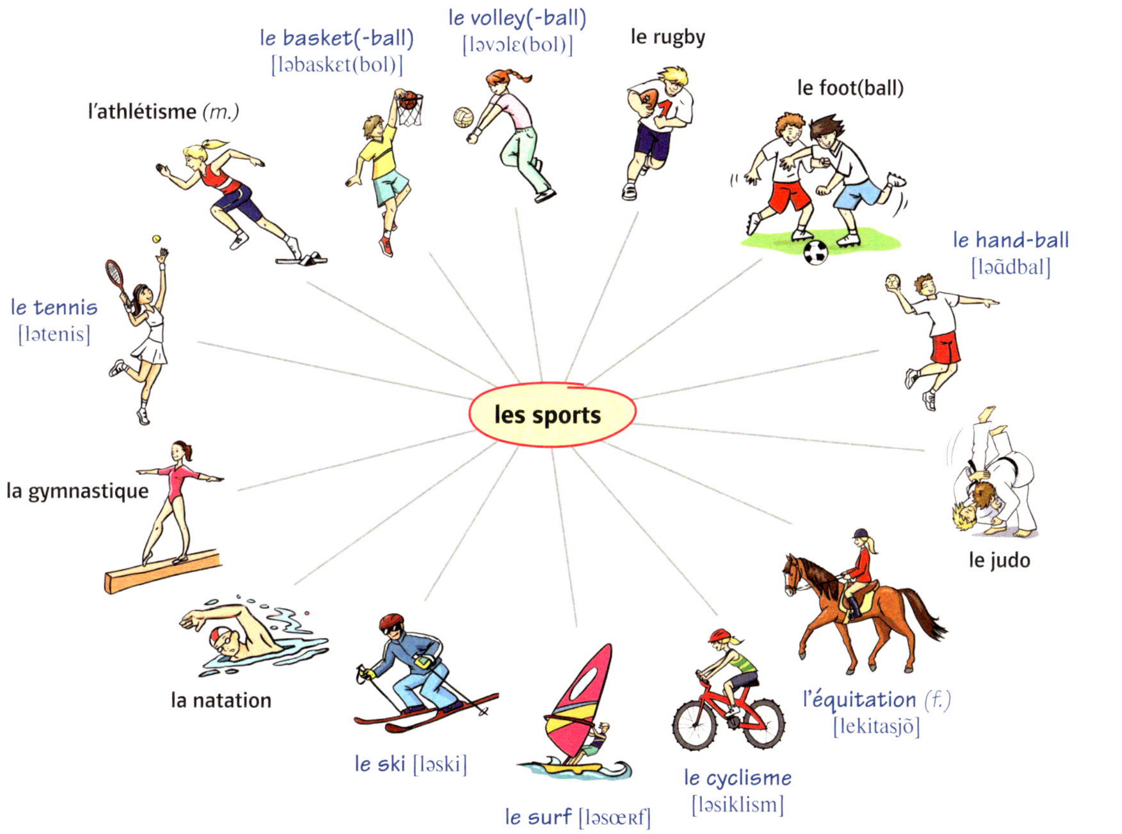

Atelier **B1**	**à droite** [adʀwat]	(nach) rechts	**Va à droite.** Geh nach rechts. 
	tourner [tuʀne]	drehen, abbiegen	
	à gauche [agoʃ]	(nach) links	**Puis, tourne à gauche.** Biege dannn links ab. 
	tout droit [tudʀwa]	geradeaus	**Va tout droit.** Geh geradeaus. 
	traverser qc [tʀavɛʀse]	etwas überqueren	**Traverse la rue.** Überquere die Straße.
	un **carrefour** [ɛ̃kaʀfuʀ]	eine Kreuzung	
B3	**pour faire** qc [puʀfɛʀ]	um etwas zu tun	**Pour aller à la boulangerie, s'il vous plaît?** Wie komme ich zur Bäckerei, bitte?
	Vous pouvez répéter, s'il vous plaît? [vupuveʀepete]	Können Sie bitte wiederholen?	
	Merci beaucoup! [mɛʀsiboku]	Vielen Dank!	
	la **poste** [lapɔst]	die Post	
	une **piscine** [ynpisin]	ein Schwimmbad	
B4	**C'est gagné!**	Gewonnen!	
	gagner (qc) [gaɲe]	(etwas) gewinnen	
	même [mɛm]	sogar	
	contre [kɔ̃tʀ]	gegen	
	vraiment [vʀɛmɑ̃]	wirklich	**Elle est vraiment cool.** Sie ist richtig (= wirklich) cool.
	poser qc [poze]	etwas setzen / stellen / legen	
	une **question** [ynkɛstjɔ̃]	eine Frage	**Après les combats, Marie pose des questions.** Nach den Kämpfen stellt Marie Fragen.
	une **interview** [ynɛ̃tɛʀvju]	ein Interview	Gleiche Schreibung, nur der Artikel ist unterschiedlich: **une** interview , **ein** Interview.
	est-ce que [ɛskə]	*Frageformel*	**Est-ce que tu as envie de faire une interview avec moi?** Hast du Lust, ein Interview mit mir zu machen?
	Comment est-ce que ... ? [kɔmɑ̃ɛskə]	Wie ... ?	
	tomber [tɔ̃be]	fallen	**Comment est-ce que tu tombes?** Wie fällst du?
	faire mal [fɛʀmal]	weh tun	**Est-ce que ça fait mal?** Tut das weh?
	Pourquoi? [puʀkwa]	Warum?	
	parce que [paʀskə]	weil	**– Pourquoi est-ce que ça ne fait pas mal?** **– Parce qu'on fait des exercices pour ça.** – Warum tut das nicht weh? – Weil wir das trainieren. Auf **pourquoi?** antwortet man fast immer mit **parce que**.
	avoir mal [avwaʀmal]	Schmerzen haben	**Tu as mal?** Tut dir etwas weh?
	trop [tʀo]	zu viel, zu sehr	
	nul [nyl]	blöd	
	C'est trop nul! *(fam.)* [sɛtʀonyl]	Das ist zu blöd! *(ugs.)*	So kannst du sonst noch ausdrücken, wie du etwas findest: **C'est bizarre! C'est super! C'est cool!**
	Fais attention! [fɛ(z)atɑ̃sjɔ̃]	Pass auf! Vorsicht!	

Atelier C1	**le parc des Batignolles** [ləpaʀkdebatiɲɔl]	der Park von Batignolles	 
	un **SMS** [ɛ̃ɛsɛmɛs]	eine SMS	Neben **un SMS** sagt man auch **un texto** [tɛksto].
	un **portable** [ɛ̃pɔʀtabl]	ein Handy	**Sur le portable de Léo, il y a un SMS de Marie.** Auf dem Handy von Léo ist eine SMS von Marie. un **portable** ist die Kurzform von **téléphone portable**.
	un **film** [ɛ̃film]	ein Film	
C3	**On prend quelque chose?** [ɔ̃pʀɔ̃kɛlkəʃoz]	Trinken wir (et)was?	
	avoir soif [avwaʀswaf]	Durst haben	**– Tu as soif? – Oui, mais j'ai faim aussi.** – Hast du Durst? – Ja, aber ich habe auch Hunger.
	Ça coûte combien? [sakutkɔ̃bjɛ̃]	Wie viel kostet das?	
	une **gaufre** [yngofʀ]	eine Waffel	
	un **euro** / des **euros** [ɛ̃nøʀo / dezøʀo]	ein Euro / Euros	
	un **centime** [ɛ̃sɑ̃tim]	ein Cent	
	un **jus de pomme** [ɛ̃ʒydpɔm]	ein Apfelsaft	
	un **jus d'orange** [ɛ̃ʒydɔʀɑ̃ʒ]	ein Orangensaft	
	un **vendeur** / une **vendeuse** [ɛ̃vɑ̃dœʀ / ynvɑ̃døz]	ein Verkäufer / eine Verkäuferin	
	je voudrais … [ʒəvudʀɛ]	ich möchte gerne …	**Je voudrais un jus de pomme.** Ich möchte gern einen Apfelsaft.
	un **coca** [ɛ̃koka]	eine Cola	**Je voudrais un coca.** Ich möchte gern eine Cola. **Die** Cola ist im Französichen männlich: **un** coca.
	une **eau minérale** [ynomineʀal]	ein Mineralwasser	
	un **diabolo menthe** [ɛ̃djabɔlomɑ̃t]	ein Diabolo Menthe	Ein **diabolo menthe** ist ein Mixgetränk aus Minzsirup und Limonade.
	Ça fait … [safɛ]	Das macht …, Das kostet …	**– Ça fait combien? – Ça fait 4 euros 90 (quatre-vingt-dix).** – Wie viel kostet das? – Das kostet 4 Euro 90.
C5	**à la vanille** [alavanij]	mit Vanillegeschmack	
	Bon appétit! [bɔ̃napetit]	Guten Appetit!	
C6	un **client** / une **cliente** [ɛ̃klijɑ̃ / ynklijɑ̃t]	ein Kunde / eine Kundin	
	Bonne journée! [bɔnʒuʀne]	Einen schönen Tag!	**Bonne journée!** sagt man bei einer Verabschiedung.

40 ... 100 Noch mehr Zahlen!

Die Zahlen von 0 bis 12 findest du auf Seite 190, die Zahlen von 13 bis 39 auf Seite 203.

40	quarante	**70**	soixante-dix	**80**	quatre-vingts	**90**	quatre-vingt-dix
41	quarante-et-un	**71**	soixante-et-onze	**81**	quatre-vingt-un	**91**	quatre-vingt-onze
42	quarante-deux	**72**	soixante-douze	**82**	quatre-vingt-deux	**92**	quatre-vingt-douze
50	cinquante	**73**	soixante-treize	**83**	quatre-vingt-trois	**93**	quatre-vingt-treize
51	cinquante-et-un	**74**	soixante-quatorze	**84**	quatre-vingt-quatre	**94**	quatre-vingt-quatorze
52	cinquante-deux	**75**	soixante-quinze	**85**	quatre-vingt-cinq	**95**	quatre-vingt-quinze
60	soixante	**76**	soixante-seize	**86**	quatre-vingt-six	**96**	quatre-vingt-seize
61	soixante-et-un	**77**	soixante-dix-sept	**87**	quatre-vingt-sept	**97**	quatre-vingt-dix-sept
62	soixante-deux	**78**	soixante-dix-huit	**88**	quatre-vingt-huit	**98**	quatre-vingt-dix-huit
69	soixante-neuf	**79**	soixante-dix-neuf	**89**	quatre-vingt-neuf	**99**	quatre-vingt-dix-neuf
						100	cent [sɑ̃]

AUF EINEN BLICK

Activités Freizeitaktivitäten erfragen und darüber sprechen.

Qu'est-ce que tu fais comme activité/sport?	
Je fais ...	Ich ...
– de la musique	– mache Musik
– de la guitare	– spiele Gitarre
– de la danse	– tanze
– du sport	– mache/treibe Sport
– de l'athléthisme	– mache Leichtathletik
– du foot	– spiele Fußball
– de la natation	– schwimme
– du vélo	– fahre Rad

Qu'est-ce que tu vas faire ce soir/demain ... ?	
Je vais ...	Ich werde ...
– écouter des CD	– CDs anhören
– regarder la télé	– fernsehen
– regarder un film avec ...	– einen Film mit ... ansehen
– regarder un DVD	– eine DVD ansehen
– inviter des copains	– Freunde einladen
– aller au judo	– zum Judo gehen
– jouer sur l'ordi	– am Computer spielen
– aller au cinéma [sinema]	– ins Kino gehen

MON DICO PERSONNEL

Mon quartier ... ton quartier Diese Wörter kannst du vielleicht gebrauchen.

Du hast schon einige Wörter gelernt, mit denen du dein Wohnviertel beschreiben kannst, z. B. une **boulangerie**, un **bureau de poste**, un **café**, une **école**, une **piscine**, un **restaurant**.
Hier findest du noch mehr Wörter, die für dich wichtig sein könnten. Die für dich interessanten Wörter kannst du in dein **dico personnel** übertragen.

une **maison des jeunes**	ein Jugendzentrum	un **coiffeur**	ein Frisör
un **terrain de foot**	ein Fußballplatz	une **papeterie**	ein Schreibwarengeschäft
un **club de foot**	ein Fußballverein	un **supermarché**	ein Supermarkt
un **club sportif**	ein Sportverein	un **grand magasin**	ein Kaufhaus
une **école de musique**	eine Musikschule	un **kiosque**	ein Kiosk
un **glacier**	eine Eisdiele	une **bibliothèque**	eine Bücherei

Unité 7 On va à la fête!

TIPP

Lerne bei **Verben** immer die **Ergänzungen** mit, also: inviter **qn** – **jemanden** einladen; regarder **qc** – **etwas** betrachten, **etwas** ansehen. Es gibt Verben, die neben der Ergänzung **qn/qc** auch noch die Präposition **à** bei sich haben, auch die solltest du immer mitlernen, z. B. parler **à** qn – **mit** jemandem sprechen.

TU TE RAPPELLES?

aller	gehen, fahren	**faire**	machen
on va aller	wir werden gehen / fahren	**avoir**	haben
ranger	aufräumen	**nous‿avons** [nuzavɔ̃]	wir haben
ils vont ranger	sie werden aufräumen	**vous‿avez** [vuzave]	ihr habt
être	sein	**ils‿ont** [ilzɔ̃], **elles‿ont** [ɛlzɔ̃]	sie haben

une **fête nationale** [ynfɛtnasjɔnal]	ein Nationalfeiertag	**Le 14 Juillet, en France, c'est la Fête nationale.** Der 14. Juli ist der französische Nationalfeiertag.

En France

Der französische **Nationalfeiertag** geht auf den Beginn der **Französischen Revolution** im Jahre 1789 zurück. Seit 1879 ist der 14. Juli offizieller Nationalfeiertag.

grand / grande [gʀɑ̃/gʀɑ̃d]	groß	⟺ un grand [gʀɑ̃] monsieur, **une** grande [gʀɑ̃d] dame
un **feu d'artifice** [ɛ̃fødaʀtifis]	ein Feuerwerk	
la **tour Eiffel** [latuʀɛfɛl]	der Eiffelturm	

Vis-à-vis

Der **Eiffelturm** verdankt seinen Namen dem Architekten Gustave Eiffel und wurde für die Weltausstellung 1889 erbaut. Er ist 324 m hoch.

les **gens** *(m., pl.)* [leʒɑ̃]	die Leute	
danser [dɑ̃se]	tanzen	
un **bal** [ɛ̃bal]	ein Ball, ein Fest	**Les gens vont au bal et dansent dans la rue.** Die Leute gehen zum Fest und tanzen auf der Straße.
un **bal populaire** [ɛ̃balpɔpylɛʀ]	eine öffentliche Tanzveranstaltung, ein öffentliches Tanzvergnügen	

Atelier A1

le **TGV** [ləteʒeve]	der TGV	

En France

Der **TGV** erreicht auf der Strecke **Stuttgart-Paris** eine Spitzengeschwindigkeit von 320 km in der Stunde. Für die 600 km lange Strecke benötigt er nur drei Stunden und 40 Minuten.

TGV

une **personne** [ypɛʀsɔn]	eine Person

AUF EINEN BLICK

2x où **Wo** man wohnt und **wohin** man geht.

Tu habites **où?**	**Wo** wohnst du?	Vous allez **où**?	**Wohin** geht ihr?
Où est-ce que ton copain habite?	**Wo** wohnt dein Freund?	**Où** est-ce que tu vas?	**Wohin** gehst du?

A 2	l'**arrivée** *(f.)* [laʀive]	die Ankunft	**l'arrivée** gehört zu derselben Wortfamilie wie **arriver**. So kannst du die Bedeutung neuer Wörter oft selbstständig erschließen.
	hier [jɛʀ]	gestern	Erinnerst du dich? **aujourd'hui** = heute, **demain** = morgen
	un **truc** *(fam.)* [ɛ̃tʀyk]	eine Sache, ein Ding	**J'ai posé les trucs sur mon lit.** Ich hab die Sachen auf mein Bett gelegt.
	aller chercher qn [aleʃɛʀʃe]	jemanden abholen	
	une **gare** [yngaʀ]	ein Bahnhof	**Vous allez chercher Delphine à la gare?** Holt ihr Delphine am Bahnhof ab? **Der** Bahnhof, im Französischen **la** gare.
	rester [ʀɛste]	bleiben	**Je reste à la maison.** Ich bleibe zu Hause.
	un **problème** [ɛ̃pʀɔblɛm]	ein Problem	**Il y a un problème.** Es gibt ein Problem.
	un **contrôleur** / une **contrôleuse** [ɛ̃kɔ̃tʀolœʀ/ynkɔ̃tʀoløz]	ein Schaffner, ein Zugbegleiter / eine Schaffnerin, eine Zugbegleiterin	**Elles ont parlé au contrôleur.** Sie haben mit dem Zugbegleiter gesprochen.
	Ouf! [uf]	Uff!	
	Quelle chance! [kɛlʃɑ̃s]	Ein Glück! / Zum Glück!	
A 4	un **journal** / des **journaux** [ɛ̃ʒuʀnal/deʒuʀno]	eine Zeitung; *hier:* ein Tagebuch	Der Plural ist unregelmäßig: **des** journ**aux**.
	dernier / dernière [dɛʀnje/dɛʀnjɛʀ]	letzter / letzte / letztes	**samedi dernier** letzten Samstag
	triste / triste [tʀist/tʀist]	traurig	**– Tu es triste? – Oui, je suis vraiment triste.** – Bist du traurig? – Ja, ich bin sehr / wirklich traurig.
	intéressant / intéressante [ɛ̃teʀɛsɑ̃/ɛ̃teʀɛsɑ̃t]	interessant	Achte auf die vom Deutschen unterschiedliche Aussprache: **intéressant** [ɛ̃teʀəsɑ̃].
	la **gare de Lyon** [lagaʀdəljɔ̃]	*Name eines Pariser Bahnhofs*	Pariser Bahnhöfe → S. 224
	petit / petite [pəti/pətit]	klein	**On a cherché mon petit frère et ma petite sœur.** Wir haben meinen kleinen Bruder und meine kleine Schwester gesucht.
	très [tʀɛ]	sehr	Das **s** wird nicht ausgesprochen.
	enfin [ɑ̃fɛ̃]	schließlich, endlich	
	un **chanteur** / une **chanteuse** [ɛ̃ʃɑ̃tœʀ/ynʃɑ̃tøz]	ein Sänger / eine Sängerin	Bekannt sind **chanter** und **la chanson**; so kannst du dir **un chanteur** gut merken.
	oublier qc [ublije]	etwas vergessen	
	un **dessin** [ɛ̃dəsɛ̃]	eine Zeichnung	
	une **robe** [ynʀɔb]	ein Kleid	
	long / longue [lɔ̃/lɔ̃g]	lang	
	joli / jolie [ʒɔli]	hübsch, nett	
	un **pantalon** [ɛ̃pɑ̃talɔ̃]	eine Hose	**un** patalon long et joli, **une** robe long**ue** et joli**e**
	un **chapeau** [ɛ̃ʃapo]	ein Hut	

En France

Als Zeichen der Bewunderung für eine Leistung sagen (nicht nur) die Franzosen **Chapeau!**, was soviel wie „Hut ab!" oder „Respekt!" bedeutet.

blanc / blanche [blɑ̃/blɑ̃ʃ]	weiß	**un** t-shirt **blanc**, **une** robe **blanche**

Atelier B1

grand / grande [gʀɑ̃/gʀɑ̃d]	*hier:* dick	**On va être des grandes copines.** Wir werden dicke Freundinnen werden.
avant [avɑ̃]	vor	
mettre qc [mɛtʀ]	etwas legen, setzen, stellen; etwas anziehen	

! je me**ts**, tu me**ts**, il/elle/on me**t**, nous mettons, vous mettez, ils/elles mettent. Passé composé: j'ai **mis**

rencontrer qn [ʀɑ̃kɔ̃tʀe]	jemanden treffen, jemandem begegnen	**Elle va peut-être rencontrer des gens sympa ...** Sie wird vielleicht sympathische Leute treffen ...
donner qc à qn [dɔne]	jemandem etwas geben	**M. Chabane donne encore un os à Moustique.** M. Chabane gibt Moustique noch einen Knochen. **un os** [ɛ̃ɔs] steht für **qc**; **à Moustique** für **à qn**.
la **Place de la Bastille** [laplasdəlabastij]	der Platz der Bastille *(Name eines Platzes in Paris)*	
mauvais / mauvaise [movɛ/movɛz]	schlecht	**La musique n'est pas mauvaise, elle est bonne.** Die Musik ist nicht schlecht, sie ist gut.
rigoler [ʀigɔle]	Spaß haben; lachen	**Tu rigoles!** hier: Du spinnst wohl!
la **poche** [lapɔʃ]	die Tasche, die Hosentasche	

demander (qc) à qn [dəmɑ̃de]	fragen, bitten	**Noah demande à Marie: «Tu danses avec moi?»** Noah fragt Marie: „Tanzt du mit mir?" **Regarde, Noah demande une danse à Marie!** Sieh, Noah bittet Marie um einen Tanz. demander **à qn** = jemanden fragen demander **qc à qn** = jemanden nach etwas fragen, jemanden um etwas bitten

montrer qc à qn [mɔ̃tʀe]	jemandem etwas zeigen	
entre [ɑ̃tʀ]	zwischen	un **jeu entre toi et moi** ein Spiel zwischen dir und mir
aider qn [ede]	jemandem helfen	**Elle a aidé son frère et il a gagné.** Sie hat ihrem Bruder geholfen und er hat gewonnen.
parler à qn [paʀle]	mit jemandem sprechen	
autre / autre [otʀ]	anderer / andere / anderes	**L'autre garçon, c'est son frère!** Der andere Junge ist sein Bruder. Im Singular immer **autre**, im Plural **autres**.

AUF EINEN BLICK

avant, après ... „vor", „nach" und andere knifflige Wörter

Les copains arrivent une heure	**avant** la fête. (**vor** dem Fest)	une heure	**avant**	**(vorher, davor)**
Ils rentrent à la maison	**après** la fête. (**nach** dem Fest)	une heure	**après**	**(danach)**
devant le stand de crêpes	(**vor** dem Crêpesstand)	**derrière** la voiture		(**hinter** dem Auto)

B8

un **courriel** [ɛ̃kuʀjɛl]	eine E-Mail	Neben **un courriel** ist auch **un e-mail** [ɛ̃nimɛl] und **un mél** [ɛ̃mɛl] gebräuchlich.
Cher .../Chère ... [ʃɛʀ]	Lieber ... / Liebe ... *(in der Anrede bei Briefen, E-Mails usw.)*	

une couleur [ynkulœʀ]	eine Farbe	
surtout [syʀtu]	vor allem	
bleu / bleue [blø]	blau	Die Aussprache ist dieselbe [blø], die Schreibung nicht.
rouge / rouge [ʀuʒ]	rot	Im Singular immer **rouge**, im Plural immer **rouges**.

En France

bleu, **blanc**, **rouge** sind die Farben der französischen Flagge. Diese Farben werden bei vielen öffentlichen Feierlichkeiten verwendet, so z. B. wenn Flugzeuge anlässlich des französischen Nationalfeiertags über die Champs-Elysées fliegen.

une casquette [ynkaskɛt]	eine Kappe, eine Schirmmütze	
jaune / jaune [ʒon]	gelb	Im Singular immer **jaune**, im Plural immer **jaunes**.
un bisou [ɛ̃bizu]	ein Kuss, ein Küsschen	
B 10 **un vêtement** [ɛ̃vɛtmɑ̃]	ein Kleidungsstück	
un jean [ɛ̃dʒin]	eine Jeans	
une basket [ynbaskɛt]	ein Turnschuh	**Léo porte toujours des baskets.** Léo trägt immer Turnschuhe.
une jupe [ynʒyp]	ein Rock	
un anorak [ɛ̃nanɔʀak]	ein Anorak	
une chemise [ynʃəmiz]	ein Hemd	
une veste [ynvɛst]	eine Jacke	
une chaussure [ynʃosyʀ]	ein Schuh	**Elle aime bien les chaussures noires.** Sie mag schwarze Schuhe sehr. Im Französischen nach **aimer** mit Artikel, im Deutschen ohne Artikel.
un pull [ɛ̃pyl]	ein Pulli	
noir / noire [nwaʀ]	schwarz	Die Aussprache ist dieselbe [nwaʀ], die Schreibung nicht: noir, noir**e**.

AUF EINEN BLICK

Les vêtements Kleider machen Leute.

un t-shirt	ein T-Shirt	**une veste**	eine Jacke
un pantalon	eine Hose	**des baskets** *(f.)*	Turnschuhe
un jean	eine Jeans	**des chaussures** *(f.)*	Schuhe
une robe	ein Kleid	**les fringues** *(f.) (fam.)* [lefʀɛ̃g]	die Klamotten
une jupe	ein Rock	**un short** [ɛ̃ʃɔʀt]	Shorts
un pull(over)	ein Pulli, ein Pullover	**un sweat** [ɛ̃swɛt]	ein Sweatshirt
une chemise	ein Hemd	**un blouson** [ɛ̃bluzɔ̃]	ein Blouson, eine Jacke

AUF EINEN BLICK

Les adjectifs   männlich und weiblich

Singular (*m.*)/(*f.*)	Plural (*m.*)/(*f.*)	Singular (*m.*)/(*f.*)	Plural (*m.*)/(*f.*)
content / contente	contents / contentes	français / française	français / françaises
intéressant / intéressante	intéressants / intéressantes	gris / grise	gris / grises
petit / petite	petits / petites	mauvais / mauvaise	mauvais / mauvaises
vert / verte	verts / vertes		
allemand / allemande	allemands / allemandes	bizarre	bizarres
grand / grande	grands / grandes	classique	classiques
bon / bonne	bons / bonnes	fantastique	fantastiques
blanc / blanche	blancs / blanches	jaune	jaunes
dernier / dernière	derniers / dernières	rouge	rouges
long / longue	longs / longues	sympa	sympas
joli / jolie	jolis / jolies	triste	tristes
bleu / bleue	bleus / bleues	*Unveränderlich:* super, cool	
noir / noire	noirs / noires		

Le passé composé   Über Vergangenes berichten.

– Qu'est-ce que tu **as fait** le 14 juillet?	danser faire	– J'**ai dansé** dans la rue. – J'**ai fait** des photos du feu d'artifice à la tour Eiffel.
– Qu'est ce que tu **as fait** hier soir?	ranger discuter regarder	– J'**ai rangé** ma chambre. – J'**ai discuté** avec mon frère / ma sœur / mes parents. – J'**ai regardé** un film intéressant.
– Est-ce que les grandes vacances **ont** déjà **commencé**?	commencer	– Oui, elles **ont commencé** samedi dernier / le … juillet.
– Pourquoi est-ce que vous restez à la maison?	inviter	– Parce Maman **a invité** son amie Delphine et sa fille Lilou.
– Qu'est-ce que Gabriel **a fait**?	faire écouter oublier	– Il **a fait** un tour dans la gare, – il **a écouté** des chanteurs – et il **a oublié** le train.
– Qu'est-ce que vous **avez fait** alors?	chercher	– On **a cherché** mon petit frère.

MON DICO PERSONNEL

Faire la fête   Singen, tanzen, essen, trinken …

la musique	die Musik
les amis / les copains	die Freunde
chanter	singen
danser	tanzen
fêter	feiern
des gâteaux	Kuchen

un sketch [ɛ̃skɛtʃ]	ein Sketch
des sandwichs *(m)* [desɑ̃dwi(t)ʃ]	Sandwichs
des boissons *(f)* [debwasɔ̃]	Getränke
des tartes flambées *(f)* [detaʀtflɑ̃be]	Flammkuchen
une pizza *(f)* [ynpidza]	eine Pizza
des chips *(m)* [deʃip]	Chips

Unité 8 P comme … Paris!

TIPP

Schreibe besonders wichtige Wörter auf **Klebezettel**. Klebe den Zettel an einen gut sichtbaren Platz, an dem du regelmäßig vorbeikommst. So lernst du Wörter quasi **im Vorübergehen**.

TU TE RAPPELLES?

vraiment	wirklich	**Je voudrais …**	Ich möchte gerne …
même	sogar	**tout le monde**	alle, jeder
déjà	schon	**Je ne sais pas.**	Ich weiß nicht.
hier	gestern	**enfin**	schließlich, endlich

beaucoup de [bokudə]	viel(e)	
un **touriste** / une **touriste** [ɛ̃tuʀist/ytuʀist]	ein Tourist / eine Touristin	**Sur la tour Eiffel, il y a beaucoup de touristes.** Auf dem Eiffelturm sind viele Touristen.
visiter qc [vizite]	etwas besichtigen	
une **carte postale** [ynkaʀtpɔstal]	eine Postkarte, eine Ansichtskarte	**J'écris une carte postale à mes parents.** Ich schreibe meinen Eltern eine Ansichtskarte.
reconnaître qc [ʀəkɔnɛtʀ]	etwas erkennen	
! je reconnais, tu reconnais, il reconnaît, nous reconnai**ss**ons, vous reconnai**ss**ez, ils reconnai**ss**ent; j'ai **reconnu**		
un **monument** [ɛ̃mɔnymɑ̃]	ein Monument, ein Bauwerk; *hier:* eine Sehenswürdigkeit	**Vous connaissez les monuments de Paris?** Kennt ihr die Pariser Sehenswürdigkeiten? Achte die Aussprache des **u** in **monument**: [y] wie in *Tür*.
l'Arc de triomphe *(m.)* [laʀkdətʀijɔ̃f]	der Arc de triomphe *(Triumpfbogen)*	
une **cathédrale** [ynkatedʀal]	eine Kathedrale	
Notre-Dame [nɔtʀədam]	Notre-Dame *(Kathedrale im Zentrum von Paris)*	
un **musée** [ɛ̃myze]	ein Museum	**Le Louvre est un grand musée à Paris.** Der Louvre ist ein großes Museum in Paris.
le **Louvre** [ləluvʀ]	der Louvre	
La Défense [ladefɑ̃s]	La Défense	
moderne [mɔdɛʀn]	modern	**La Défense est un quartier moderne à Paris.** La Défense ist ein modernes Stadtviertel in Paris. französisch: moder**ne**, deutsch: modern

L'Arc de triomphe

Le Louvre

Notre-Dame

La Défense

	la Villette [lavilɛt]	la Villette *(großer Technologiepark in Paris)*	
	l'église du Sacré-Cœur [leglizdysakʀekœʀ]	die Sacré-Cœur *(berühmte Kirche auf einem Hügel in Paris)*	
	le parc Astérix [ləpaʀkasteʀiks]	der Park Astérix *(Name eines Freizeitparks in der Nähe von Paris)*	
Atelier	**le Centre Pompidou** [ləsɑ̃tʀ(ə)pɔ̃pidu]	das Centre Pompidou *(Kunst- und Kulturzentrum in Paris)*	
A 1	**une semaine** [ynsəmɛn]	eine Woche	Die Wochentage findest du auf S. 207.
	un reportage [ɛ̃ʀəpɔʀtaʒ]	eine Reportage	französisch: **un** reportage deutsch: **eine** Reportage
	une ville [ynvil]	eine Stadt	**Il prépare un reportage sur notre ville pour son journal.** Er bereitet eine Reportage über unsere Stadt für seine Zeitung vor.
	un assistant / une **assistante** [ɛ̃nasistɑ̃ / ynasistɑ̃t]	ein Assistent / eine Assistentin	französisch: assist**a**nt, deutsch: Assist**e**nt
	un endroit [ɛ̃nɑ̃dʀwa]	ein Ort, eine Stelle	**Ils vont visiter des endroits intéressants.** Sie werden interessante Orte besichtigen. Achte auf die Bindung: des‿endroits [dezɑ̃dʀwa]
A 2	**En route!** [ɑ̃ʀut]	Auf geht's! / Los geht's!	**En route pour les interviews ...** Auf geht's zu den Interviews!
	vrai / vraie [vʀɛ]	wahr; richtig, echt	**C'est vrai, papa?** Ist das wahr? / Echt? / Wirklich?
	un parc d'attractions [ɛ̃paʀkdatʀaksjɔ̃]	ein Freizeitpark / ein Erlebnispark	
	un lecteur / une **lectrice** [ɛ̃lɛktœʀ / ynlɛktʀis]	ein Leser / eine Leserin	
	un bus [ɛ̃bys]	ein Bus	**A sept heures du matin, Léo et son père sont déjà dans le bus.** Um sieben Uhr morgens sind Léo und sein Vater schon im Bus.
	une station [ynstasjɔ̃]	eine Station, eine Haltestelle	
	le métro [ləmetʀo]	die Metro, die U-Bahn	une station de métro
	un peu [ɛ̃pø]	ein wenig, ein bisschen	
	tôt *(adv.)* [to]	früh *(Adv.)*	**très tôt** (sehr früh), **trop tôt** (zu früh), **très tard** (sehr spät), **trop tard** (zu spät)
	fatigué / fatiguée [fatige]	müde	
	un million [ɛ̃miljɔ̃]	eine Million	**des millions de ...** = Millionen von ...
	un kilomètre [ɛ̃kilɔmɛtʀ]	ein Kilometer	
	par jour [paʀʒuʀ]	pro Tag / täglich	

	un **moyen de transport** [ɛ̃mwajɛ̃dətʀɑ̃spɔʀ]	ein Verkehrsmittel	
A5	**en train** [ɑ̃tʀɛ̃]	mit dem Zug	**Mit dem Zug . . .** **en train** mit dem Zug, **en bus** mit dem Bus, **en métro** mit der U-Bahn, **en voiture** mit dem Auto, **à vélo**, auch **en vélo**, mit dem Fahrrad, **à pied** zu Fuß.
	la **Gare de l'Est** [lagaʀdəlɛst]	der Gare de l'Est *(der Ostbahnhof)*	

En France

Les gares de Paris

In Paris gibt es sechs Bahnhöfe, die größten davon sind der **Gare de l'Est**, der **Gare du Nord** [gaʀdynɔʀ], der **Gare de Lyon** [gaʀdəljɔ̃] und der **Gare Montparnasse** [gaʀmɔ̃paʀnas]. Von diesen Bahnhöfen verkehren auch die TGVs.

	écologique [ekɔlɔʒik]	ökologisch, umweltfreundlich	

En France

In Paris und anderen Städten Frankreichs gibt es an Bahnhöfen und anderen Plätzen die Möglichkeit, Fahrräder zu mieten. Diese Stationen heißen **Vélib'**.

A7	un **avion** [ɛ̃navjɔ̃]	ein Flugzeug	**en avion** mit dem Flugzeug
	un **bateau** / des **bateaux** [ɛ̃bato / debato]	ein Boot, ein Schiff / Boote, Schiffe	
A9	un **escargot** [ɛ̃nəskaʀgot]	eine Schnecke	
	une **mairie** [ynmɛʀi]	ein Rathaus	
	la **Seine** [lasɛn]	die Seine *(Fluß durch Paris)*	
	au nord de [onɔʀdə]	im Norden von / nördlich von	
	la **rive droite** / la **rive gauche** [larivdʀwat / larivgoʃ]	das rechte Ufer / das linke Ufer	Die **Seine** teilt Paris in einen nördlichen (rechtes Ufer) und südlichen Teil (linkes Ufer); schau dir die Karte hinten im Buch.
	au sud de [osyddə]	im Süden von, südlich von	
	se trouver [sətruwe]	sich befinden	
	l'**Ile de la Cité** [lildəlasite]	die Ile de la Cité *(ältester Stadtteil im Zentrum von Paris)*	
	un **centre** [ɛ̃sɑ̃tʀ]	ein Zentrum	

AUF EINEN BLICK

Pariser Stadtbezirke *(les arrondissements)* das erste, zweite, dritte …

1er	**le premier** [pʀəmje]	7e	**le/la septième** [sɛtjɛm]	14e	**le/la quatorzième** [katɔʀzjɛm]
1ère	**la première** [pʀəmjɛʀ]	8e	**le/la huitième** [ɥitjɛm]	15e	**le/la quinzième** [kɛ̃zjɛm]
2e	**le/la deuxième** [dœzjɛm]	9e	**le/la neuvième** [nœvjɛm]	16e	**le/la seizième** [sɛzjɛm]
3e	**le/la troisième** [tʀwazjɛm]	10e	**le/la dixième** [dizjɛm]	17e	**le/la dix-septième** [disɛtjɛm]
4e	**le/la quatrième** [katʀjɛm]	11e	**le/la onzième** [ɔ̃zjɛm]	18e	**le/la dix-huitième** [dizɥitjɛ̃m]
5e	**le/la cinqième** [sɛ̃kjɛm]	12e	**le/la douzième** [duzjɛm]	19e	**le/la dix neufième** [diznœvjɛm]
6e	**le/la sixième** [sizjɛm]	13e	**le/la treizième** [tʀɛzjɛm]	20e	**le/la vingtième** [vɛ̃tjɛm]

Atelier

B1	**Il fait beau.** [ilfɛbo]	Es ist schönes Wetter. / Das Wetter ist schön.	
	chaud / chaude [ʃo/ʃod]	warm, heiß	
	Il fait chaud. [ilfɛʃo]	Es ist warm / heiß.	Im Französischen benutzt man für Wetterangaben meistens das Verb **faire**.
	la **vue** [lavy]	die Aussicht	
	une **boutique** [ynbutik]	eine Boutique, ein Ladengeschäft	
	un **souvenir** [ɛ̃suvniʀ]	eine Erinnerung, ein Andenken	une **boutique de souvenirs** ein Souvenirshop
	un **bureau** [ɛ̃byʀo]	ein Büro; ein Schreibtisch; *hier:* ein Arbeitszimmer	gleich ausgesprochen, aber unterschiedlich geschrieben: französisch: b**u**r**eau**, deutsch: B**ü**r**o**
	Gustave Eiffel [gystavɛfɛl]	Gustave Eiffel *(Architekt des Eiffelturms)*	
	écrire qc à qn [ekʀiʀ]	jemandem etwas schreiben	
!	j'écris, tu écris, il/elle/on écrit, nous écri**v**ons, vous écri**v**ez, ils/elles écri**v**ent		
	le **vent** [ləvɑ̃]	der Wind	
	Il y a du vent. [iljadyvɑ̃]	Es ist windig.	**Sur la tour Eiffel, il y a du vent.** Auf dem Eiffelturm ist es windig.
	un **moment** [mɔmɑ̃]	ein Moment	
	en bas [ɑ̃ba]	unten	**En bas de la tour Eiffel, ils cherchent le chapeau.** Unten am Eiffelturm suchen sie den Hut.
B3	la **météo** [lameteo]	das Wetter; der Wetterbericht	
	le **soleil** [ləsɔlɛj]	die Sonne	
B4	le **temps** [lətɑ̃]	das Wetter	Pass gut auf: **le temps** = „das Wetter" oder „die Zeit"; **l'emploi de temps de Léo** = Léos Stundenplan
	Quel temps fait-il? [kɛltɑ̃fɛtil]	Wie ist das Wetter?	
	froid / froide [fʀwa/fʀwad]	kalt	
	Il fait froid. [ilfɛfʀwa]	Es ist kalt.	

	neiger [nɛʒe]	schneien	**Il neige.** Es schneit.
	Il fait mauvais. [ilfɛmovɛ]	Es ist schlechtes Wetter.	**A Paris, il fait mauvais.** In Paris ist schlechtes Wetter.
	pleuvoir [pløvwaʀ]	regnen	
	Il pleut. [ilplø]	Es regnet.	
B 5	**lire** qc / qc à qn [liʀ]	etwas lesen, jemandem etwas vorlesen	**Je vais lire la lettre à grand-père. Après, je lis le journal.** Ich werde Großvater den Brief vorlesen. Danach lese ich die Zeitung.

! je lis, tu lis, il/elle/on lit, nous li**s**ons, vous li**s**ez, ils/elles li**s**ent

	seulement [sœlmɑ̃]	nur	
Atelier	une **explication** [ynɛksplikasjɔ̃]	eine Erklärung	
C 1	un **grand huit** [ɛ̃gʀɑ̃ɥit]	eine Achterbahn	**On va sur le grand huit?** Fahren wir (mit der) Achterbahn?
	ne … rien [nə … ʀjɛ̃]	nichts	**M. Pirou ne sait rien sur le parc Astérix.** M. Pirou weiß nichts über den Parc Astérix.
	Internet *(m.)* [ɛ̃tɛʀnɛt]	das Internet	Im Französischen steht **Internet** ohne Artikel.
	sur Internet [syʀɛ̃tɛʀnɛt]	im Internet	französisch: **sur** Internet, deutsch: **im** Internet
	une **information** [ynɛ̃fɔʀmasjɔ̃]	eine Information	
	une **liste** [ynlist]	eine Liste	
	pratique [pʀatik]	praktisch	französisch: pra**t**ique, deutsch: pra**kt**isch
	une **réponse** [ynʀepɔ̃s]	eine Antwort	**une liste de questions et réponses** eine Liste mit Fragen und Antworten
	il / elle / on peut [il/ɛl/ɔ̃pø]	er, sie, man kann	**je peux** [pø], **tu peux** [pø] ich kann, du kannst
	la **queue** [lakø]	die (Menschen)Schlange	**faire la queue** Schlange stehen
	énorme / énorme [enɔʀm]	enorm, riesig	
	une **caisse** [ynkɛs]	eine Kasse	
	acheter qc [aʃte]	etwas kaufen	

! j'ach**è**te, tu ach**è**tes, il / elle / on ach**è**te, nous achetons, vous achetez, ils / elles ach**è**tent

	ne … pas de [nə … padə]	kein / keine	**Je n'ai pas de tickets pour le métro.** Ich habe keine Fahrkarten für die Métro.
	une **attraction** [ynatʀaksjɔ̃]	eine Attraktion	
	gratuit / gratuite [gʀatɥi/gʀatɥit]	gratis, kostenlos	
	avoir mal au cœur [avwaʀmalɔkœʀ]	schlecht sein	**J'ai mal au cœur.** Mir ist schlecht.
	boire qc [bwaʀ]	etwas trinken	
	une **boisson** [ynbwasɔ̃]	ein Getränk	
	là-bas [laba]	dort	
	mieux [mjø]	besser	
	désirer [deziʀe]	wünschen	**Vous désirez?** Sie wünschen? / Was wünschen Sie?
	(je suis) **désolé / désolée** [dezole]	es tut mir leid	Wenn dir etwas leid tut, dann brauchst du nur **„Désolé(e)"** zu sagen.
	ne … plus [nə … ply]	nicht mehr	**Marie ne travaille plus. Elle est fatiguée.** Marie arbeitet nicht mehr. Sie ist müde.

ne ... plus de [nə ... plydə]	kein / keine mehr	**Je n'ai plus de coca.** Ich habe keine Cola mehr.
un peu de [ɛ̃pødə]	ein bisschen	
un **orangina** [ɛ̃nɔʀɑ̃ʒina]	Orangenlimonade	
un **jeune homme** [ɛ̃ʒœnɔm]	ein junger Mann	
au total [otɔtal]	zusammen	
cher / chère [ʃɛʀ]	teuer	**– C'est cher? – Oui, c'est trop cher!** – Ist das teuer? – Ja, das ist zu teuer!
C4 **pas de problème** [pad(ə)pʀɔblɛm]	kein Problem	**Pas de problème.** Kein Problem.
le **sucre** [ləsykʀ]	der Zucker	**Avec un peu ou avec beaucoup de sucre?** Mit etwas oder viel Zucker?

AUF EINEN BLICK

Quel temps-fait-il?
So beschreibst du das Wetter.

Il fait beau. **Il fait mauvais.** **Il neige.**

Il fait chaud. **Il fait froid.** **Il pleut.** **Il y a du vent.**

Unité 9 C'est les vacances!

TIPP

Wiederhole Vokabeln regelmäßig. Benutze dafür die Weckerfunktion deines Handys, damit du 10 Minuten nicht überschreitest.

TU TE RAPPELLES?

On est en vacances.	Wir haben Ferien.
Ça coûte combien?	Wie viel kostet das?
avoir envie de faire qc	Lust haben, etwas zu tun
avoir peur (de qc/qn)	(vor jemandem/etwas) Angst haben
beaucoup de (touristes)	viele (Touristen)
il y a	es gibt, es sind
passer (ses vacances en France)	(seine Ferien in Frankreich) verbringen

l'**été** *(m.)* [lete]	der Sommer	**En été, tout le monde va en vacances.** Im Sommer fahren alle in die Ferien / in den Urlaub.

une **plage** [ynplaʒ]	ein Strand

En France

In Paris werden im Sommer am Ufer der Seine Liegestühle und Strandkörbe aufgestellt sowie Sand aufgeschüttet, wodurch eine Stimmung wie am Strand entsteht.

Morat [mɔʀa]	*Stadt in der Schweiz*
la **Suisse** [lasyis]	die Schweiz
un **pont** [ɛ̃pɔ̃]	eine Brücke
l'Ile de Ré [ildəʀe]	die Ile de Ré *(Insel in Südwestfrankreich)*
la **Cité de Carcassonne** [lasitedəkaʀkasɔn]	die Altstadt von Carcassonne *(Stadt im Süden Frankreichs)*

Station 1 Marie dans le Jura

1	le **Jura** [ləjyʀa]	das Jura *(Mittelgebirge in Frankreich)*
	une **lettre** [ynlɛtʀ]	ein Brief
	le **Pays de Gex** [ləpeidəʒɛks]	Pays de Gex *(Landschaft im Osten Frankreichs)*
	une **randonnée** [ynʀɑ̃dɔne]	eine Wanderung, eine Tour
	le **Col de la Faucille** [ləkɔldəlafosij]	der Col de la Faucille *(1320 m hohe Erhebung im Jura)*
	les **Alpes** *(f.)* [lezalp]	die Alpen
	le **Mont-Blanc** [ləmɔ̃blɑ̃]	der Monblanc *(höchster Berg Europas, 4810 m)*
	marcher [maʀʃe]	gehen, laufen
	une **montagne** [ynmɔ̃taɲ]	ein Berg, ein Gebirge
	tout à coup [tutaku]	plötzlich
	une **vache** [ynvaʃ]	eine Kuh

französisch: **la** lettre, deutsch: **der** Brief

le **Mont-Blanc**

Nous avons marché trois heures dans la montagne.
Wir sind drei Stunden im Gebirge gelaufen.

a eu ... [ay]	hat ... gehabt	**Moustique a eu très peur des vaches.** Moustique hat große Angst vor den Kühen gehabt.
depuis [dəpɥi]	seit	
au bord de qc [obɔʀdə]	am Rand von etwas	
un **lac**	ein See	
le **Lac de Morat** [ləlakdəmɔʀa]	der Murtensee *(Schweizer See am Rande des Jura)*	**Depuis hier, nous sommes en Suisse, au bord du Lac de Morat.** Seit gestern sind wir am Ufer des Murtensees in der Schweiz.
beau / bel / belle [bo / bɛl / bɛl]	schön	**Il habite dans un bel appartement.** Er wohnt in einer schönen Wohnung.
louer qc [lue]	etwas leihen / mieten	
faire le tour de qc [fɛʀlətuʀdə]	um etwas herumfahren	**Nous avons fait le tour du lac.** Wir sind um den See herumgefahren.
nouveau / nouvel / nouvelle [nuvo / nuvɛl / nuvɛl]	neu	
un **panier** [ɛ̃panje]	ein Korb	**Le nouveau panier de Moustique est vraiment beau.** Der neue Korb von Moustique ist richtig / echt schön.
médiéval / médiévale [medjeval]	mittelalterlich	
vieux / vieil / vieille [vjø / vjɛj / vjɛj]	alt	une **petite ville médiévale avec des vieilles maisons** eine kleine mittelalterliche Stadt mit alten Häusern
miniature [minjatyʀ]	Miniatur-	une **vache miniature** eine Miniaturkuh
une **spécialité** [ynspesjalite]	eine Spezialität	
la **crème** [lakʀɛm]	der Rahm, die Creme	**à la crème** mit Creme, mit Rahm **le gâteau du Vully** *(Hefeteigkuchen mit süßer Cremefüllung)*
pendant [pɑ̃dɑ̃]	während	**rester à la masion pendant les vacances** während / in den Ferien zu Hause bleiben
6 un **franc** [ɛ̃fʀɑ̃]	ein Schweizer Franken	
une **terrasse** [yntɛʀas]	eine Terrasse	
un **chocolat** [ɛ̃ʃɔkɔla]	ein Kakao; eine Schokolade	**A la terrasse d'un petit café, ils prennent un chocolat chaud.** Auf der Terrasse eines kleinen Cafés trinken sie einen heißen Kakao. / eine heiße Schokolade.
une **vitrine** [ynvitʀin]	Schaufenster	
une **boîte** [ynbwat]	eine Dose, eine Schachtel	**Dans la vitrine, il y a des boîtes de chocolat.** Im Schaufenster gibt es Dosen / Schachteln mit Schokolade.
des **chocolats** [deʃɔkɔla]	Pralinen	
une **langue** [ynlɑ̃g]	eine Sprache	

Station 2 Léo sur l'Ile de Ré

1	un **coup de téléphone** [ɛ̃kudətelefɔn]	ein (Telefon)Anruf	
	seul / seule [sœl]	allein	**Et toi Marie, tu n'es pas seule à Paris?** Und du Marie, du fühlst dich doch nicht allein in Paris?
	tout / toute / tous / toutes [tu / tut / tu / tut]	ganz; alle	**Ils ont mangé tout le gâteau. Toutes les filles sont là.** Sie haben den ganzen Kuchen gegessen. Alle Mädchen sind da.
	hyper [ipɛʀ]	hyper-, über-	**hyper cool** *(fam.)* = voll cool, megacool
	bronzé / bronzée [bʀɔ̃ze]	gebräunt, braun	**Il est déjà hyper bronzé.** Er ist schon total braun.
	le **surf** [ləsœʀf]	das Surfen	
	surfer [sœʀfe]	surfen	
	nager [naʒe]	schwimmen	
	la **mer** [lamɛʀ]	das Meer	
	en été [ɑ̃nete]	im Sommer	
	une **île** [ynil]	eine Insel	
	un **port** [ɛ̃pɔʀ]	ein Hafen	
	La Rochelle [laʀɔʃɛl]	La Rochelle *(Stadt an der Atlantikküste)*	
	prochain / prochaine [pʀɔʃɛ̃ / pʀɔʃɛn]	nächster / nächste / nächstes	**L'année prochaine, on passe les vacances ensemble sur l'Ile de Ré.** Nächstes Jahr verbringen wir die Ferien gemeinsam auf der Ile de Ré.

La Rochelle

Station 3 Alex et Jérôme à Carcassonne

1	un **blog** [ɛ̃blɔg]	ein Blog	
	une **colonie de vacances** [ynkɔlɔnid(ə)vakɑ̃s]	eine Ferienkolonie	
	près de [pʀɛdə]	in der Nähe von	**une colonie de vacances près de Carcassonne** ein Ferienlager in der Nähe von Carcassonne
	connaître [kɔnɛtʀ(ə)]	kennen	
!	je connais, tu connais, il / elle / on connaît, nous connaissons, vous connaissez, ils / elles connaissent		
	ce, cet, cette, ces [sə, sɛt, sɛt, se]	dieser, diese, dieses, diese	**Vous ne connaissez pas cette ville?** Kennt ihr diese Stadt nicht?
	voici [vwasi]	hier ist, hier sind	
	quelques [kɛlkə]	einige	**Voici quelques photos de nos vacances à Carcassonne.** Hier sind einige Fotos von unseren Ferien in Carcassonne.
	une **excursion** [ynɛkskyʀsjɔ̃]	ein Ausflug	

	une **tente** [yntɑ̃t]	ein Zelt	
	la **nature**	die Natur	Im Unterschied zum Deutschen muss man am Ende ein **e** dranhängen und das **u** wie in *Tür* aussprechen.
	l'**Aude** *(f.)* [lod]	die Aude	Die **Aude** ist ein Fluss in Südfrankreich.
	un **pique-nique** [ɛ̃piknik]	ein Picknick	Aussprache wie im Deutschen, aber abweichende Schreibung!
	amoureux / amoureuse [amuʀø / amuʀøz]	verliebt	**Jérôme est amoureux d'une jolie fille.** Jérôme ist in ein hübsches Mädchen verliebt.
	un **mono** / une **mono** [ɛ̃mono / yn mono]	ein Betreuer / eine Betreuerin	**Mono** ist die Abkürzung von **un moniteur, une monitrice.**
	un **collègue** / une **collègue** [ɛ̃kɔlɛg / ynkɔlɛg]	eine Kollege, eine Kollegin	
2	une **chose** [ynʃoz]	eine Sache	**une chose** kennst du schon von **quelque chose.**

Station 4 Mehdi à Paris

1	une **aventure** [ynavɑ̃tyʀ]	ein Abenteuer	
	sans [sɑ̃]	ohne	un **chocolat sans sucre** ein Kakao ohne Zucker
	un **propriétaire** / une **propriétaire** [ɛ̃ / ynpʀɔpʀijetɛʀ]	ein Besitzer, eine Besitzerin	
	une **péniche** [ynpeniʃ]	ein Lastkahn	
	monter [mɔ̃te]	einsteigen	
	la **Gare d'Austerlitz** [lagaʀdostɛʀlits]	*Name eines Pariser Bahnhofs*	
	l'Ile Saint Louis [lilsɑ̃lui]	die Insel Saint Louis	

En France

Die **Ile Saint Louis** befindet sich mitten in Paris und ist mit der **Ile de la Cité**, auf der die Kathedrale Notre-Dame steht, durch eine Brücke verbunden.

Ile de la Cité **Ile Saint Louis**

le **Jardin des Plantes** [ləʒaʀdɛ̃deplɑ̃t]	*botanischer Garten in Paris*	
le **sable** [ləsabl]	der Sand	
un **palmier** [ɛ̃palmje]	eine Palme	
un **batobus** [ɛ̃batobys]	ein Batobus	**Un batobus** ist ein Schiff, mit dem man auf dem Wasserweg vom Eiffelturm bis zum Jardin des Plantes fahren kann.

il / elle sait [ilsɛ/ɛlse]	er / sie kann, er / sie weiß	**Elle sait nager.** Sie kann schimmen.
un **nageur** / une **nageuse** [ɛ̃naʒœʀ/ynnaʒœz]	ein Schwimmer, eine Schwimmerin	
sauter [sote]	springen	
l'aide *(f.)* [lɛd]	die Hilfe	**avec l'aide de** mit (der) Hilfe von
tirer [tiʀe]	ziehen	**Avec l'aide des autres, il tire la dame dans la péniche.** Mit Hilfe der anderen zieht er die Frau in den Kahn.
le lendemain [ləlɑ̃dmɛ]	am nächsten Tag, am Tag darauf	
un **héros** [ɛ̃ero]	ein Held	
sauver qn [sove]	jemanden retten	**Mehdi a sauvé une dame qui ne sait pas nager.** Mehdi hat eine Frau gerettet, die nicht schwimmen kann.
bravo [bʀavo]	bravo	
3 le **quai** [lɔkɛ]	der Bahnsteig, *hier:* das Ufer	**Les quais sont une grande plage, longue de 4 kilomètres.** Das Ufer ist ein großer, vier Kilometer langer Strand.
offrir qc [ɔfʀiʀ]	etwas anbieten	
sportif / sportive [spɔʀtif/spɔʀtiv]	sportlich	une **activité sportive** eine sportliche Aktivität / Betätigung
plusieurs [plyzjœʀ]	mehrere	
le **plus grand** / la **plus grande** [ləplygʀɑ̃/laplygʀɑ̃d]	der größte / die größte	la **plus grande des plages** der größte Strand
l'**Hôtel de Ville** *(m.)* [lɔtɛldəvil]	das Rathaus	**prés de l'Hôtel de Ville de Paris** in der Nähe des Pariser Rathauses
la Villette [lavilɛt]	*technischer Freizeitpark in Paris*	
ouvert / ouverte [uvɛʀ/uvɛʀt]	geöffnet	**Paris-Plage est ouvert tous les jours de huit heures à minuit.** Paris-Plage ist jeden Tag von acht Uhr bis Mitternacht geöffnet.
un **programme** [ɛ̃pʀɔgʀam]	ein Programm	
spécial / spéciale [spesjal]	besonders	
un **terrain** [ɛ̃tɛʀɛ̃]	ein Platz	un **terrain de sport** ein Sportplatz
un **concert** [ɛ̃kɔ̃sɛʀ]	ein Konzert	

Liste des mots

Die *Liste des mots* enthält den Lernwortschatz aus den *Unités*. Wörter, die innerhalb von *Lire*-Aufgaben erschlossen werden sollen, grammatische Basiswörter wie z. B. die Subjektpronomen *je, tu …* sowie Zahlen werden in der folgenden Liste nicht aufgeführt.
Die Fundstellen verweisen auf das erstmalige Vorkommen der Wörter wie z. B.:

une **affaire I 4 A,** 6

Band 1, Unité 4, Atelier A, Nummer 6.

Weitere Abkürzungen:
DE = Einstiegsseite *Découvertes*;
A = Atelier A
B = Atelier B
C = Atelier C

A

à [a] in, nach **I1A,** 3
A plus! *(fam.)* [aplys] bis später **I5A,** 1
Elle / Il est à qui? [ɛlɛtaki / ilɛtaki] Wem gehört er / sie / es? **I5A,** 5
acheter qc [aʃte] etwas kaufen **I8C,** 1
une **activité** [ynaktivite] eine Freizeitbeschäftigung **I6DE**
adorer qn / qc [adɔʀe] jemanden / etwas sehr gern mögen **I6A,** 4
a eu … [ay] hat … gehabt **I9A,** 1
une **affaire** [ynafɛʀ] eine Sache, eine Angelegenheit **I4A,** 6
une **affiche** [ynafiʃ] ein Plakat, ein Poster **I3DE**
l'**âge** *(m.)* [laʒ] das Alter **I4B,** 10
Ah bon? [abɔ̃] Ach ja? / Wirklich? **I4DE**
l'**aide** *(f.)* [lɛd] die Hilfe **I9D,** 1
aider qn [ede] jemandem helfen **I7B,** 1
Aïe! [ai] Aua! **I5DE**
aimer qn / qc [eme] jemanden / etwas lieben **I3B,** 3
à la vanille [alavanij] mit Vanillegeschmack **I6C,** 5
allemand / allemande [almɑ̃ / almɑ̃d] deutsch; Deutsch **I4A,** 15
aller [ale] gehen, fahren **I5A,** 3
aller chercher qn [aleʃɛʀʃe] jemanden abholen **I7A,** 2
aller faire qc [alefɛʀ] etwas tun werden **I6A,** 1
Allô ? [alo] Hallo? *(am Telefon)* **I4A,** 3
alors [alɔʀ] nun, jetzt, dann **I3B,** 3
l'**alphabet** [lalfabɛ] das Alphabet **I1B,** 5
un **ami** / une **amie** [ɛ̃nami / ynami] ein Freund / eine Freundin **I3A,** 3
les amis [lezami] die Freunde **I1A,** 3
amoureux / amoureuse [amuʀø / amuʀøz] verliebt **I9C,** 1
un **an** [ɛ̃nɑ̃] ein Jahr **I4B,** 1
anglais [ɑ̃glɛ] Englisch **I5**
une **année** [ynane] ein Jahr **I4B,** 2
un **anniversaire** [ɛ̃nanivɛʀsɛʀ] ein Geburtstag **I4DE**
un **anorak** [ɛ̃nanɔʀak] ein Anorak **I7B,** 10
août *(m.)* [ut] August **I4B,** 7
un **appartement** [ɛ̃napaʀtəmɑ̃] eine Wohnung **I6A,** 4
je m'appelle [ʒəmapɛl] ich heiße **I1A,** 1
Appelle la police! [apɛllapɔlis] Ruf die Polizei! **I2B,** 6
Tu t'appelles comment? [tytapɛlkɔmɑ̃] Wie heißt du? **I2A,** 1
il s'appelle [ilsapɛl] er heißt **I4B,** 10
après [apʀɛ] nach; danach **I5A,** 1
l'**après-midi** *(m.)* [lapʀɛmidi] der Nachmittag **I6A,** 4
l'**arrivée** *(f.)* [laʀive] die Ankunft **I7A,** 2
arriver [aʀive] (an)kommen **I3A,** 1
un **arrondissement** [ɛ̃naʀɔ̃dismɑ̃] ein Arrondissement *(ein Verwaltungsbezirk)* **I6DE**
arts plastiques [arplastik] Kunst **I5**
un **assistant** / une **assistante** [ɛ̃nasistɑ̃ / ynasistɑ̃t] ein Assistent / eine Assistentin **I8A,** 1
l'**athlétisme** *(m.)* [latletism] die Leichtathletik **I3; I6A,** 4
Attention! [atɑ̃sjɔ̃] Achtung!, Vorsicht! **I2A,** 1
une **attraction** [ynatʀaksjɔ̃] eine Attraktion **I8C,** 1
aujourd'hui [oʒuʀdɥi] heute **I4A,** 6
au nord de [onɔʀdə] im Norden / nördlich von **I8A,** 9
au restaurant [oʀɛstɔʀɑ̃] **I1B,** 1
aussi [osi] auch **I2B,** 1
au sud de [osyddə] im Süden, südlich von **I8A,** 9
au total [ototal] zusammen **I8C,** 1
autre / autre [otʀ] anderer / andere / anderes **I7B,** 1
avant [avɑ̃] vor **I7B,** 1
avec [avɛk] mit **I3A,** 1
une **aventure** [ynavɑ̃tyʀ] ein Abenteuer **I9D,** 1
une **avenue** [ynavəny] eine Straße **I6DE**
un **avion** [ɛ̃navjɔ̃] ein Flugzeug **I8A,** 7
avoir [avwaʀ] haben **I4B,** 1
avoir envie de faire qc [avwaʀɑ̃vi] Lust haben, etwas zu tun **I4B,** 3
avoir faim [avwaʀfɛ̃] Hunger haben **I4B,** 3
avoir mal [avwaʀmal] Schmerzen haben **I6B,** 4
avoir mal au cœur [avwaʀmalokœʀ] schlecht sein **I8C,** 1
avoir vingt-neuf ans [avwaʀvʀɛ̃tnœvɑ̃] 29 Jahre alt sein **I4B,** 1
avril *(m.)* [avʀil] April **I4B,** 7

B

un **bal** [ɛ̃bal] ein Ball, ein Fest **I7DE**
un **ballon** [ɛ̃balɔ̃] ein Ball **I1B,** 4
un **bal populaire** [ɛ̃balpɔpylɛʀ] eine öffentliche Tanzveranstaltung, ein öffentliches Tanzvergnügen **I7DE**
le **baptême** [ləbatɛm] die Taufe **I5**
une **basket** [ynbaskɛt] ein Turnschuh **I7B,** 10
le **basket(ball)** [baskɛtbol] Basketball **I3; I6**
un **bateau** / des **bateaux** [ɛ̃bato / debato] ein Boot, ein Schiff / Boote, Schiffe **I8A,** 7
un **batobus** [ɛ̃batobys] Batobus **I9D,** 1
une **BD** [ynbede] ein Comic **I3DE**
Il fait beau. [ilfɛbo] Es ist schönes Wetter. / Das Wetter ist schön. **I8B,** 1
beau / bel / belle [bo / bɛl / bɛl] schön **I9A,** 1
beaucoup [boku] viel; *hier:* sehr **I6DE** viel **I6B,** 2
beaucoup de [bokudə] viel(e) **I8DE**
une **bibliothèque** [ynbiblijɔtɛk] eine Bücherei **I6**
bien *(adv.)* [bjɛ̃] gut *(Adv.)* **I1A,** 2
bien sûr [bjɛ̃syʀ] Sicherlich!, Na klar!, Selbstverständlich! **I4DE**
bientôt [bjɛ̃to] bald **I4DE**
Bienvenue! [bjɛ̃vny] Willkommen! **I1**
une **bise** *(fam.)* [ynbiz] ein Kuss, ein Küsschen **I2B,** 6
un **bisou** [ɛ̃bizu] ein Kuss, ein Küsschen **I7B,** 8
bizarre [bizaʀ] komisch, merkwürdig **I2B,** 1
blanc [blɑ̃] weiß **I2C,** 1
blanc / blanche [blɑ̃ / blɑ̃ʃ] weiß **I7A,** 4
bleu [blø] blau **I2C,** 1
bleu / bleue [blø] blau **I7B,** 8
un **blog** [ɛ̃blɔg] ein Blog **I9C,** 1
Bof! [bɔf] Na ja., Ach. **I1B,** 9
boire qc [bwaʀ] etwas trinken **I8C,** 1
une **boisson** [ynbwasɔ̃] ein Getränk **I7, I8C,** 1
une **boîte** [ynbwat] eine Dose, eine Schachtel **I9A,** 5
bon / bonne [bɔ̃ / bɔn] gut **I6A,** 4
Ah, bon? [abɔ̃] Ach ja? / Wirklich? **I4DE**
Bonne journée! [bɔnʒuʀne] Einen schönen Tag! **I6C,** 6
Bon appétit! [bɔ̃napetit] Guten Appetit! **I6C,** 5
un **bonbon** [ɛ̃bɔ̃bɔ̃] ein Bonbon **I1B,** 4
Bonjour! [bɔ̃ʒuʀ] Guten Tag! **I1A,** 1
au bord de qc [obɔʀdə] am Rande von etwas, am Ufer von etwas **I9A,** 1
une **bougie** [ynbuʒi] eine Kerze **I4A,** 6
une **boulangerie** [ynbulɑ̃ʒʀi] eine Bäckerei **I1B,** 1
une **boutique** [ynbutik] eine Boutique, ein Ladengeschäft **I8B,** 1
bravo [bʀavo] bravo **I9D,** 1
bronzé / bronzée [bʀɔ̃ze] gebräunt, braun **I9B,** 1
le **bruit** [ləbʀɥi] das Geräusch, der Lärm **I6A,** 4
un **bureau** [ɛ̃byʀo] ein Büro; ein Schreibtisch; *hier:* Arbeitszimmer **I8B,** 1
un **bureau de poste** [ɛ̃byʀodəpɔst] ein Postamt **I1B,** 1
un **bus** [ɛ̃bys] ein Bus **I8A,** 2

C

ça [sa] das **I3B,** 3
C'est ça? [sɛsa] Stimmt's? **I4B,** 3
Ça alors! [saalɔʀ] Na, so was! / Unglaublich! **I4B,** 1
Ça va? [sava] Wie geht's? **I1A,** 2
un **cadeau** [ɛ̃kado] ein Geschenk **I4DE**
un **café** [ɛ̃kafe] ein Café **I1B,** 1

un **cahier** [ɛ̃kaje] ein Heft **I1A,** 4
une **caisse** [ynkɛs] eine Kasse **I8C,** 1
un **canari** [ɛ̃kanaʀi] ein Kanarienvogel **I2**
une **cantine** [ynkɑ̃tin] eine Kantine **I5DE**
un **carrefour** [ɛ̃kaʀfuʀ] eine Kreuzung **I6B,** 1
une **carte** [ynkaʀt] eine Karte **I8DE**
une carte postale [ynkaʀtpɔstal] eine Ansichtskarte **I8DE**
un **carton** [ɛ̃kaʀtɔ̃] ein Karton **I3A,** 1
une **casquette** [ynkaskɛt] eine Kappe, eine Schirmmütze **I7B,** 8
une **catastrophe** [ynkatastʀɔf] eine Katastrophe **I3A,** 3
une **cathédrale** [ynkatedʀal] eine Kathedrale **I8DE**
un **CD** [ɛ̃sede] eine CD **I4A,** 2
un **CDI** [ɛ̃sedei] **I5DE**
c'est [sɛ] das ist **I2A,** 1
ce, cet, cette, ces [sə, sɛt, sɛt, se] dieser, diese, dieses, diese **I9C,** 1
un **centime** [ɛ̃sɑ̃tim] ein Cent **I6C,** 3
un **centre** [ɛ̃sɑ̃tʀ] ein Zentrum **I8A,** 9
ce soir [səswaʀ] heute Abend **I6A,** 1
C'est qui? [sɛki] Wer ist das? **I2A,** 1
une **chambre** [ynʃɑ̃bʀ] ein (Schlaf)Zimmer **I4A,** 6
une **chanson** [ynʃɑ̃sɔ̃] ein Lied **I1A,** 3
chanter [ʃɑ̃te] singen **I4B,** 3
un **chanteur** / une **chanteuse** [ɛ̃ʃɑ̃tœʀ/ynʃɑ̃tøz] ein Sänger / eine Sängerin **I7A,** 4
un **chapeau** [ɛ̃ʃapo] ein Hut **I7A,** 4
un **chat** [ɛ̃ʃa] eine Katze **I2B,** 1
chaud / chaude [ʃo/ʃod] warm, heiß **I8B,** 1
Il fait chaud. [ilfɛʃo] es ist warm / heiß **I8B,**1
une **chaussure** [ynʃosyʀ] ein Schuh **I7B,** 10
une **chemise** [ynʃəmiz] ein Hemd **I7B,** 10
Cher ... / Chère ... [ʃɛʀ] Lieber ... / Liebe ... **I7B,** 8
chercher qn / qc [ʃɛʀʃe] jemanden / etwas suchen **I3A,** 1
un **cheval** [ɛ̃ʃəval] ein Pferd **I2**
chez qn [ʃe] bei jemandem **I5A,** 1
un **chien** [ɛ̃ʃjɛ̃] ein Hund **I1B,** 4
des **chips** [deʃips] Chips **I7**
un **chocolat** [ɛ̃ʃɔkɔla] ein Kakao; eine heiße Schkolade **I9A,** 5
une **chose** [ynʃoz] eine Sache **I9C,** 2
quelque chose [kɛlkəʃoz] etwas **I5B,** 3
Chut! [ʃyt] Pst! **I3A,** 3
un **cinéma** [ɛ̃sinema] ein Kino **I1B,** 1
une **classe** [ynklas] eine Klasse **I5B,** 3
un **classeur** [ɛ̃klasœʀ] ein Ordner **I1A,** 4
classique [klasik] klassisch **I3B,** 7
une **clé** [ynkle] ein Schlüssel **I5A,** 3
une clé USB [ynkleyɛsbe] ein USB-Stick **I5A,** 3
un **client** / une **cliente** [ɛ̃klijɑ̃/ynklijɑ̃t] ein Kunde / eine Kundin **I6C,** 6
cliquer [klike] klicken **I5B,** 3
un **club de foot** [ɛ̃klœbdəfut] ein Fußballverein **I6**
un **club sportif** [ɛ̃klœbspɔʀtif] ein Sportverein **I6**
un **coca** [ɛ̃koka] eine Cola **I6C,** 3
un **cochon** [ɛ̃kɔʃɔ̃] ein Schwein **I2**
un **cochon d'Inde** [ɛ̃kɔʃɔ̃dɛ̃d] ein Meerschweinchen **I2**
un **coiffeur** [ɛ̃kwafœʀ] ein Frisör **I6**
un **collège** [ɛ̃kɔlɛʒ] ein „Collège" **I5DE**
un **collègue** / une **collègue** [ɛ̃kɔlɛg/ynkɔlɛg] ein Kollege, eine Kollegin **I9C,** 1
une **colonie de vacances** [ynkɔlɔnid(ə)vakɑ̃s] eine Ferienkolonie **I9C,** 1
un **combat** [ɛ̃kɔ̃ba] ein Kampf **I6A,** 4
combien (de) [kɔ̃bjɛ̃] wie viel **I5C,** 1
Ça fait combien? [safɛkɔ̃bjɛ̃] Wie viel kostet das? **I5C,** 1
Ça coûte combien? [sakutkɔ̃bjɛ̃] Wie viel kostet das? **I6C,** 3
comme [kɔm] als **I6A,** 8; wie **I5B,** 3
comme ça [kɔmsa] so, auf diese Weise **I5B,** 3
commencer [kɔmɑ̃se] anfangen, beginnen **I5A,** 1
comment? [kɔmɑ̃] wie? *(Fragewort)* **I2A,** 1
un **concert** [ɛ̃kɔ̃sɛʀ] ein Konzert **I7; I9D,** 3
connaître [kɔnɛtʀ(ə)] kennen **I9C,** 1
content / contente [kɔ̃tɑ̃/kɔ̃tɑ̃t] zufrieden **I6A,** 4
contre [kɔ̃tʀ] gegen **I6B,** 4
un **contrôleur** / une **contrôleuse** [ɛ̃kɔ̃tʀolœʀ/ynkɔ̃tʀoløz]] ein Schaffner, ein Zugbegleiter / eine Schaffnerin, eine Zugbegleiterin **I7A,** 2
cool [kul] cool **I5B,** 3
un **copain** / une **copine** *(fam.)* [ɛ̃kɔpɛ̃/ynkɔpin] ein Freund / eine Freundin **I2B,** 4
les copains [lekɔpɛ̃] die Freunde **I1A,** 3
une **copie** [ynkɔpi] eine Kopie **I5B,** 3
une **couleur** [ynkulœʀ] eine Farbe **I7B,** 8
un **coup de téléphone** [ɛ̃kudətelefɔn] ein (Telefon)Anruf **I9B,** 1
une **cour** [ynkuʀ] ein (Schul-)Hof **I5DE**
un **courriel** [ɛ̃kuʀjɛl] eine E-Mail **I7B,** 8
un **cours** [ɛ̃kuʀ] eine Unterrichtsstunde **I5DE**
un **cousin** / une **cousine** [ɛ̃kuzɛ̃/ynkuzin] ein Cousin / eine Cousine **I4A,** 13
coûter qc [kute] etwas kosten **I5C,** 1
Ça coûte combien? [sakutkɔ̃bjɛ̃] Wie viel kostet das? **I6C,** 3
un **crayon** [ɛ̃kʀɛjɔ̃] ein Bleistift **I1A,** 4
la **crème** [lakʀɛm] der Rahm, die Creme **I9A,** 1
une **crêpe** [ynkʀɛp] eine Crêpe **I6DE**
un **croissant** [ɛ̃kʀwasɑ̃] ein Croissant *(Hörnchen)* **I1B,** 4
une **cuisine** [ynkɥizin] eine Küche **I6A,** 4

D

d'abord [dabɔʀ] zuerst **I4DE**
d'accord [dakɔʀ] einverstanden, o.k. **I3B,** 3
une **dame** [yndam] eine Dame, eine Frau **I2B,** 5
dans [dɑ̃] in **I3A,** 3
la **danse** [ladɑ̃s] der Tanz, das Tanzen **I6A,** 7
danser [dɑ̃se] tanzen **I7DE**
dans la rue [dɑ̃laʀy] auf der Straße **I3A,** 3
de / d' [də] von, aus **I1B,** 10
de ... à [dəa] von ... bis **I5A,** 2
décembre *(m.)* [desɑ̃bʀ] Dezember **I4B,** 1
déjà [deʒa] schon **I6A,** 4
demain [dəmɛ̃] morgen **I4A,** 3
demander (qc) à qn [dəmɑ̃de] fragen, bitten **I7B,** 1
demi / demie [dəmi] halb **I5A,** 1
un **demi-frère** [ɛ̃dəmifʀɛʀ] ein Halbbruder **I4**
une **demi-sœur** [yndəmisœʀ] eine Halbschwester **I4**
depuis [dəpɥi] seit **I9A,** 1
dernier / dernière [dɛʀnje/dɛʀnjɛʀ] letzter / letzte / letztes **I7A,** 4
derrière [dɛʀjɛʀ] hinter **I5B,** 9
désirer [deziʀe] wünschen **I8C,** 1
(je suis) **désolé / désolée** [dezɔle] es tut mir leid **I8C,** 1
un **dessin** [ɛ̃dɛsɛ̃] eine Zeichnung **I7A,** 4
détester qn / qc [detɛste] jemanden / etwas verabscheuen **I3B,** 3
devant [dəvɑ̃] vor *(örtlich)* **I3B,** 3
les **devoirs** *(m., pl.)* [ledəvwaʀ] die (Haus) Aufgaben **I5B,** 3
un **diabolo menthe** [ɛ̃djabɔlɔmɑ̃t] ein Diabolo Menthe **I6C,** 3
dimanche *(m.)* [dimɑ̃ʃ] Sonntag, am Sonntag **I5B,** 1
discuter (de qc) [diskyte] (über etwas) diskutieren, sich (über etwas) unterhalten **I5A,** 5
le, la **dix-septième** [lə/ladisɛtjɛm] der, die, das siebzehnte **I6DE**
C'est **dommage.** [sɛdɔmaʒ] Das ist schade. **I4A,** 3
donner qc à qn [dɔne] jemandem etwas geben **I7B,** 1
à **droite** [adʀwat] (nach) rechts **I6B,** 1
un **DVD** [ɛ̃devede] eine DVD **I4A,** 2

E

l'**eau** *(f.)* [lo] das Wasser **I5C,** 1
une eau minérale [ynomineʀal] ein Mineralwasser **I6C,** 3
une **école** [ynekɔl] eine Schule **I3A,** 3
une **école de musique** [ynekɔldəmyzik] eine Musikschule **I6**
écologique [ekɔlɔʒik] ökologisch, umweltfreundlich **I8A,** 5
écouter qn / qc [ekute] jemandem zuhören, etwas anhören **I3A,** 1
écoute! [ekut] Hör zu! **I6A,** 4
Ecoutez bien! [ekutebjɛ̃] Hört gut zu! **I5A,** 4
écrire qc à qn [ekʀiʀ] jemandem etwas schreiben **I8B,** 1
education musicale [edykasjɔ̃myzikal] Musik **I5**
un **effaceur** [ɛ̃nefasœʀ] ein Tintenkiller **I1A,** 4
un **éléphant** [ɛ̃nelefɑ̃] ein Elefant **I1B,** 4
un **élève** / une **élève** [ɛ̃nelɛv/ynelɛv] ein Schüler / eine Schülerin **I5DE**
l' **emploi** *(m.)* **du temps** [lɑ̃plwadytɑ̃] *der Stundenplan* **I5B,** 1
en [ɑ̃] *(verschiedene Bedeutungen)* **I4A,** 3
en Allemagne [ɑ̃nalmaɲ] in Deutschland **I4A,** 3
en classe [ɑ̃klas] im Unterricht **I1A,** 5
en sixième B [ɑ̃sisjɛmbe] in der 6B **I5A,** 5

en train [ɑ̃tʀɛ̃] mit dem Zug **I8A**, 5
en bas [ɑ̃ba] unten **I8B**, 1
encore [ɑ̃kɔʀ] noch **I4B**, 3
un **endroit** [ɛ̃nɑ̃dʀwa] ein Ort, eine Stelle **I8A**, 1
un **enfant** [ɛ̃nɑ̃fɑ̃] ein Kind **I1B**, 4
enfin [ɑ̃fɛ̃] endlich, schließlich **I7A**, 4
énorme / énorme [enɔʀm] enorm, riesig **I8C**, 1
En route! [ɑ̃ʀut] Auf gehts! / Los gehts! **I8A**, 2
ensemble [ɑ̃sɑ̃bl] gemeinsam, zusammen **I4DE**
entre [ɑ̃tʀ] zwischen **I7B**, 1
une **entrée** [ynɑ̃tʀe] ein Eingang **I6A**, 1
entrer [ɑ̃tʀe] eintreten, hereinkommen **I3A**, 3
avoir envie de faire qc [avwaʀɑ̃vi] Lust haben, etwas zu tun **I4B**, 3
E.P.S. (education physique et sportive) [epeɛs] Sport **I5**
l'**équitation** *(f.)* [lekitasjɔ̃] Reiten **I6**
un **escargot** [ɛ̃nɛskaʀgo] eine Schnecke **I8A**, 9
est-ce que [ɛskə] *Frageformel* **I6B**, 4
et [e] und **I1A**, 1
l'**été** *(m.)* [lete] der Sommer **I9DE**
en été [ɑ̃nete] im Sommer **I9B**, 1
être [ɛtʀ] sein **I3B**, 3
être en retard [ɛtʀɑ̃ʀətaʀ] zu spät kommen **I5DE**
euh ... [ø] äh ... **I3A**, 3
un **euro** [ɛ̃nøʀo] ein Euro **I6C**, 3
une **excursion** [ynɛkskyʀsjɔ̃] ein Ausflug **I9C**, 1
Excuse-moi. Entschuldige bitte. **I5A**, 3
Excusez-moi. [ɛkskyzemwa] Entschuldigen Sie. / Entschuldigung! **I5A**, 3
un **exercice** [ɛ̃nɛgzɛʀsis] eine Übung **I5B**, 3
une **explication** [ynɛksplikasjɔ̃] eine Erklärung **I8B**, 5

F

la **faim** [lafɛ̃] der Hunger **I4B**, 1
faire qc [fɛʀ] etwas machen **I5B**, 3
faire du judo [fɛʀdyʒydo] Judo betreiben **I6A**, 4
Il fait beau. [bo] Es ist schönes Wetter. / Das Wetter ist schön. **I8B**, 1
faire le tour de qc [fɛʀlətuʀdə] um etwas herumfahren **I9A**, 1
faire mal [fɛʀmal] weh tun **I6B**, 4
Il fait mauvais. [ilfɛmovɛ] Es ist schlechtes Wetter. **I8B**, 4
Fais attention! [fɛ(z)atɑ̃sjɔ̃] Pass auf! Vorsicht! **I6B**, 4
une **famille** [ynfamij] eine Familie **I4A**, 5
fantastique [fɑ̃tastik] fantastisch, toll **I2B**, 1
fatigué / fatiguée [fatige] müde **I8A**, 2
une **fête** [ynfɛt] ein Fest, eine Party **I4B**, 4
une fête nationale [ynfɛtnasjɔnal] ein Nationalfeiertag **I7DE**
fêter [fete] feiern **I4B**, 9
un **feu d'artifice** [ɛ̃fødaʀtifis] ein Feuerwerk **I7DE**
un **feutre** [ɛ̃føtʀ] ein Filzstift **I1A**, 4
février *(m.)* [fevʀije] Februar **I4B**, 7
une **fille** [ynfij] ein Mädchen, eine Tochter **I2B**, 1
un **film** [ɛ̃film] ein Film **I6C**, 1
un **fils** [ɛ̃fis] ein Sohn **I4A**, 9
la **fin** [lafɛ̃] das Ende, der Schluss **I5B**, 4
la **FNAC** [lafnak] die FNAC **I4A**, 2
le **foot(ball)** [ləfut(bɔl)] der Fußball *(Sportart)* **I3B**, 7
un **franc** [ɛ̃fʀɑ̃] ein Schweizer Franken **I9A**, 5
français / française [fʀɑ̃sɛ / fʀɑ̃sɛz] französisch; Französisch **I4A**, 15
un **frère** [ɛ̃fʀɛʀ] ein Bruder **I3B**, 3
les **fringues** *(f.)* [lefʀɛ̃g] die Klamotten **I7**
froid / froide [fʀwa / fʀwad] kalt **I8B**, 4
Il fait froid. [ilfɛfʀwa] Es ist kalt. **I8B**, 4

G

gagner (qc) [gaɲe] (etwas) gewinnen **I6B**, 3
un **garçon** [ɛ̃gaʀsɔ̃] ein Junge **I2B**, 1
une **gare** [yngaʀ] ein Bahnhof **I7A**, 2
un **gâteau** / des **gâteaux** [ɛ̃gato / degato] ein Kuchen / Kuchen **I4A**, 6
à **gauche** [agoʃ] (nach) links **I6B**, 1
une **gaufre** [yngofʀ] eine Waffel **I6C**, 3
les **gens** [leʒɑ̃] die Leute **I7DE**
un **glacier** [ɛ̃glasje] eine Eisdiele **I6**
une **gomme** [yngɔm] ein Radiergummi **I1A**, 4
grand / grande [gʀɑ̃ / gʀɑ̃d] groß **I7DE**
un **grand huit** [ɛ̃gʀɑ̃ɥit] eine Achterbahn **I8C**, 1
un **grand magasin** [ɛ̃gʀɑ̃magazɛ̃] ein Kaufhaus **I6**
une **grand-mère** [yngʀɑ̃mɛʀ] eine Großmutter **I3A**, 3
un **grand-père** [ɛ̃gʀɑ̃pɛʀ] ein Großvater **I4A**, 13
les **grands-parents** die Großeltern **I4A**, 13
un **gratin** [ɛ̃gʀatɛ̃] ein Auflauf *(Speise, Gericht)* **I1B**, 4
gratuit / gratuite [gʀatɥi / gʀatɥit] gratis, kostenlos **I8C**, 1
gris [gʀi] grau **I2C**, 1
une **guitare** [yngitaʀ] eine Gitarre **I6A**, 7
un **gymnase** [ɛ̃ʒimnaz] eine Turnhalle **I5B**, 5
la **gymnastique** [laʒimnastik] das Turnen, die Gymnastik **I3B**, 7

H

habiter [abite] wohnen **I3B**, 3
un **hamster** [ɛ̃amstɛʀ] ein Hamster **I2**
le **hand-ball** [ləɑ̃ndbal] Handball **I6**
un **héros** [ɛ̃ero] ein Held **I9D**, 1
une **heure** [ynœʀ] eine Stunde **I5A**, 1
à quelle heure [akɛlœʀ] um wie viel Uhr **I5A**, 2
sept heures [sɛtœʀ] sieben Uhr **I5A**, 1
Quelle heure est-il? [kɛlœʀɛtil] Wie viel Uhr ist es? **I5A**, 2
hier [jɛʀ] gestern **I7A**, 2
une **histoire** [ynistwaʀ] eine Geschichte **I4A**, 2
histoire-géo [istwaʀʒeo] Geschichte und Erdkunde **I5**
hyper [ipɛʀ] hyper-, über- **I9B**, 1

I

ici [isi] hier, hierher **I2B**, 1
une **idée** [ynide] eine Idee **I4DE**
une **île** [ynil] eine Insel **I9B**, 1
il y a [ilja] es gibt **I4A**, 2
Il y a du vent. [iljadyvɑ̃] Es ist windig. **I8B**, 1
une **infirmerie** [ynɛ̃fiʀməʀi] eine Krankenstation **I5DE**
une **information** [ynɛ̃fɔʀmasjɔ̃] eine Information **I8C**, 1
intéressant / intéressante [ɛ̃teʀɛsɑ̃ / ɛ̃teʀɛsɑ̃t] interessant **I7A**, 4
Internet *(m.)* [ɛ̃tɛʀnɛt] das Internet **I8C**, 1
sur Internet [syʀɛ̃tɛʀnɛt] im Internet **I8C**, 1
une **interrogation** [ynɛ̃teʀɔgasjɔ̃] eine Klassenarbeit **I5B**, 3
une **interview** [ynɛ̃tɛʀvju] ein Interview **I6B**, 4
inviter qn [ɛ̃vite] jemanden einladen **I4A**, 3

J

janvier *(m.)* [ʒɑ̃vje] Januar **I4B**, 7
jaune [ʒon] gelb **I2C**, 1
un **jean** [ɛ̃dʒin] eine Jeans **I7B**, 10
un **jeu** / des **jeux** [ɛ̃ʒø] ein Spiel / Spiele **I4A**, 9
un jeu vidéo / des jeux vidéo [ɛ̃ʒøvideo / deʒøvideo] ein Computerspiel / Computerspiele **I4A**, 9
jeudi *(m.)* [ʒødi] Donnerstag, am Donnerstag **I5B**, 1
un **jeune homme** [ɛ̃ʒœnɔm] ein junger Mann **I8C**, 1
joli / jolie [ʒoli / ʒɔli] hübsch, nett **I7A**, 4
jouer [ʒwe] spielen **I5DE**
un **jour** [ɛ̃ʒuʀ] ein Tag **I6A**, 1
par jour [paʀʒuʀ] pro Tag / täglich **I8A**, 2
un **journal** [ɛ̃ʒuʀnal] eine Zeitung **I3DE**
une **journée** [ynʒuʀne] ein Tag **I5A**, 1
Bonne journée! [bɔnʒuʀne] Einen schönen Tag! **I6C**, 6
le **judo** [ləʒydo] das Judo **I3B**, 3
faire du judo [fɛʀdyʒydo] Judo betreiben **I6A**, 4
juin *(m.)* [ʒɥɛ̃] Juni **I4B**, 7
juillet *(m.)* [ʒɥijɛ] Juli **I4B**, 7
le 14 juillet [ləkatɔʀzjɥijɛ] der 14. Juli **I4**
une **jupe** [ynʒyp] ein Rock **I7B**, 10
un **jus** [ɛ̃ʒy] ein Saft **I5C**, 1
un jus de pomme [ɛ̃ʒydpɔm] ein Apfelsaft **I6C**, 3
un jus d'orange [ɛ̃ʒydɔʀɑ̃ʒ] ein Orangensaft **I6C**, 3

K

un **kilomètre** [ɛ̃kilɔmɛtʀ] ein Kilometer **I8A**, 2
un **kiosque** [ɛ̃kjɔsk] ein Kiosk **I6**

L

là [la] da, dort **I3A**, 3
là-bas [laba] dort **I8C**, 1
un **lac** [ɛ̃lak] ein See **I9DE**
une **langue** [ynlɑ̃g] eine Sprache **I9A**, 5
un **lapin** [ɛ̃lapɛ̃] ein Kaninchen **I1B**, 4

un **lecteur** / une **lectrice** [ɛ̃lɛktœʀ/ynlɛktʀis] ein Leser / eine Leserin **I8A,** 2
le **lendemain** [ləlɑ̃dmɛ] am nächsten Tag **I9D,** 1
une **lettre** [ynlɛtʀ] ein Brief **I9A,** 1
leur / **leurs** [lœʀ] ihr / ihre **I5B,** 3
l'**hôtel de ville** *(m.)* [lɔtɛldəvil] das Rathaus **I9D,** 3
une **librairie-papeterie** [ynlibʀɛʀipapɛtʀi] eine Buch- und Schreibwarenhandlung **I3DE**
lire qc / qc à qn [liʀ] etwas lesen, jemandem etwas vorlesen **I8B,** 5
une **liste** [ynlist] eine Liste **I8C,** 1
un **lit** [ɛ̃li] ein Bett **I5A,** 1
un **livre** [ɛ̃livʀ] ein Buch **I1A,** 4
loin [lwɛ̃] weit *(Adv.)* **I6A,** 1
long / **longue** [lɔ̃/lɔ̃g] lang **I7A,** 4
louer [lue] etwas leihen **I9A,** 1
lundi *(m.)* [lɛ̃di] Montag, am Montag **I5A,** 3

M

madame [madam] Frau **I1A,** 1
un **magasin** [ɛ̃magazɛ̃] ein Geschäft, ein Laden **I3DE**
mai *(m.)* [mɛ] Mai **I4B,** 7
une **main** [ynmɛ̃] eine Hand **I1B,** 4
maintenant [mɛ̃tnɑ̃] jetzt **I4A,** 6
une **mairie** [ynmɛʀi] ein Rathaus **I8A,** 9
mais [mɛ] aber **I2B,** 1
une **maison** [ynmɛzɔ̃] ein Haus **I1B,** 4
à la maison [alamɛzɔ̃] zu Hause, nach Hause **I5A,** 1
une **maison de la presse** [ynmɛzɔ̃dəlapʀɛs] ein Zeitschriften- und Schreibwarengeschäft **I1B,** 1
la Maison de la Presse [lamɛzɔ̃dəlapʀɛs] das Maison de la presse **I3DE**
une **maison des jeunes** [ynmɛzɔ̃deʒœn] ein Jugendzentrum **I6**
avoir **mal** [avwaʀmal] Schmerzen haben **I6B,** 4
maman *(f.)* [mamɑ̃] Mama, Mutti **I4A,** 5
manger qc [mɑ̃ʒe] etwas essen **I4B,** 3
marcher [maʀʃe] gehen, laufen **I9A,** 1
mardi *(m.)* [maʀdi] Dienstag, am Dienstag **I5B,** 1
un **mariage** [ɛ̃maʀjaʒ] eine Hochzeit **I4**
marron [maʀɔ̃] braun **I2C,** 1
mars *(m.)* [maʀs] März **I4B,** 7
un **match** [ɛ̃matʃ] ein Spiel **I4B,** 3
mathématiques [matematik] Mathematik **I5**
le **matin** [ləmatɛ̃] der Morgen **I6A,** 4
mauvais / **mauvaise** [movɛ/movɛz] schlecht **I7B,** 1
une **médiathèque** [ynmedjatɛk] eine Mediathek **I1B,** 1
médiéval / **médiévale** [medjeval] mittelalterlich **I9A,** 1
même [mɛm] sogar **I6B,** 4
la **mer** [lamɛʀ] das Meer **I9B,** 1
merci [mɛʀsi] danke **I1A,** 2
Merci beaucoup! [mɛʀsiboku] Vielen Dank! **I6B,** 3
mercredi *(m.)* [mɛʀkʀədi] Mittwoch, am Mittwoch **I5B,** 1
une **mère** [ynmɛʀ] eine Mutter **I4A,** 13
la **météo** [lameteo] das Wetter; der Wetterbericht **I8B,** 3
le **métro** [ləmetʀo] die U-Bahn **I8A,** 2
mettre qc [mɛtʀ] etwas legen **I7B,** 1
midi [midi] zwölf Uhr (mittags) **I5A,** 1
mieux [mjø] besser **I8C,** 1
un **million** [ɛ̃miljɔ̃] eine Million **I8A,** 2
miniature [minjatyʀ] Miniatur- **I9A,** 1
minuit *(m.)* [minɥi] Mitternacht, 12 Uhr nachts **I6A,** 4
une **minute** [ynminyt] eine Minute **I5A,** 3
moderne [modɛʀn] modern **I8DE**
moi [mwa] ich **I1A,** 1
un **mois** [ɛ̃mwa] ein Monat **I4B,** 2
un **moment** [ɛ̃mɔmɑ̃] ein Moment **I8B,** 1
mon / **ma** / **mes** [mɔ̃/ma/me] mein / meine **I4A,** 3
un **mono** / une **mono** [ɛ̃mono/ynmono] ein Betreuer / eine Betreuerin **I9C,** 1
un **monsieur** [ɛ̃məsjø] ein Herr, ein Mann **I2B,** 5
monsieur [ɛ̃məsjø] Herr **I1A,** 1
une **montagne** [ynmɔ̃taɲ] ein Berg, ein Gebirge **I9A,** 1
monter [mɔ̃te] einsteigen **I9D,** 1
montrer qc à qn [mɔ̃tʀe] jemandem etwas zeigen **I7B,** 1
un **monument** [ɛ̃mɔnymɑ̃] ein Bauwerk **I8DE**
un **mot** [ɛ̃mo] ein Wort **I5B,** 5
un **moyen de transport** [ɛ̃mwajɛ̃dətʀɑ̃spɔʀ] ein Verkehrsmittel **I8A,** 2
un **musée** [ɛ̃myze] ein Museum **I8DE**
la **musique** [lamyzik] die Musik **I3B,** 3

N

nager [naʒe] schwimmen **I9B,** 1
un **nageur** / une **nageuse** [ɛ̃naʒœʀ/ynaʒøz] ein Schwimmer, eine Schwimmerin **I9D,** 1
la **natation** [lanatasjɔ̃] das Schwimmen **I3;** **I6A,** 7
la **nature** die Natur **I9C,** 1
ne … pas [nə … pa] nicht **I5A,** 3
ne … rien [nə … ʀjɛ̃] nichts **I8C,** 1
ne … pas de [nə … padə] kein / keine **I8C,** 1
neiger [neʒe] schneien **I8B,** 4
ne … plus [nə … ply] nicht mehr **I8C,** 1
ne … plus de [nə … plydə] kein / keine mehr **I8C,** 1
Noël [nɔɛl] Weihnachten **I4**
noir [nwaʀ] schwarz **I2C,** 1
noir / noire [nwaʀ] schwarz **I7B,** 10
non [nɔ̃] nein **I2A,** 1
notre / **nos** [nɔtʀ/no] unser / unsere **I5B,** 3
nouveau / **nouvel** / **nouvelle** [nuvo/nuvɛl/nuvɛl] neu **I9A,** 1
le **nouvel an** [lənuvɛlɑ̃] Neujahr **I4**
novembre *(m.)* [nɔvɑ̃bʀ] November **I4B,** 7
la **nuit** [lanɥi] die Nacht **I6A,** 1
nul / **nulle** [nyl] blöd **I6B,** 4
C'est trop nul! *(fam.)* [sɛtʀonyl] Das ist zu blöd! *(ugs.)* **I6B,** 4

O

octobre *(m.)* [ɔktɔbʀ] Oktober **I4B,** 7
offrir qc [ɔfʀiʀ] etwas anbieten **I9D,** 3
un **oiseau** [ɛ̃nwazo] ein Vogel **I2**
un **oncle** [ɛ̃nɔ̃kl] ein Onkel **I4A,** 13
orange [ɔʀɑ̃ʒ] orange **I2C,** 1
un **orangina** [ɛ̃ɔʀɑ̃ʒina] Orangenlimonade **I8C,** 1
un **ordinateur** [ɛ̃nɔʀdinatœʀ] ein Computer **I4A,** 2
un **os** [ɛ̃nɔs] ein Knochen **I6A,** 4
ou [u] oder **I4A,** 2
où [u] wo; wohin **I3B,** 3
oublier qc [ublije] etwas vergessen **I7A,** 4
Ouf! [uf] Uff! **I7A,** 2
oui [wi] ja **I1A,** 2
ouvert / **ouverte** [uvɛʀ/uvɛʀt] geöffnet **I9D,** 3

P

un **palmier** [ɛ̃palmje] eine Palme **I9D,** 1
un **panier** [ɛ̃panje] ein Korb **I9A,** 1
un **pantalon** [ɛ̃pɑ̃talɔ̃] eine Hose **I7A,** 4
papa [papa] Papa **I2A,** 1
une **papeterie** [ynpapɛt(ə)ʀi] ein Schreibwarengeschäft **I6**
Pâques *(f.)* [pak] Ostern **I5**
par [paʀ] durch **I6A,** 4
par jour [paʀʒuʀ] pro Tag / täglich **I8A,** 2
un **parc** [ɛ̃paʀk] ein Park **I1B,** 1
un parc d'attractions [ɛ̃paʀkdatʀaksjɔ̃] ein Freizeitpark / ein Erlebnispark **I8A,** 2
parce que [paʀskə] weil **I6B,** 4
Pardon! [paʀdɔ̃] Entschuldigung. **I2A,** 1
les **parents** *(m.)* [lepaʀɑ̃] die Eltern **I4A,** 9
parler [paʀle] sprechen **I3A,** 1
parler à qn [paʀle] mit jemandem sprechen **I7B,** 1
une **partie** [ynpaʀti] ein Teil **I5B,** 4
pas de dessert [padədesɛʀ] kein Nachtisch **I2B,** 6
pas de problème [padəpʀɔblɛm] kein Problem **I8C,** 4
passer qc [pase] etwas verbringen **I6A,** 1
pendant [pɑ̃dɑ̃] während **I9A,** 1
une **péniche** [ynpeniʃ] ein Lastkahn **I9D,** 1
la **Pentecôte** [la pɑ̃tkot] Pfingsten **I5**
un **père** [ɛ̃pɛʀ] ein Vater **I4A,** 13
un **perroquet** [ɛ̃peʀɔkɛ] ein Papagei **I2**
une **perruche** [ɛ̃peʀyʃ] ein Kanarienvogel **I2**
une **personne** [ynpɛʀsɔn] eine Person **I7A,** 1
petit / **petite** [pəti/pətit] klein **I7A,** 4
le **petit déjeuner** [ləp(ə)tideʒœne] das Frühstück **I6A,** 4
un peu [ɛ̃pø] ein wenig, ein bisschen **I8A,** 2
la **peur** [lapœʀ] die Angst **I6A,** 4
peut-être [pøtɛtʀ] vielleicht **I6A,** 4
une **pharmacie** [ynfaʀmasi] eine Apotheke **I1B,** 1
une **photo** [ynfɔto] ein Foto **I4A,** 5
une **pièce** [ynpjɛs] ein Zimmer **I6A,** 4
un **pied** [ɛ̃pje] ein Fuß **I5DE**
à pied [apje] zu Fuß **I6A,** 1
un **pique-nique** [ɛ̃piknik] ein Picknick **I9C,** 1
une **piscine** [ynpisin] ein Schwimmbad **I6B,** 3
une **pizza** [ynpidza] Pizza **I7**
une **place** [ynplas] ein Platz **I5A,** 3

une **plage** [ynplaʒ] ein Strand **I9DE**
pleuvoir [pløvwaʀ] regnen **I8B,** 4
Il pleut. [ilplø] Es regnet. **I8B,** 4
plusieurs [plyzjœʀ] mehrere **I9D,** 3
plutôt [plyto] eher **I4A,** 6
la **poche** [lapɔʃ] die Tasche, die Hosentasche **I7B,** 1
un **poisson rouge** [ɛ̃pwasɔ̃ʀuʒ] ein Goldfisch **I2**
une **pomme** [ynpɔm] ein Apfel **I5C,** 1
un **pont** [ɛ̃pɔ̃] eine Brücke **I9DE**
un **port** [ɛ̃pɔʀ] ein Hafen **I9B,** 1
un **portable** [ɛ̃pɔʀtabl] ein Handy **I6C,** 1
une **porte** [ynpɔʀt] eine Tür **I6A,** 4
porter qc [pɔʀte] etwas tragen **I3A,** 1
poser qc [poze] etwas setzen / stellen / legen **I6B,** 4
la **poste** [lapɔst] die Post **I6B,** 3
pour für **I2B,** 6
pour faire qc [puʀfɛʀ] um etwas zu tun **I6B,** 3
pourquoi? [puʀkwa] warum? **I6B,** 4
pouvoir **I6B,** 3
Vous pouvez répéter, s'il vous plaît? [vupuveʀepete] Können Sie bitte wiederholen? **I6B,** 3
il peut [ɔ̃pø] er kann **I8C,** 1
pratique [pʀatik] praktisch **I8C,** 1
le **premier** / la **première** [ləpʀəmje / lapʀəmjɛʀ] der erste / die erste / das erste **I4B,** 2
prendre qc [pʀɑ̃dʀ] etwas nehmen **I6A,** 4
On prend quelque chose? [ɔ̃pʀɑ̃kɛlkəʃoz] Trinken wir (et)was? **I6C,** 3
préparer qc [pʀepaʀe] etwas vorbereiten **I4A,** 6
près de [pʀɛdə] in der Nähe von **I9C,** 1
un **problème** [ɛ̃pʀɔblɛm] ein Problem **I7A,** 2
pas de problème [padəpʀɔblɛm] kein Problem **I8C,** 4
prochain / prochaine [pʀɔʃɛ̃ / pʀɔʃɛn] nächster / nächste / nächstes **I9B,** 1
un **professeur** / une **professeure** [ɛ̃pʀɔfesœʀ / ynpʀɔfesœʀ] ein Lehrer / eine Lehrerin **I5A,** 3
un **programme** [ɛ̃pʀɔgʀam] **I9D,** 3
un **propriétaire** / une **propriétaire** [ɛ̃pʀɔpʀijetɛʀ / ynpʀɔpʀijetɛʀ] ein Besitzer, eine Besitzerin **I9D,** 1
ma puce *(fam.)* [mapys] meine Kleine *(wörtl.: mein Floh)* **I5A,** 1
puis [pɥi] dann **I4B,** 3
un **pull** [ɛ̃pyl] ein Pulli **I7B,** 10

Q

un **quai** [ɛ̃kɛ] Bahnsteig, *hier:* Ufer **I9D,** 3
quand? [kɑ̃] wann? **I4B,** 2
un **quart** [ɛ̃kaʀ] ein Viertel **I5A,** 1
un **quartier** [ɛ̃kaʀtje] ein Stadtviertel **I6DE**
Tu as quel âge? [tyakɛlaʒ] Wie alt bist du? **I4B,** 9
Quelle chance! [kɛlʃɑ̃s] Ein Glück! / Zum Glück! **I7A,** 2
quelque chose [kɛlkəʃoz] etwas **I5B,** 3
quelques [kɛlkə] einige **I9C,** 1
Qu'est-ce que … ? [kɛskə] Was … ? **I3B,** 3
Qu'est-ce que c'est? [kɛskəsɛ] Was ist das? **I3DE**
Qu'est-ce qu'il y a? [kɛskilja] Was gibt es? **I4A,** 2
une **question** [ynkɛstjɔ̃] eine Frage **I6B,** 4
la **queue** [lakø] die (Menschen)Schlange **I8C,** 1
quitter qc [kite] etwas verlassen **I6A,** 4
Quoi? [kwa] Was? **I2B,** 6

R

raconter qc [ʀakɔ̃te] etwas erzählen **I5A,** 5
avoir **raison** [avwaʀʀɛzɔ̃] recht haben **I5B,** 3
ranger qc [ʀɑ̃ʒe] etwas aufräumen **I4A,** 6
le **rap** [ləʀap] Rap *(Musikstil)* **I3B,** 7
un **rat** [ɛ̃ʀa] eine Ratte **I2**
reconnaître [ʀəkɔnɛtʀ] etwas erkennen **I8DE**
la **récréation** [laʀekʀeasjɔ̃] die Pause **I5A,** 5
regarder qc [ʀəgaʀde] etwas ansehen, etwas betrachten **I3A,** 1
Regarde! [ʀəgaʀd] Sieh mal! / Guck mal! **I4B,** 3
une **règle** [ynʀɛgl] ein Lineal **I1A,** 4
rencontrer qn [ʀɑ̃kɔ̃tʀe] jemanden treffen, jemandem begegnen **I7B,** 1
rentrer [ʀɑ̃tʀe] zurückkommen, nach Hause gehen **I5A,** 1
un **repas** [ɛ̃ʀəpa] ein Essen; eine Mahlzeit **I6A,** 4
une **réponse** [ynʀepɔ̃s] eine Antwort **I8C,** 1
un **reportage** [ɛ̃ʀəpɔʀtaʒ] eine Reportage **I8A,** 1
un **restaurant** [ɛ̃ʀɛstɔʀɑ̃] ein Restaurant **I1B,** 1
rester [ʀɛste] bleiben **I7A,** 2
être en retard [ɛtʀɑ̃ʀətaʀ] zu spät kommen **I5DE**
retrouver qn / qc [ʀətʀuve] jemanden treffen; etwas wiederfinden **I5A,** 5
rêver [ʀɛve] träumen **I5B,** 3
Au revoir! [ɔʀvwaʀ] Auf Wiedersehen! **I1A,** 2
rigoler [ʀigɔle] Spaß haben; lachen **I7B,** 1
la **rive droite** / la **rive gauche** [larivdʀwat / goʃ] das rechte / das linke Ufer **I8A,** 9
une **robe** [ynʀɔb] ein Kleid **I7A,** 4
le **rock** [ləʀɔk] Rock, Rockmusik **I3B,** 7
le **roller** [ləʀɔlœʀ] das Inlinerfahren **I3; I6DE**
rose [ʀoz] rosa **I2C,** 1
rouge [ʀuʒ] rot **I2C,** 1
une **rue** [ynʀy] eine Straße **I3A,** 3
le **rugby** [ləʀygbi] das Rugby *(Ballspiel)* **I3B,** 3

S

le **sable** [ləsabl] der Sand **I9D,** 1
un **sac** [ɛ̃sak] eine Tasche **I5B,** 3
un **sac à dos** [ɛ̃sakado] ein Rucksack **I1A,** 4
une **salle de bains** [ynsaldəbɛ̃] ein Badezimmer **I6A,** 4
une **salle de cours** [ynsaldəkuʀ] ein Klassenraum **I5A,** 3
un **salon** [ɛ̃salɔ̃] ein Wohnzimmer **I6A,** 4
Salut! [saly] Hallo! / Grüß dich! **I1A,** 1
Salut! [saly] Tschüs! **I1A,** 2
le samedi [ləsamdi] samstags **I6A,** 4
un **sandwich** [ɛ̃sɑ̃dwi(t)ʃ] ein Sandwich **I7**
sans [sɑ̃] ohne **I9D,** 1
sauter [sote] springen **I9D,** 1
sauver qn [sove] jemanden retten **I9D,** 1
une **semaine** [ynsəmɛn] eine Woche **I8A,** 1
septembre *(m.)* [sɛptɑ̃bʀ] September **I4B,** 7
un **serpent** [ɛ̃sɛʀpɑ̃] eine Schlange **I2**
seul / seule [sœl] allein **I9B,** 1
seulement [sœlmɑ̃] nur **I8B,** 5
un **short** [ɛ̃ʃɔʀt] Shorts **I7**
si [si] doch **I5B,** 3
s'il te plaît [siltəplɛ] bitte *(wenn man jemanden duzt)* **I4A,** 6
un **sketch** [ɛ̃skɛtʃ] ein Sketch **I7**
le **ski** [ɛ̃skɛtʃ] Skilaufen **I6**
un **SMS** [ɛ̃ɛsɛmɛs] eine SMS **I6C,** 1
une **sœur** [ynsœʀ] eine Schwester **I3B,** 3
la **soif** [laswaf] der Durst **I5C,** 1
avoir soif [avwaʀswaf] Durst haben **I6C,** 3
le **soir** [ləswaʀ] der Abend **I6A,** 1
le **soleil** [ləsɔlɛj] die Sonne **I8B,** 3
son / sa / ses *(+ Nomen)* [sɔ̃ / sa / se] sein / seine; ihr / ihre **I4B,** 1
souffler qc [sufle] etwas ausblasen **I4B,** 3
une **souris** [ynsuri] eine Maus I2
sous [su] unter **I5A,** 3
un **souvenir** [ɛ̃suvniʀ] eine Erinnerung, ein Andenken **I8B,** 1
des **spaghettis** *(m., pl.)* Spaghetti **I6A,** 4
spécial / spéciale [spesjal] besonders **I9D,** 3
une **spécialité** [ynspesjalite] eine Spezialität **I9A,** 1
le **sport** [ləspɔʀ] der Sport **I3B,** 3
sportif / sportive [spɔʀtif / spɔʀtiv] sportlich **I9D,** 3
un **stand** [ɛ̃stɑ̃d] ein Stand, eine Bude **I6DE**
une **station** [ynstasjɔ̃] eine Station, eine Haltestelle **I8A,** 2
un **stylo** [ɛ̃stilo] ein Füller, ein Kuli **I1A,** 4
le **sucre** [ləsykʀ] der Zucker **I8C,** 4
super *(inv.)* [sypɛʀ] super, toll **I2B,** 1
un **supermarché** [ɛ̃sypɛʀmaʀʃe] ein Supermarkt **I6**
sur [syʀ] auf, über **I4B,** 3
le **surf** [ləsœʀf] das Surfen **I9B,** 1
surfer [sœʀfe] surfen **I9B,** 1
une **surprise** [ynsyʀpʀiz] eine Überraschung **I4B,** 3
surtout [syʀtu] vor allem **I7B,** 8
S.V.T. (Sciences de la vie et de la terre) [ɛsvete] Biologie **I5**
un **sweat** [ɛ̃swɛt] ein Sweatshirt **I7**
sympa [sɛ̃pa] nett **I3B,** 3

T

une **table** [yntabl] ein Tisch **I6A,** 4
à table [atabl] am Tisch **I5A,** 3
une **tante** [yntɑ̃t] eine Tante **I4A,** 13
tard [taʀ] spät **I6A,** 4
des **tartes flambées** *(f.)* [detaʀtflɑ̃be] Flammkuchen **I7**
un **taxi** [ɛ̃taksi] ein Taxi **I6A,** 1
la **techno** [latɛkno] Techno *(Musikstil)* **I3B,** 7
technologie [tɛknɔlɔʒi] Technik **I5**
téléphoner à qn [telefɔne] mit jemandem telefonieren, jemanden anrufen **I6A,** 2

la **télévision** *(fam.: la télé)* [lateleviziɔ̃] das Fernsehen **I3; I5A**, 1
le **temps** [lətɑ̃] die Zeit **I5B**, 1; das Wetter **I8B**, 4
Quel temps fait-il? [kɛltɑ̃fɛtil] Wie ist das Wetter? **I8B**, 4
le **tennis** [lətenis] Tennis **I6**
une **tente** [yntɑ̃t] ein Zelt **I9C**, 1
un **terrain** [ɛ̃tɛʀɛ̃] ein Platz **I9D**, 3
un **terrain de foot** [ɛ̃teʀɛ̃d(ə)fut] Ein Fußballplatz **I6**
une **terrasse** [yntɛʀas] eine Terrasse **I9A**, 5
le **TGV** [ləteʒeve] der TGV **I7A**, 1
le **théâtre** [ləteatʀ] das Theater **I6A**, 7
un **ticket** [ɛ̃tikɛ] eine Eintrittskarte **I4B**, 3; ein Fahrschein, eine Fahrkarte **I8A**, 5
tirer [tiʀe] ziehen **I9D**, 1
un **titre** [ɛ̃titʀ] ein Titel **I5B**, 4
toi [twa] du **I1A**, 1
les **toilettes** [letwalɛt] die Toilette **I5A**, 1
tomber [tɔ̃be] fallen **I6B**, 4
ton / ta / tes [tɔ̃/ta/te] dein / deine **I4A**, 3
une **tortue** [yntɔʀty] eine Schildkröte **I2**
tôt *(adv.)* [to] früh *(Adv.)* **I8A**, 2
toujours [tuʒuʀ] immer **I4A**, 6
un **tour** [ɛ̃tuʀ] eine Tour, ein Rundgang **I6A**, 4
un tour [ynʀɑ̃dɔne] eine Wanderung / eine Tour **I9A**, 1
un **touriste** / une **touriste** [ɛ̃turist/ynturist] ein Tourist / eine Touristin **I8DE**
tourner [tuʀne] drehen, abbiegen **I6B**, 1
tout / toute / tous / toutes [tu/tut/tus/tut] ganz; alle **I6A**, 4; **I9B**, 1
tout à coup [tutaku] plötzlich **I9A**, 1
tout droit [tudʀwa] geradeaus **I6B**, 1
tout le monde [tulmɔ̃d] alle, jeder **I6DE**
un **train** [ɛ̃tʀɛ̃] ein Zug **I4A**, 3
en train [ɑ̃tʀɛ̃] mit dem Zug **I8A**, 5
travailler [tʀavaje] arbeiten **I3A**, 1
traverser qc [tʀavɛʀse] etwas überqueren **I6B**, 1
très [tʀɛ] sehr **I7A**, 4
triste / triste [tʀist/tʀist] traurig **I7A**, 4
trop [tʀo] zu viel, zu sehr **I6B**, 4
C'est trop nul! *(fam.)* [sɛtʀonyl] Das ist zu blöd! *(ugs.)* **I6B**, 4
une **trousse** [yntʀus] ein Mäppchen *(für Füller etc.)* **I1A**, 4
trouver qn / qc [tʀuve] jemanden / etwas finden **I3A**, 1
se trouver [sətʀuwe] sich befinden **I8A**, 9
un **truc** *(fam.)* [ɛ̃tʀyk] eine Sache, ein Ding **I7A**, 2
un **t-shirt** [ɛ̃tiʃœʀt] ein T-Shirt **I3B**, 3

U

un peu de [ɛ̃pødə] ein bisschen **I8C**, 1

V

les **vacances** *(f., pl.)* [levakɑ̃s] die Ferien **I3A**, 3
en vacances (f., pl.) [ɑ̃vakɑ̃s] in den Ferien **I3A**, 3
une **vache** [ynvaʃ] eine Kuh **I9A**, 1
un **vélo** [ɛ̃velo] ein Fahrrad **I3B**, 7
un **vendeur** / une **vendeuse** [ɛ̃vɑ̃dœʀ/ynvɑ̃døz] ein Verkäufer / eine Verkäuferin **I6C**, 3
vendredi *(m.)* [vɑ̃dʀədi] Freitag, am Freitag **I5B**, 1
Venez! [vəne] Kommt! *(Aufforderung)* **I1A**, 3
le **vent** [ləvɑ̃] der Wind **I8B**, 1
vert [vɛʀ] grün **I2C**, 1
une **veste** [ynvɛst] eine Jacke **I7B**, 10
un **vêtement** [ɛ̃vɛtmɑ̃] ein Kleidungsstück **I7B**, 10
Viens! [vjɛ̃] Komm! *(Aufforderung)* **I2A**, 1
vieux / vieil / vieille [vjø/vjɛj/vjɛj] alt **I9A**, 1
une **ville** [ynvil] eine Stadt **I8A**, 1
visiter qc [vizite] etwas besichtigen **I8DE**
vite [vit] schnell *(Adv.)* **I2A**, 1
une **vitrine** [ynvitʀin] ein Schaufenster **I9A**, 5
voici [vwasi] hier ist, hier sind **I9C**, 1
voilà [vwala] da ist, da sind **I1B**, 10
une **voiture** [ynvwatyʀ] ein Auto **I6A**, 1
en voiture [ɑ̃vwatyʀ] mit dem Auto **I6A**, 1
un **volcan** [ɛ̃vɔlkɑ̃] ein Vulkan **I1B**, 4
un **voleur** [ɛ̃vɔlœʀ] ein Dieb **I6A**, 4
le **volley(ball)** [ləvɔlɛbol] Volleyball **I6**
votre / vos [vɔtʀ/vo] euer / eure; Ihr / Ihre **I5B**, 3
je voudrais . . . [ʒəvudʀɛ] ich möchte gerne . . . **I6C**, 3
vrai / vraie [vʀɛ] wahr; richtig, echt **I8A**, 2
vraiment [vʀɛmɑ̃] wirklich **I6B**, 4
la **vue** [lavy] die Aussicht **I8B**, 1

Z

Zut! *(fam.)* [zyt] Mist!, Verdammt! **I3A**, 3

Noms masculins

Alex [alɛks] **I3A**, 3
Anatole [anatɔl] **I9D**, 1
Antoine [ɑ̃twan] **I1**, 1
Clément [klemɑ̃] **I1**, 1
Damien [damjɛ̃] **I5B**, 3
Gabriel [gabʀiɛl] **I1**, 1
Gaspard [gaspaʀ] **I1**, 1
Gilles [ʒil] **I1**, 1
Jérôme [ʒeʀom] **I3B**, 2
Justin [ʒystɛ̃] **I1**, 1
Léo [leo] **I1**, 1
Louis [lwi] **I1**, 1
Maurice [mɔʀis] **I1**, 1
Paul [pɔl] **I1**, 1
Pierre [pjɛʀ] **I1**, 1
Romain [ʀɔmɛ̃] **I1**, 1
Thomas [tɔma] **I1**, 1
Valentin [valɑ̃tɛ̃] **I1**, 1

Prénoms féminins

Anne [an] **I1**, 1
Béatrice [beatʀis] **I1**, 1
Clara [klaʀa] **I5A**, 3
Delphine [dɛlfin] **I7A**, 2
Elise [eliz] **I1**, 1
Fleur [flœʀ] **I1**, 1
Gabrielle [gabʀiɛl] **I1**, 1
Joséphine [ʒozefin] **I1**, 1
Léa [lea] **I1**, 1
Lilou [lilu] **I1**, 1
Louise [lwiz] **I1**, 1
Lucie [lysi] **I1**, 1
Manon [manɔ̃] **I1**, 1
Marie [maʀi] **I1**, 1
Sarah [saʀa] **I1**, 1
Véronique [veʀɔnik] **I1**, 1
Zoé [zɔe] **I1**, 1

Noms de famille

Chabane [ʃaban] **I6A**, 4
Duvoisin [dyvwazɛ̃] **I1A**, 1
Floret [flɔʀɛ] **I1A**, 1
Gourmand [guʀmɑ̃] **I1B**, 1
Gustave Eiffel [gystavefɛl] **I8B**, 1
Latière [latjɛʀ] **I3A**, 3
Pirou [piʀu] **I4A**, 2
Racine [ʀasin] **I5A**, 1
Térence [teʀɑ̃s] **I1**, 1

Noms de villes

Brest [bʀɛst] **I2B**, 6
Cologne [kɔlɔɲə] **I4A**, 2
la Cité de Carcassonne [lasitedəkaʀkasɔn] **I9DE**
La Rochelle [laʀɔʃɛl] La Rochelle **I9B**, 1
Morat [mɔʀa] **I9DE**
Nice [nis] **I1B**, 10
Paris [paʀi] **I2DE**
Strasbourg [stʀasbuʀ] **I2B**, 8
Toulouse [tuluz] **I1B**, 10

Noms géographiques

l'**Allemagne** [lalmaɲ] **I4A**, 3
l'**Aude** *(f.)* [lod] die Aude **I9C**, 1
la **Seine** [lasɛn] die Seine **I8A**, 9
la Suisse [lasɥis] **I9DE**
le Col de la Faucille [ləkɔldəlafosij] **I9A**, 1
la France [lafʀɑ̃s] **I1A**, 6
l'**Ile de Ré** [lildəʀe] die Ile de Ré **I9DE**
le **Jura** [ləʒyʀa] **I9A**, 1
le **Lac de Morat** [ləlakdəmɔʀa] der Murtensee *(Schweizer See am Rande des Jura)* **I9A**, 1
le **Mont-Blanc** [ləmɔ̃blɑ̃] **I9A**, 1
le Pays de Gex [ləpeidəʒɛks] **I9A**, 1
les **Alpes** [lezalp] **I9A**, 1

Noms divers

l'**Arc de triomphe** [laʀkdətʀijɔ̃f] **I8DE**
le **Centre Pompidou** [ləsɑ̃tʀ(ə)pɔ̃pidu] **I8DE**
La Défense [ladefɑ̃s] **I8DE**
la **gare d'Austerlitz** [lagaʀdostɛʀlitz] **I9D**, 1
la **gare de l'Est** [lagaʀdəlɛst] **I8A**, 5
l'**Ile de la Cité** [lildəlasite] **I8A**, 9
l'**Ile Saint Louis** [lilsɛ̃lui] **I9D**, 1
Interclub 17 [ɛ̃tɛʀklœbdisɛt] **I6DE**
le **Jardin des Plantes** [ləʒaʀdɛ̃deplɑ̃t] **I9D**, 1
la Joconde [laʒokɔ̃d] **I8**
le **Louvre** [ləluvʀ] **I8DE**
Malabar [malabaʀ] **I2A**, 1
Malou [malu] **I3A**, 3
Moustique [mustik] **I1A**, 2
Notre-Dame [nɔtʀədam] **I8DE**
le **parc Astérix** [ləpaʀkasteʀiks] der Park Astérix **I8DE**
Batignolles [batiɲɔl] **I6DE**
la **Place de la Bastille** [laplasdəlabastij] **I7B**, 1
la **rue Nollet** [laʀynɔlɛ] **I3B**, 3
la **rue Truffaut** [laʀytʀyfo] **I3B**, 3
le **Sacré-Cœur** [ləsakʀekœʀ] **I8DE**
Superbus [sypɛʀbys] **I4A**, 10
la **tour Eiffel** [latuʀɛfɛl] **I7DE**
La Villette [lavilɛt] la Villette **I8DE**

Noms de personnes connues

Gustave Eiffel [gystavɛfɛl] **I8A**, 1
Honoré de Balzac [ɔnɔʀedəbalzak] **I5DE**

Wortliste

A

abbiegen tourner **I6B,** 1
der Abend le soir **I6A,** 1
  heute Abend ce soir **I6A,** 1
ein Abenteuer une aventure **I9D,** 1
aber mais **I2B,** 1
jemanden abholen aller chercher qn **I7A,** 2
Achtung! Attention! **I2A,** 1
alle tout le monde **I6DE**; tous / toutes **I6A,** 4
allein seul / seule **I9B,** 1
als comme **I6A,** 8
alt vieux / vieil / vieille **I9A,** 1
das Alter l'âge *(m.)* **I4B,** 10
am Ufer von etwas au bord de qc **I9A,** 1
etwas anbieten offrir qc **I9D,** 3
ein Andenken un souvenir **I8B,** 1
anderer / andere / anderes autre / autre **I7B,** 1
anfangen commencer **I5A,** 1
eine Angelegenheit une affaire **I4A,** 6
die Angst la peur **I6A,** 4
etwas anhören écouter qn / qc **I3A,** 1
(an)kommen arriver **I3A,** 1
die Ankunft l'arrivée *(f.)* **I7A,** 2
ein Anorak un anorak **I7B,** 10
ein (Telefon)Anruf un coup de téléphone **I9B,** 1
anrufen téléphoner à qn **I6A,** 2
etwas ansehen regarder qc **I3A,** 1
eine Ansichtskarte une carte postale **I8DE**
eine Antwort une réponse **I8C,** 1
anziehen mettre qc **I7B,** 1
ein Apfel une pomme **I5C,** 1
ein Apfelsaft un jus de pomme **I6C,** 3
April avril *(m.)* **I4B,** 7
ein Büro; *(hier)* **Arbeitszimmer** un bureau **I8B,** 1
ein Arrondissement *(ein Verwaltungsbezirk)* un arrondissement **I6DE**
ein Assistent / eine Assistentin un assistant / une assistante **I8A,** 1
Attraktion une attraction **I8C,** 1
auch aussi **I2B,** 1
die Aude l'Aude *f* **I9C,** 1
auf sur **I4B,** 3
  auf, über sur **I4B,** 3
auf der Straße dans la rue **I3A,** 3
auf diese Weise comme ça **I5B,** 3
etwas aufräumen ranger qc **I4A,** 6
August août *(m.)* **I4B,** 7
aus de / d' **I1B,** 10
ausblasen souffler qc **I4B,** 3
ein Ausflug une excursion **I9C,** 1
die Aussicht la vue **I8B,** 1
ein Auto une voiture **I6A,** 1

B

das **Bad,** das **Badezimmer** la salle de bains **I6A,** 4
ein Bahnhof une gare **I7A,** 2
bis bald à bientôt **I4A,** 3
ein Ball un bal **I7DE**
Basketball le basket(ball) **I3**; **I6**
Batobus un batobus **I9D,** 1
Bauwerk un monument **I8DE**
jemandem begegnen rencontrer qn **I7B,** 1
beginnen commencer **I5A,** 1
bei jemandem chez qn **I5A,** 1
ein Berg une montagne **I9A,** 1
etwas besichtigen visiter qc **I8DE**
ein Besitzer, eine Besitzerin un propriétaire / une propriétaire **I9D,** 1
besonders spécial / spéciale **I9D,** 3
besser mieux **I8C,** 1
etwas betrachten regarder qc **I3A,** 1
ein Betreuer / eine Betreuerin un mono / une mono **I9C,** 1
ein Bett un lit **I5A,** 1
Biologie S.V.T. (Sciences de la vie et de la terre) **I5**
bis bald à bientôt **I4A,** 3
bisschen un peu **I8A,** 2
bis später A plus! *(fam.)* **I5A,** 1
bitte *(wenn man jemanden siezt)* s'il vous plaît **I4A,** 3
bitte *(wenn man jemanden duzt)* s'il te plaît **I4A,** 6
jemanden um etwas bitten demander (qc) à qn **I7B,** 1
blau bleu **I2C,** 1; bleu / bleue **I7B,** 8
bleiben rester **I7A,** 2
blöd nul **I6B,** 4
  Das ist zu blöd! *(ugs.)* C'est trop nul! *(fam.)* **I6B,** 4
ein Boot, Boote un bateau / des bateaux **I8A,** 7
eine Boutique une boutique **I8B,** 1
bravo bravo **I9D,** 1
ein Brief une lettre **I9A,** 1
eine Brücke un pont **I9DE**
ein Bruder un frère **I3B,** 3
eine Bücherei une bibiothèque **I6**
ein Büro un bureau **I8B,** 1
ein Bus un bus **I8A,** 2

C

eine CD un CD **I4A,** 2
ein Cent un centime **I6C,** 3
Chips des chips **I7**
ein „Collège" un collège **I5DE**
ein Comic une BD **I3DE**
ein Computer un ordinateur **I4A,** 2
cool cool *(fam.)* **I5B,** 3
ein Cousin / eine Cousine un cousin / une cousine **I4A,** 13
Creme la crème **I9A,** 1

D

da ist, da sind voilà **I1B,** 10
eine Dame une dame **I2B,** 5
danach, nach après **I5A,** 1
Vielen Dank! Merci beaucoup! **I6B,** 3
dann puis **I4B,** 3
das ça **I3B,** 3
dein, deine ton / ta / tes **I4A,** 3
deutsch; Deutsch allemand **I4A,** 15
Dezember décembre *(m.)* **I4B,** 1
Dienstag, am Dienstag mardi *(m.)* **I5B,** 1
dieser, diese ce, cet, cette **I9C,** 1
ein Ding un truc *(fam.)* **I7A,** 2
Ding une chose **I9C,** 2
diskutieren discuter **I5A,** 5
doch si **I5B,** 3
Donnerstag, am Donnerstag jeudi *(m.)* **I5B,** 1
dort / da là **I3A,** 3
  dort là-bas **I8C,** 1
Dose une boîte **I9A,** 5
drehen tourner **I6B,** 1
Durst haben avoir soif **I6C,** 3
eine DVD un DVD **I4A,** 2

E

ein Eingang une entrée **I6A,** 1
einige quelques **I9C,** 1
jemanden einladen inviter qn **I4A,** 3
einsteigen monter **I9D,** 1
eintreten entrer **I3A,** 3
eine Eintrittskarte un ticket **I4B,** 3
einverstanden d'accord **I3B,** 3
eine Eisdiele un glacier **I6**
die Eltern les parents *(m.)* **I4A,** 9
eine E-Mail un courriel **I7B,** 8
das Ende la fin **I5B,** 4; **I5B,** 4
endlich, schließlich enfin **I7A,** 4
Englisch anglais **I5**
enorm, riesig énorme / énorme **I8C,** 1
Entschuldigen Sie. / Entschuldigung! Excusez-moi. **I5A,** 3
Entschuldigung. Pardon! **I2A,** 1
eine Erinnerung un souvenir **I8B,** 1
etwas erkennen reconnaître qc **I8DE**
eine Erklärung une explication **I8B,** 5
ein Erlebnispark un parc d'attractions **I8A,** 2
der erste le premier **I4B,** 2
etwas erzählen raconter qc **I5A,** 5
etwas essen manger qc **I4B,** 3
ein Essen un repas **I6A,** 4
etwas quelque chose **I5B,** 3
ein Euro un euro / des euros **I6C,** 3

F

fahren aller **I5A,** 3
ein Fahrrad un vélo **I3B,** 7
ein Fahrschein, eine Fahrkarte un ticket **I8A,** 5
fallen tomber **I6B,** 4
eine Familie une famille **I4A,** 5
fantastisch fantastique **I2B,** 1
eine Farbe une couleur **I7B,** 8
Farben les couleurs **I2C,** 1
Februar février *(m.)* **I4B,** 7
feiern fêter **I4B,** 9
die Ferien les vacances *(f., pl.)* **I3A,** 3
  in den Ferien en vacances *(f., pl.)* **I3A,** 3
Ferienkolonie, Ferienlager une colonie de vacances **I9C,** 1
das Fernsehen la télévision **I5A,** 1
ein Fest, eine Party une fête **I4B,** 4
  ein Fest un bal **I7DE**
ein Feuerwerk un feu d'artifice **I7DE**
ein Film un film **I6C,** 1
jemanden / etwas finden trouver qn / qc **I3A,** 1

Flammkuchen des tartes flambées *(f.)* **I7**
ein Flugzeug un avion **I8A,** 7
ein Foto une photo **I4A,** 5
eine Frage une question **I6B,** 4
jemanden nach etwas fragen demander (qc) à qn **I7B,** 1
französisch; Französisch français **I4A,** 15
eine Frau une dame **I2B,** 5
Freitag, am Freitag vendredi *(m.)* **I5B,** 1
eine Freizeitbeschäftigung une activité **I6DE**
ein Freizeitpark un parc d'attractions **I8A,** 2
ein Freund / eine Freundin un copain / une copine *(fam.)* **I2B,** 4; un ami / une amie **I3A,** 3
ein Frisör un coiffeur **I6**
früh *(Adv.)* tôt *(adv.)* **I8A,** 2
ein Fuß un pied **I5DE**
zu Fuß à pied **I6A,** 1
ein Fußballplatz un terrain de foot **I6**
ein Fußballverein un club de foot **I6**

G

ganz tout / toute / tous / toutes **I9B,** 1
jemandem etwas geben donner qc à qn **I7B,** 1
gebräunt, braun bronzé / bronzée **I9B,** 1
ein Geburtstag un anniversaire **I4DE**
gegen contre **I6B,** 4
gehen aller **I5A,** 3
Wem gehört er / sie / es? Elle / Il est à qui? **I5A,** 5
gelb jaune **I2C,** 1; jaune / jaune **I7B,** 8
gemeinsam ensemble **I4DE**
geöffnet, offen ouvert / ouverte **I9D,** 3
geradeaus tout droit **I6B,** 1
das Geräusch le bruit **I6A,** 4
ein Geschäft un magasin **I3DE**
ein Geschenk un cadeau **I4DE**
eine Geschichte une histoire **I4A,** 2
Geschichte und Erdkunde *(Fach)* histoire-géo **I5**
gestern hier **I7A,** 2
ein Getränk une boisson **I8C,** 1
(etwas) gewinnen gagner (qc) **I6B,** 3
Gewonnen! C'est gagné! **I6B,** 4
eine Gitarre une guitare **I6A,** 7
ein Goldfisch un poisson rouge **I2**
grau gris **I2C,** 1
groß grand / grande **I7DE**
die Großeltern les grands-parents **I4A,** 13
eine Großmutter une grand-mère **I3A,** 3
ein Großvater un grand-père **I4A,** 13
grün vert **I2C,** 1
gut bon / bonne **I6A,** 4
Guten Appetit! Bon appétit! **I6C,** 5

H

haben avoir **I4B,** 1
ein Hafen un port **I9B,** 1
ein Halbbruder un demi-frère **I4**
eine Halbschwester une demi-sœur **I4**
Hallo? *(am Telefon)* Allô? **I4A,** 3
eine Haltestelle une station **I8A,** 2
ein Hamster un hamster **I2**
Handball le hand-ball **I6**
ein Handy un portable **I6C,** 1
zu Hause, nach Hause à la maison **I5A,** 1
die (Haus)Aufgaben les devoirs *(m., pl.)* **I5B,** 3
heiß chaud / chaude **I8B,** 1
es ist heiß Il fait chaud. **I8B,** 1
er heißt il s'appelle **I4B,** 10
ein Held un héros **I9D,** 1
jemandem helfen aider qn **I7B,** 1
ein Hemd une chemise **I7B,** 10
hereinkommen entrer **I3A,** 3
ein Herr un monsieur **I2B,** 5
herumfahren faire le tour de qc **I9A,** 1
heute aujourd'hui **I4A,** 6
heute Abend ce soir **I6A,** 1
hier, hierher ici **I2B,** 1
die Hilfe l'aide *f.* **I9D,** 1
hinter derrière **I5B,** 9
eine Hochzeit un mariage **I4**
ein (Schul-)Hof une cour **I5DE**
eine Hose un pantalon **I7A,** 4
die Hosentasche la poche **I7B,** 1
hübsch joli / jolie **I7A,** 4
Hunger haben avoir faim **I4B,** 3
ein Hut un chapeau **I7A,** 4
hyper-, über- hyper **I9B,** 1

I

ich möchte gerne ... je voudrais ... **I6C,** 3
eine Idee une idée **I4DE**
in dans **I3A,** 3
in der 6B en sixième B **I5A,** 5
in der Nähe von près de **I9C,** 1
in der Wüste dans le désert **I2B,** 6
eine Insel une île **I9B,** 1
insgesamt au total **I8C,** 1
interessant intéressant / intéressante **I7A,** 4
ein Interview une interview **I6B,** 4

J

eine Jacke une veste **I7B,** 10
ein Jahr un an **I4B,** 1
Januar janvier *(m.)* **I4B,** 7
eine Jeans un jean **I7B,** 10
jeder tout le monde **I6DE**
jetzt maintenant **I4A,** 6
das Judo le judo **I3B,** 3
Judo machen, betreiben faire du judo **I6A,** 4
in Jugendzentrum une maison des jeunes **I6**
Juli juillet *(m.)* **I4B,** 7
ein Junge un garçon **I2B,** 1
ein junger Mann un jeune homme **I8C,** 1
Juni juin *(m.)* **I4B,** 7

K

ein Kakao un chocolat **I9A,** 5
kalt froid / froide **I8B,** 4
Es ist kalt. Il fait froid. **I8B,** 4
ein Kampf un combat **I6A,** 4
ein Kanarienvogel un canari; une perruche **I2**
eine Kantine une cantine **I5DE**
eine Kappe une casquette **I7B,** 8
eine Karte une carte **I8DE**
ein Karton un carton **I3A,** 1
eine Kasse une caisse **I8C,** 1
eine Katastrophe une catastrophe **I3A,** 3
eine Kathedrale une cathédrale **I8DE**
eine Katze un chat **I2B,** 1
etwas kaufen acheter qc **I8C,** 1
ein Kaufhaus un grand magasin **I6**
kein / keine ne ... pas de **I8C,** 1
kein / keine mehr ne ... plus de **I8C,** 1
kennen connaître **I9C,** 1
eine Kerze une bougie **I4A,** 6
ein Kilometer un kilomètre **I8A,** 2
ein Kiosk un kiosque **I6**
die Klamotten les fringues *(f.)* **I7**
eine Klasse une classe **I5B,** 3
eine Klassenarbeit une interrogation **I5B,** 3
ein Klassenraum une salle de cours **I5A,** 3
klassisch classique **I3B,** 7
ein Kleid une robe **I7A,** 4
ein Kleidungsstück un vêtement **I7B,** 10
klein petit / petite **I7A,** 4
klicken cliquer **I5B,** 3
Knochen un os / des os **I6A,** 4
komisch bizarre **I2B,** 1
Komm! *(Aufforderung)* Viens! **I2A,** 1
(an)kommen arriver **I3A,** 1
ein Konzert un concert **I9D,** 3
eine Kopie une copie **I5B,** 3
etwas kosten coûter qc **I5C,** 1
Wie viel kostet das? Ça coûte combien? **I6C,** 3
kostenlos gratuit / gratuite **I8C,** 1
eine Krankenstation une infirmerie **I5DE**
eine Kreuzung un carrefour **I6B,** 1
eine Krise une crise *(fam.)* **I2B,** 6
eine Küche une cuisine **I6A,** 4
ein Kuchen / Kuchen un gâteau / des gâteaux **I4A,** 6
eine Kuh une vache **I9A,** 1
ein Kunde / eine Kundin un client / une cliente **I6C,** 6
Kunst arts plastiques **I5**
ein Kuss, ein Küsschen une bise *(fam.)* **I2B,** 6; un bisou **I7B,** 8

L

ein Laden un magasin **I3DE**
ein Ladengeschäft une boutique **I8B,** 1
lang long / longue **I7A,** 4
der Lärm le bruit **I6A,** 4
laufen marcher **I9A,** 1
ein Lehrer / eine Lehrerin un professeur / une professeure **I5A,** 3
die Leichtathletik l'athlétisme *(m.)* **I6A,** 4
es tut mir leid (je suis) désolé / désolée **I8C,** 1
etwas lesen lire qc / qcà qn **I8B,** 5
ein Leser / eine Leserin un lecteur / une lectrice **I8A,** 2
letzter / letzte / letztes dernier / dernière **I7A,** 4
die Leute les gens *(m., pl.)* **I7DE**
Lieber ... / Liebe ... Cher ... / Chère ... **I7B,** 8
etwas lieben / mögen aimer qn / qc **I3B,** 3

jemanden / etwas lieben aimer qn / qc **13B**, 3
(nach) links à gauche **16B**, 1
eine Liste une liste **18C**, 1
Lust haben, etwas zu tun avoir envie de faire qc **14B**, 3

M

etwas machen faire qc **15B**, 3
Das macht ... Ça fait ... **16C**, 3
ein Mädchen une fille **12B**, 1
Mai mai *(m.)* **14B**, 7
das Maison de la presse la Maison de la Presse **13DE**
Mama, Mutti maman *(f.)* **14A**, 5
ein Mann un monsieur **12B**, 5
März mars *(m.)* **14B**, 7
Mathematik mathématiques **15**
eine Maus une souris **12**
ein Meerschweinchen un cochon d'Inde **12**
mehrere plusieurs **19D**, 3
Mensa une cantine **15DE**
merkwürdig bizarre **12B**, 1
die Metro, die U-Bahn le métro **18A**, 2
eine Million un million **18A**, 2
ein Mineralwasser une eau minérale **16C**, 3
Mist! Zut! *(fam.)* **13A**, 3
mit avec **13A**, 1
mittelalterlich médiéval / médiévale **19A**, 1
Mitternacht minuit *(m.)* **16A**, 4
Mittwoch, am Mittwoch mercredi *(m.)* **15B**, 1
modern moderne **18DE**
jemanden / etwas mögen aimer qn / qc **13B**, 3
jemanden / etwas sehr gern mögen adorer qn / qc **16A**, 4
ein Moment un moment **18B**, 1
ein Monat un mois **14B**, 2
Montag, am Montag lundi *(m.)* **15A**, 3
ein Monument un monument **18DE**
morgen demain **14A**, 3
der Morgen le matin **16A**, 4
müde fatigué / fatiguée **18A**, 2
ein Museum un musée **18DE**
die Musik la musique **13B**, 3
Musik *(Fach)* education musicale **15**
eine Musikschule une école de musique **16**
eine Mutter une mère **14A**, 13
Mama, Mutti maman *(f.)* **14A**, 5

N

nach, danach après **15A**, 1
der Nachmittag l'après-midi *(m.)* **16A**, 4
nächster / nächste / nächstes prochain / prochaine **19B**, 1
die Nacht la nuit **16A**, 1
Na ja., Ach. Bof! *(fam.)* **11B**, 9
Na klar! bien sûr **14DE**
ein Nationalfeiertag une fête nationale **17DE**
die Natur la nature **19C**, 1
etwas nehmen prendre qc **16A**, 4
nett sympa **13B**, 3; joli / jolie **17A**, 4
neu nouveau / nouvel / nouvelle **19A**, 1
das Neujahr le nouvel an **14**
nicht ne ... pas **15A**, 3
nicht mehr ne ... plus **18C**, 1
noch encore **14B**, 3
November novembre *(m.)* **14B**, 7
nur seulement **18B**, 5

O

oder ou **14A**, 2
offen, geöffnet ouvert / ouverte **19D**, 3
ohne sans **19D**, 1
o.k. d'accord **13B**, 3
ökologisch écologique **18A**, 5
Oktober octobre *(m.)* **14B**, 7
ein Onkel un oncle **14A**, 13
orange orange **12C**, 1
ein Orangensaft un jus d'orange **16C**, 3
ene Orangenlimonade un orangina **18C**, 1
ein Ort un endroit **18A**, 1
Ostern Pâques *(f.)* **15**

P

eine Palme un palmier **19D**, 1
Papa papa **12A**, 1
ein Papagei un perroquet **12**
die Pause la récréation **15A**, 5
eine Person une personne **17A**, 1
ein Pferd **un cheval** **12**
Pfingsten la Pentecôte **15**
eine Pizza une pizza **17**
ein Plakat, ein Poster une affiche **13DE**
ein Platz une place **15A**, 3; un terrain **19D**, 3
plötzlich tout à coup **19A**, 1
die Post la poste **16B**, 3
eine Postkarte une carte postale **18DE**
praktisch pratique **18C**, 1
ein Problem un problème **17A**, 2
ein Pulli un pull **17B**, 10

R

Rahm la crème **19A**, 1
das Rathaus l'hôtel de ville *m.* **19D**, 3
eine Ratte un rat **12**
recht haben avoir raison **15B**, 3
(nach) rechts à droite **16B**, 1
regnen pleuvoir **18B**, 4
Reiten l'équitation *(f.)* **16**
eine Reportage un reportage **18A**, 1
jemanden retten sauver qn **19D**, 1
riesig énorme / énorme **18C**, 1
Rock, Rockmusik le rock **13B**, 7
ein Rock une jupe **17B**, 10
rot rouge **12C**, 1; rouge / rouge **17B**, 8
Ruf die Polizei! Appelle la police! **12B**, 6
ein Rundgang un tour **16A**, 4

S

eine Sache une affaire **14A**, 6
ein Saft un jus **15C**, 1
Samstag, am Samstag samedi **14B**, 10
samstags le samedi **16A**, 4
der Sand le sable **19D**, 1
ein Sandwich un sandwich **17**
ein Sänger / eine Sängerin un chanteur / une chanteuse **17A**, 4
Schachtel une boîte **19A**, 5
Das ist schade. C'est dommage. **14A**, 3
Schaufenster une vitrine **19A**, 5
ein Schiff un bateau / des bateaux **18A**, 7
eine Schildkröte une tortue **12**
eine Schirmmütze une casquette **17B**, 8
eine Schlange un serpent **12**
schlecht mauvais / mauvaise **17B**, 1
Es ist schlechtes Wetter. Il fait mauvais. **18B**, 4
schlecht sein avoir mal au cœur **18C**, 1
schließlich enfin **17A**, 4
der Schluss la fin **15B**, 4
ein Schlüssel une clé **15A**, 3
Schmerzen haben avoir mal **16B**, 4
Schnecke un escargot **18A**, 9
schneien neiger **18B**, 4
schnell *(Adv.)* vite **12A**, 1
Schokolade un chocolat **19A**, 5
schön beau **18A**, 1; beau / bel / belle **19A**, 1
schon déjà **16A**, 4
jemandem etwas schreiben écrire qc à qn **18B**, 1
ein Schreibtisch un bureau **18B**, 1
ein Schreibwarengeschäft une papeterie **16**
ein Schuh une chaussure **17B**, 10
eine Schule une école **13A**, 3
ein Schüler / eine Schülerin un élève / une élève **15DE**
schwarz noir **12C**, 1; noir / noire **17B**, 10
ein Schwein un cochon **12**
eine Schwester une sœur **13B**, 3
ein Schwimmbad une piscine **16B**, 3
schwimmen nager **19B**, 1
das Schwimmen la natation **16A**, 7
ein Schwimmer, eine Schwimmerin un nageur / une nageuse **19D**, 1
ein See un lac **19A**, 1
sehen Regarde! **14B**, 3
sehr très **17A**, 4
sein être **13B**, 3
sein son / sa / ses *(+ Nomen)* **14B**, 1
seit depuis **19A**, 1
September septembre *(m.)* **14B**, 7
etwas setzen / stellen / legen poser qc **16B**, 4; mettre qc **17B**, 1
Shorts un short **17**
Sicherlich!, Selbstverständlich! bien sûr **14DE**
der, die, das siebzehnte le, la dix-septième **16DE**
singen chanter **14B**, 3
ein Sketch un sketch **17**
Skilaufen le ski **16**
eine SMS un SMS **16C**, 1
so comme ça **15B**, 3
sogar même **16B**, 4
ein Sohn un fils **14A**, 13
der Sommer l'été *(m.)* **19DE**
im Sommer en été **19B**, 1
Sonne le soleil **18B**, 3
Sonntag, am Sonntag dimanche *(m.)* **15B**, 1
Spaß haben rigoler **17B**, 1
spät tard **16A**, 4
zu spät kommen être en retard **15DE**
speziell, besonders spécial / spéciale **19D**, 3
ein Spiel / Spiele un jeu / des jeux **14A**, 9
Spiel un match **14B**, 3
spielen jouer **15DE**
der Sport le sport **13B**, 3

Sport *(Fach)* E.P.S. (education physique et sportive) **I5**
sportlich sportif / sportive **I9D**, 3
ein Sportverein un club sportif **I6**
eine Sprache une langue **I9A**, 5
sprechen parler **I3A**, 1
mit jemandem sprechen parler à / avec qn **I7B**, 1
springen sauter **I9D**, 1
eine Stadt une ville **I8A**, 1
Stand un stand **I6DE**
eine Station une station **I8A**, 2
eine Stelle un endroit **I8A**, 1
Stimmt's? C'est ça? **I4B**, 3
ein Strand une plage **I9DE**
eine Straße une rue **I3A**, 3
eine Stunde une heure **I5A**, 1
der Stundenplan l' emploi *(m.)* du temps **I5B**, 1
jemanden / etwas suchen chercher qn / qc **I3A**, 1
super super *(inv.)* **I2B**, 1
ein Supermarkt un supermarché **I6**
surfen surfer **I9B**, 1
das Surfen le surf **I9B**, 1
ein Sweatshirt un sweat **I7**

T

ein Tag une journée **I5A**, 1; un jour **I6A**, 1
pro Tag / täglich par jour **I8A**, 2
Einen schönen Tag! Bonne journée! **I6C**, 6
eine Tante une tante **I4A**, 13
der Tanz, das Tanzen la danse **I6A**, 7
tanzen danser **I7DE**
eine Tasche un sac **I5B**, 3
die Tasche, die Hosentasche la poche **I7B**, 1
die Taufe le baptême **I5**
Technik technologie **I5**
Techno *(Musikstil)* la techno **I3B**, 7
ein Teil une partie **I5B**, 4
Tennis le tennis **I6**
das Theater le théâtre **I6A**, 7
ein Tisch une table **I6A**, 4
bei Tisch à table **I5A**, 3
ein Titel un titre **I5B**, 4
eine Tochter une fille **I2B**, 1
die Toilette les toilettes **I5A**, 1
toll super **I2B**, 1; fantastique **I2B**, 1
toll gemacht bravo **I9D**, 1
eine Tour un tour **I6A**, 4; **I9A**, 1
ein Tourist / eine Touristin un touriste / une touriste **I8DE**
etwas tragen porter qc **I3A**, 1
träumen rêver **I5B**, 3
traurig triste / triste **I7A**, 4
jemanden treffen retrouver qn / qc **I5A**, 5; **I7B**, 1
etwas trinken boire qc **I8C**, 1
Trinken wir etwas? On prend quelque chose? **I6C**, 3
ein T-Shirt un t-shirt **I3B**, 3
eine Tür une porte **I6A**, 4
das Turnen la gymnastique **I3B**, 7
eine Turnhalle un gymnase **I5B**, 5
ein Turnschuh une basket **I7B**, 10

U

U-Bahn le métro **I8A**, 2
die Metro, die U-Bahn le métro **I8A**, 2
übel sein avoir mal au cœur **I8C**, 1
etwas überqueren traverser qc **I6B**, 1
eine Überraschung une surprise **I4B**, 3
eine Übung un exercice **I5B**, 3
das Ufer la rive **I8A**, 9; un quai **I9D**, 3
Uff! Ouf! **I7A**, 2
sieben Uhr sept heures **I5A**, 1
Wie viel Uhr ist es? Quelle heure est-il? **I5A**, 2
umweltfreundlich écologique **I8A**, 5
um wie viel Uhr à quelle heure **I5A**, 2
unser / unsere notre / nos **I5B**, 3
unten en bas **I8B**, 1
unter sous **I5A**, 3
sich (über etwas) unterhalten discuter (de qc) **I5A**, 5
eine Unterrichtsstunde un cours **I5DE**
ein USB-Stick une clé USB **I5A**, 3

V

ein Vater un père **I4A**, 13
jemanden / etwas verabscheuen détester qn / qc **I3B**, 3
etwas verbringen passer qc **I6A**, 1
Verdammt! Zut! *(fam.)* **I3A**, 3
etwas vergessen oublier qc **I7A**, 4
ein Verkäufer / eine Verkäuferin un vendeur / une vendeuse **I6C**, 3
ein Verkehrsmittel un moyen de transport **I8A**, 2
etwas verlassen quitter qc **I6A**, 4
verliebt amoureux / amoureuse **I9C**, 1
viel beaucoup **I6B**, 2
viel(e) beaucoup de **I8DE**
viel beaucoup **I6DE**
vielleicht peut-être **I6A**, 4
ein (Stadt-)Viertel un quartier **I6DE**
ein Vogel un oiseau **I2**
Volleyball le volley(ball) **I6**
von de / d' **I1B**, 10
von ... bis de ... à **I5A**, 2
vor *(örtlich)* devant **I3B**, 3
vor *(zeitlich)* avant **I7B**, 1
vor allem surtout **I7B**, 8
etwas vorbereiten préparer qc **I4A**, 6
jemandem etwas vorlesen lire qc / qc à qn **I8B**, 5
Vorsicht! Attention! **I2A**, 1

W

eine Waffel une gaufre **I6C**, 3
während pendant **I9A**, 1
eine Wanderung un tour **I9A**, 1
wann? quand? **I4B**, 2
warm chaud / chaude **I8B**, 1; **I8B**, 1
es ist warm Il fait chaud. **I8B**, 1
warum? pourquoi? **I6B**, 4
Was? Quoi? **I2B**, 6
Was ... ? Qu'est-ce que ... ? **I3B**, 3
Was gibt es? Qu'est-ce qu'il y a? **I4A**, 2
Was ist das? Qu'est-ce que c'est? **I3DE**
Was macht Malabar? Que fait Malabar? **I3A**, 3
das Wasser l'eau *(f.)* **I5C**, 1
Weihnachten Noël **I4**
weh tun faire mal **I6B**, 4
weil parce que **I6B**, 4
weiß blanc **I2C**, 1
weit loin **I6A**, 1
ein wenig un peu **I8A**, 2
Wer ist das? C'est qui? **I2A**, 1
das Wetter le temps **I8B**, 4
Wie ist das Wetter? Quel temps fait-il? **I8B**, 4
Es ist schönes Wetter. Il fait beau. **I8B**, 1
Wie? *(Fragewort)* Comment? **I2A**, 1
wie comme **I5B**, 3
wieder encore **I4B**, 3
jemanden wiederfinden; jemanden treffen retrouver qn / qc **I5A**, 5
Wie geht's? Ça va? **I1A**, 2
wie viel combien (de) **I5C**, 1
Wie viel kostet das? Ça fait combien? **I5C**, 1
der Wind le vent **I8B**, 1
Es ist windig. Il y a du vent. **I8B**, 1
wirklich vraiment **I6B**, 4
Ich weiß nicht. Je ne sais pas. **I5A**, 5
wo; wohin où **I3B**, 3
eine Woche une semaine **I8A**, 1
wohnen habiter **I3B**, 3
eine Wohnung un appartement **I6A**, 4
ein Wohnzimmer un salon **I6A**, 4
ein Wort un mot **I5B**, 5
wünschen désirer **I8C**, 1

Z

eine Zeichnung un dessin **I7A**, 4
jemandem etwas zeigen montrer qc à qn **I7B**, 1
die Zeit le temps **I5B**, 1
eine Zeitung un journal **I3DE**
ein Zelt une tente **I9C**, 1
ein Zentrum un centre **I8A**, 9
ziehen tirer **I9D**, 1
ein (Schlaf)Zimmer une chambre **I4A**, 6
ein Zimmer une pièce **I6A**, 4
der Zucker le sucre **I8C**, 3
zuerst d'abord **I4DE**
zufrieden content / contente **I6A**, 4
ein Zug un train **I4A**, 3
jemandem zuhören écouter qn / qc **I3A**, 1
zurückkommen rentrer **I5A**, 1
zusammen ensemble **I4DE**
zusammen, insgesamt au total **I8C**, 1
zu viel, zu sehr trop **I6B**, 4
zwischen entre **I7B**, 1
zwölf Uhr (mittags) midi **I5A**, 1

Pour faire les exercices du livre

Accordez les adjectifs.	Gleicht die Adjektive an.
Ajoutez …	Fügt … hinzu.
Chantez.	Singt.
Cherchez …	Sucht …
Classez les mots dans votre cahier.	Ordnet die Wörter in eurem Heft.
Commence comme ça: …	Beginne so: …
Comparez …	Vergleicht … .
Complétez les phrases.	Vervollständigt die Sätze.
Comptez.	Zählt.
Continuez.	Macht weiter.
Copiez et complétez … dans votre cahier.	Übertragt und ergänzt … in eurem Heft.
Corrigez les phrases.	Korrigiert die Sätze.
Décris les images.	Beschreibe die Bilder.
Dessinez …	Zeichnet …
Devinez.	Ratet.
Dictez.	Diktiert.
Ecoutez.	Hört zu.
Ecrivez …	Schreibt …
Faites des dessins.	Macht Zeichnungen.
Faites des devinettes.	Macht Rätsel.
Faites des dialogues.	Macht Dialoge.
Faites des phrases.	Bildet Sätze.
Faites trois groupes.	Bildet drei Gruppen.
Invente… .	Erfinde …
Jouez à deux.	Spielt zu zweit.
Jouez avec deux dés.	Spielt mit zwei Würfeln.
Jouez la scène.	Spielt die Szene.
Justifiez …	Begründet … .
Lis le message.	Lies die Nachricht.
Lisez.	Lest.
Lisez les questions et trouvez les réponses.	Lest die Fragen und findet die Antworten.
Mettez la bonne négation.	Setzt die richtige Verneinung ein.
Mettez les phrases dans le bon ordre.	Bringe die Sätze in die richtige Reihenfolge.
Mettez les verbes à la bonne forme.	Setzt die Verben in die richtige Form.
Mimez …	Stellt … als Pantomime dar.
Notez … .	Schreibt … auf.
Parlez de… .	Sprecht über … .
Parlez avec votre voisin / votre voisine.	Sprecht mit eurem Banknachbarn / eurer Banknachbarin.
Pas dans le texte.	Nicht im Text.

Posez des questions et répondez.	Stellt Fragen und beantwortet sie.
Prends des notes.	Mache Notizen.
Préparez le dialogue et jouez-le.	Bereitet den Dialog vor und spielt ihn.
Présentez …	Präsentiert … / Stellt … vor.
Quand vous entendez …, levez les mains.	Wenn ihr … hört, hebt die Hände.
Quelle est la différence entre …?	Was ist der Unterschied zwischen …?
Quels mots vont ensemble?	Welche Wörter passen zusammen?
Qui dit quoi?	Wer sagt was?
Raconte …	Erzähle …
Regardez l'image.	Seht das Bild an.
Remplacez …	Ersetzt …
Répétez.	Sprecht nach. / Wiederholt.
Répondez.	Antwortet.
Travaillez à deux.	Arbeitet zu zweit.
Trouvez des réponses.	Findet Antworten.
Trouvez la bonne forme du verbe.	Findet die richtige Verbform.
Trouvez le bon ordre.	Findet die richtige Anordnung.
Trouvez le pronom.	Findet das Pronomen.
Trouvez les mots-clés.	Findet die Schlüsselwörter.
Trouvez les mots.	Findet die Wörter.
Trouvez les phrases.	Findet die Sätze.
Utilisez …	Verwendet …
Utilisez les mots donnés.	Verwendet die angegebenen Wörter.
Vrai ou faux? Corrigez.	Richtig oder falsch? Verbessert.

Des phrases utiles	**Nützliche Sätze**
Je ne comprends pas ce mot.	Ich verstehe dieses Wort nicht.
Est-ce que vous pouvez expliquer ce mot?	Können Sie dieses Wort bitte erklären?
Est-ce que vous pouvez épeler ce mot?	Können Sie bitte dieses Wort buchstabieren?
Est-ce que vous pouvez répéter la phrase, s'il vous plaît?	Können Sie den Satz bitte wiederholen?
Est-ce que vous pouvez répéter la question, s'il vous plaît?	Können Sie die Frage bitte wiederholen?
J'ai oublié mes devoirs.	Ich habe meine Hausaufgaben vergessen.
Nous sommes à quelle page?	Auf welcher Seite sind wir?
Nous sommes à quel paragraphe?	In welchem Abschnitt sind wir?
Nous sommes à quelle ligne?	In welcher Zeile sind wir?
Nous sommes à quelle phrase?	Bei welchem Satz sind wir?
Comment est-ce qu'on prononce ce mot?	Wie spricht man dieses Wort aus?
Je ne sais pas.	Ich weiß nicht.

Solutions: Lösungen und Lösungsvorschläge

Mit dem Lösungsteil kannst du dich selbst kontrollieren. Damit du eigene Fehler erkennst, musst du sehr genau hinsehen und deine Lösungen sorgfältig mit den hier abgedruckten vergleichen. Trage deine Fehler in dein „Fehlerprotokoll" ein. Wie du damit arbeiten kannst, steht auf Seite 183.

Unité 2, Bilan (S. 35–36)

1 Parler

1. Je m'appelle Tim. **2.** Je suis de Bonn / il vient de Bonn. **3.** Tu es de Paris? **4.** C'est qui? **5.** Ça va? **6.** Au revoir! / Salut! **7.** Voilà Sami. / C'est Sami. **8.** (Oh) Pardon! **9.** Attention! **10.** C'est rouge / vert / bleu **11.** Merci!

2 Ecouter et lire

1. C'est Flora. **2.** C'est Magali. **3.** C'est Zoé. **4.** C'est Emma.

3 En forme

A 1. Salut! Je suis Marie. Je suis de Paris. **2.** Et toi? Tu es aussi de Paris? **3.** Oui! Et voilà Moustique. C'est un chien fantastique! **4.** Malabar aussi. Il est super! **5.** Mais toi, tu es super aussi!
B 1. C'est un monsieur. Il est super. **2.** C'est un chien. Il est bizarre. **3.** C'est un garçon. Il est super. **4.** C'est une fille. Elle est fantastique. **5.** C'est un chat. Il est super.

Plateau 1, Révisions (S. 37)

Plaisir de lire

B Je mélange un peu de vert, je mélange un peu d'orange,
et voilà un marron. Mmm, c'est bon!
Je mélange un peu de blanc, je mélange un peu de noir,
et voilà un gris souris. C'est joli!

Unité 3, Bilan (S. 49–50)

1 Parler

1. Je suis l'ami (l'amie) *oder:* le copain (la copine) de Joséphine. **2.** Tu habites où? **3.** J'habite à Neustadt, Kantstraße 39. **4.** Qu'est-ce que c'est, en français? **5.** Que fait Max? **6.** Qu'est-ce que tu aimes? **7.** J'aime le vélo. **8.** Je déteste le rap. **9.** D'accord! **10.** Je suis en vacances.

2 Lire et écrire

Marie entre dans un magasin. / Elle cherche une BD pour une amie. / Elle regarde une BD. / Ah! Voilà une BD super! / Tiens, voilà Jérôme. / Mais que fait Jérôme? / Jérôme, attention, la BD! / Oh! C'est la catastrophe!

3 Ecouter et lire

1. *Vous habitez à Paris?* – Non, nous habitons à Toulouse (Satz 1). **2.** *Le chien est devant le magasin?* – Non, il est dans le magasin (Satz 4). **3.** *Tu détestes le vélo? C'est vrai?* – Non, j'aime bien le vélo (Satz 5). **4.** *Qu'est-ce que tu aimes?* – J'aime le judo et le rugby (Satz 3). **5.** *C'est un truc bizarre! Qu'est-ce que c'est?* – C'est un stylo (Satz 2).

4 En forme

1. sont **2.** cherchons **3.** cherche **4.** regardent **5.** aimez **6.** est **7.** Tu trouves? / es / déteste **8.** cherche

Unité 4, Bilan (S. 69–70)

1 Parler

1. Bon anniversaire!/Joyeux anniversaire! **2.** Qu'est-ce qu'il y a dans le magasin? **3.** Tu as faim? **4.** J'ai 11 ans. **5.** Mon anniversaire, c'est le premier mars. **6.** J'ai envie d'écouter un CD.

2 Regarder et écrire

A 1. Aujourd'hui, c'est l'anniversaire de Léo. Sa mère prépare un gâteau. **2.** Léo est dans sa chambre avec son amie Marie et Malabar. Et voilà ses cadeaux: son jeu vidéo et sa BD. **3.** Maintenant, son père est là aussi.
B 1. Aujourd'hui, c'est mon anniversaire. Ma mère prépare un gâteau. **2.** Je suis dans ma chambre avec mon amie Marie et Malabar. Et voilà mes cadeaux: mon jeu vidéo et ma BD. **3.** Maintenant, mon père est là aussi.

3 En forme

(z.B.) **1.** J'ai une idée. **2.** Tu as envie d'écouter un CD? **3.** Il a 11 ans. **4.** Nous avons une surprise. **5.** Vous avez faim? **6.** Elles ont un cadeau pour Léo.

4 Jeu de mots

1. le fils **2.** la grand-mère **3.** la cousine **4.** la tante

Unité 5, Bilan (S. 88–89)

1 Parler

1. Quelle heure est-il? **2.** Il est sept heures et demie. **3.** Je regarde la télé de six heures à sept heures. **4.** Aujourd'hui, c'est (jeudi). **5.** On fait nos (*oder*: les) devoirs ensemble? **6.** Je vais à la cantine. / Je vais chez un copain. **7.** Je ne sais pas. **8.** Excusez-moi. / Pardon.

2 Ecouter

12.00 (midi) → **C** ; 8.05 (huit heures cinq) → **O** ; 9.20 (neuf heures vingt) → **L** ; 15.45 (quatre heures moins le quart) → **L** ; 19.50 (huit heures moins dix) → **E** ; 12.15 (midi et quart) → **G** ; **10.** 30 (dix heures et demie) → **E**;
Lösungswort: COLLEGE *(In Großbuchstaben fallen die accents weg.)*

3 En forme

1. Non, je ne travaille pas. **2.** Non, je ne joue pas. **3.** Non, je ne regarde pas la télé. **4.** Non, je ne suis pas au lit.

4 En forme
1. Qu'est-ce que tu fais maintenant? – Je vais aux toilettes. **2.** Est-ce que nous faisons nos exercices pour M. Racine à cinq heures? – Oui, mais d'abord, nous allons chez Léo, d'accord? **3.** Marie et Alex font leurs devoirs? – Non, elles vont au CDI. **4.** Et Mehdi, qu'est-ce qu'il fait? – Il va à la FNAC. **5.** Léo et toi, vous faites un gâteau pour Alex? – Oui, mais Marie et toi, vous allez chez Mme Latière. **6.** Et moi, qu'est-ce que je fais, alors? – (z. B.) *Tu vas chez ta copine.*

5 En forme
1. leurs **2.** notre **3.** leur **4.** votre **5.** leurs **6.** nos

Plateau 2, Révisions (S. 92)

1 Où est Moustique?
1. Il est sur le sac. **2.** Il est dans le train. **3.** Il est sous le lit. **4.** Il est derrière l'ordinateur. **5.** Il est devant la télé.

2 Allez!
Mehdi: Vous allez au CDI, maintenant? *Marie:* On va à la cantine mais après, on va au CDI avec toi. *Léo:* Oui, mais moi, je vais à l'infirmerie, c'est pour mon pied. *Alex:* Tu n'as pas envie de travailler, alors tu vas à l'infirmerie, c'est ça? *Léo:* Mais non, je ne vais pas bien. Après, je vais à la maison. *Alex:* Et nous, après le collège, nous allons chez Marie pour regarder «Spiderman». *Léo:* Zut, ils vont chez Marie pour regarder «Spiderman», et moi, je vais au lit …

3 Bonjour, c'est Joséphine …
Notizen:
Qui: Joséphine; **Où:** Strasbourg, gare ;
Quand: vendredi, 17h45.
Zusammenfassung:
Isabel, hör mal zu. Deine Freundin Joséphine aus Frankreich hat angerufen. Sie kommt am Freitag (erst) um Viertel vor sechs (17 Uhr 45) an den Bahnhof in Straßburg.

4 Cherchez et trouvez.
1. commencer à 10 heures; commencer dans une minute **2.** avoir 13 ans; avoir raison **3.** être en retard; être frère et sœur **4.** faire un gâteau; faire ses devoirs

Unité 6, Bilan (S. 114)

1 Parler
1. Qu'est-ce que tu fais comme activité? **2.** Le samedi matin, je fais du sport. **3.** Pourquoi est-ce que tu rentres déjà? **4.** Parce qu'il est tard. **5.** Quand est-ce qu'on va à Paris? **6.** Est-ce que tu as mal? **7.** Pardon, monsieur/madame, pour aller à la piscine? **8.** Vous pouvez répéter, s'il vous plaît? **9.** J'ai faim et soif. **10.** Ça coûte combien, une crêpe? **11.** Je voudrais une eau minérale, s'il vous plaît. **12.**Bonne journée!

2 Jeu de mots
1. nuit / samedi **2.** jours **3.** tard / déjà **4.** Ce soir **5.** Le mercredi

Unité 7, Bilan (S. 133–134)

1 Parler
1. Qu'est-ce que tu as fait samedi dernier? **2.** D'abord, j'ai retrouvé mes amis et puis nous avons fait des jeux ensemble. **3.** Je suis content(e)./ Je suis triste. **4.** Je mets un pull et des baskets. **5.** J'ai aidé mon copain/ma copine. **6.** J'ai donné un livre à mon copain. **7.** C'est une bonne idée.

2 En forme
1. A la fête, les gens sont contents. **2.** La musique n'est pas mauvaise / bonne / intéressante. **3.** Il y a des gaufres. Elles sont bonnes / mauvaises / fantastiques. **4.** Mme Chabane met une robe bleue / noire et blanche. **5.** Noah danse avec une jolie fille. **6.** Il est très content. **7.** Le grand frère de Noah ne danse pas. **8.** Mais après la fête, il dit: «Lilou est une fille intéressante / fantastique.» **9.** Gabriel porte une casquette bleue/noire et blanche.

3 Ecrire
1. A la gare, Gabriel a parlé à un chanteur. **2.** Il a demandé une photo au chanteur. **3.** Le chanteur a donné une photo au garçon. **4.** Gabriel a raconté l'histoire à sa famille. **5.** Il a montré la photo à ses copains.

4 Ecrire
1. A la gare de Lyon, Maman et moi, nous avons quitté la gare, mais d'abord nous n'avons pas trouvé les Chabane. **2.** La famille a cherché Gabriel dans la gare parce qu'il n'a pas fait attention à l'heure. **3.** A la maison des Chabane, nous avons discuté et Moustique a aimé mon chapeau. **4.** Le 14 Juillet, on a passé des heures sympas sur la Place de la Bastille, mais je n'ai pas trouvé de petit copain. **5.** J'ai demandé une danse à un garçon, mais le garçon n'a pas dansé avec moi…

Unité 8, Bilan (S. 152)

1 Parler
1. A Paris, on peut visiter le Louvre. **2.** Il fait beau/mauvais/ froid/chaud. / Il pleut. / Il neige. **3.** Je prends le bus/le train/ le métro. / Je vais en bus / en train / en métro / à pied / à vélo. **4.** La cathédrale Notre-Dame se trouve / est dans le 4ème arrondissement. **5.** Salut Léa. / Cher papa et chère maman / … Bisous / Bises / Grosses bises. **6.** Je voudrais une crêpe, s'il vous plaît. / Ça coûte / fait combien? / C'est trop cher.

2 Ecrire
je lis → nous lisons / tu lis → vous lisez / Lis! → Lisez! / elle lit → elles lisent / tu écris → vous écrivez / j'écris → nous écrivons / Ecris! → Ecrivez / il écrit → ils écrivent.

3 En forme
1. Léo fait beaucoup d'interviews avec des touristes à Paris. **2.** Mais il ne fait pas de photos. **3.** Monsieur Pirou a trop de travail. **4.** Mais, il a peu de vacances.

4 En forme
1. Non, Léo, je ne fais pas de photos pour le reportage. **2.** Non, je n'ai plus d'eau minérale. **3.** Non, madame, je ne cherche rien. Je regarde.

Unité 9, Station 1 (S. 157–159)

2 A propos du texte
1. D'abord, Marie passe ses vacances dans le Jura. **2.** Avec sa mère, Lilou et Moustique, elles font des longues randonnées. **3.** Moustique aussi est content, mais il n'aime pas les vaches. **4.** Après le Jura, elles vont au Lac de Morat en Suisse. **5.** Pour faire le tour du lac, elles louent des vélos. **6.** Elles adorent la belle ville médiévale.

3 Des vélos verts?
A 1. Un petit chien. **2.** Des bateaux blancs. **3.** Une grande cathédrale. **4.** Des vélos verts. **5.** Trois / Des petites filles. **6.** Une robe blanche.
B (z. B.) **1.** Mon petit chien est super. **2.** J'aime bien les bateaux blancs. **3.** A Paris, il y a une grande cathédrale. C'est la cathédrale Notre-Dame. **4.** Dans ma famille, nous avons des vélos verts. **5.** Trois petites filles chantent une chanson. **6.** Aujourd'hui, je mets une robe blanche.

4 C'est beau, nouveau ou vieux?
A Singulier: un beau / un nouveau / un vieux quartier;
un bel / un nouvel / un vieil appartement;
une belle / une nouvelle / une vielle maison
Pluriel: des beaux / des nouveaux / des vieux quartiers;
des beaux / des nouveaux / des vieux appartements;
des belles / des nouvelles / des vieilles maisons
B 1. nouvel / beau **2.** vieil **3.** nouvelle **4.** nouveau / nouveaux **5.** vieux / vieilles **6.** nouvelle / nouvel / nouvelles **7.** nouveau / vieux **8.** beau **9.** beau

5 Ça fait dix-huit francs huitante!
A In der Schweiz gibt es vier Amtsprachen, nämlich: Deutsch, Französisch, Italienisch und Rätoromanisch.
B 55 cinquante-cinq ; 62 soixante-deux;
74 soixante-quatorze / septante-quatre;
88 quatre-vingt-huit / huitante-huit;
93 quatre-vingt-treize / noinante-trois

Unité 9, Station 2 (S. 160–162)

2 A propos du texte
1. Non, maman, il est sur l'Ile de Ré.
2. Léo est avec sa famille et avec Malabar.
3. Il fait du surf tous les jours.
4. Si, il adore la mer.
5. Oui, il trouve l'île super.
6. Oui, mais l'année prochaine.

3 Les vacances avec toute la famille
A Tout le monde / toute la journée / tous les jours / toutes les filles.
B tout / toute / tous / toutes
C 1. Léo part en vacances avec toute sa famille.
2. La famille est sur l'Ile de Ré tout l'été. **3.** Tous les amis de Mehdi ont quitté Paris. **4.** Malabar et Léo surfent toute la journée. **5.** Sur la plage, Léo parle à toutes les filles.
6. Il a déjà visité toutes les villes de l'Ile de Ré.

5 Qui, où, comment?
(z. B.) – Avec qui est-ce que Malabar joue? Il joue avec Léo. / Qu'est-ce qu'il y a sur la table? Sur la table, il y a un livre et un journal. / Qui est-ce qui habite dans la maison? Léo habite avec ses parents dans cette maison. / Où est-ce que se trouve la maison? La maison se trouve sur l'Ile de Ré. / Comment est-ce que Léo va à la mer? Il va à la mer en vélo. / Quand est-ce que Léo va à la mer? Il va à la mer tous les jours. / Pourquoi est-ce que Léo joue avec Malabar? Parce que Malabar est son ami.

Unité 9, Station 3 (S. 163–165)

2 Elles sont super, ces vacances en colonie!
A cette ville / ce blog / ces tentes / cet été / cette photo
B ce / cette / ces /ces
C 1. Cette **2.** cette **3.** Ce **4.** ces **5.** cette **6.** cette **7.** ces **8.** ce

3 Durch Französisch andere Sprache verstehen
colonie → Kolonie, colonia / cité → city, ciudad / vacances → vacaciones, vacanze / semaine → semana, settimana / bord → bordo, board / nature → natura, naturaleza / montagne → mountain / tente → tent / excursion → Exkursion

4 Aller en colonie de vacances?
(z. B.) J'ai envie d'aller en colonie de vacances à Carcassonne parce que la Cité est très belle, et parce qu'on peut faire beaucoup d'activités. On peut faire des excursions dans la montagne avec nos tentes ou un pique-nique au bord de l'Aude. Je peux aussi rencontrer des amis, et même un/e amoureux/se!

Unité 9, Station 4 (S. 166–168)

2 A propos du texte
A 1. Mehdi est content de rester à Paris. **2.** Il n'a pas envie d'aller en vacances comme ses copains. **3.** Un jour, il a trouvé un nouveau copain, Anatole, dans son quartier. **4.** Avec le père d'Anatole, ils font un tour à Paris Plage en bateau. **5.** A Paris Plage, une dame tombe à l'eau. Mehdi sauve la dame.
B (z. B.) Cher Mehdi, je t'écris cette carte pour te remercier de m'avoir sauvé la vie. Tu es un garçon fantastique et un bon nageur. Encore merci. La dame de Paris Plage.

4 Wortbildung
A 1. Mehdi relit le courriel de Marie. **2.** Il retéléphone à Alex.
3. Marie recommence à chercher son plan de Paris.
B 1. C'est un danseur. **2.** C'est une chanteuse.

5 Les vacances
A (z. B.) la colonie / le soleil / les monos/ un bateau / un pique-nique / la nature / une île / une terrasse / jouer …

6 Une journée à Paris Plage
(z. B.) **1.** Il fait très beau à Paris. Il y a du soleil. **2.** Il y a des palmiers à Paris Plage. **3.** Il y a même du sable. **4.** Deux enfants jouent au ballon sur la plage. **5.** Des petits enfants jouent dans le sable. **6.** Une fille écrit une carte postale / son journal. **7.** Une autre fille en maillot va aller nager dans la piscine de Paris Plage. **8.** Les garçons et les filles sont contents d'avoir une plage à Paris.

PARIS
0
500 m
1 km
COURBEVOIE
CLICHY
LA SEINE
Grande Arche
LA DEFENSE
LEVALLOIS-PERRET
Boulevard Circulaire
Pont de Neuilly
NEUILLY-SUR-SEINE
PUTEAUX
Avenue Charles De Gaulle
Bessières
Boulevard
Avenue de Clichy
Quartier des Batignolles
Boulevard Berthier
Place de Wagram
17e
Bd. Gouvion St-Cyr
Place du Maréchal Juin
Avenue de Wagram
Place du Général Catroux
Boulevard Pereire
Boulevard des Batignolles
Bd. Villiers
R. de Lc
Boulevard de Courcelles
Arc de Triomphe
Place de la Porte Maillot
Av. de la Grande Armée
Parc de Monceau
Gare Saint-Lazare
Rue du Faubourg Saint-Honoré
Boulevard Malesherbes
Place Charles De Gaulle
Bd. de l'Amiral Bruix
Palais de l'Elysée
Avenue Foch
Av. des Champs-Elysées
8e
Place de la Madelei
Avenue Victor Hugo
Avenue Kléber
Avenue d'Iéna
Avenue Marceau
Bd. Lannes
Place de la Concorde
Rue d
Cours Albert 1er
Bois de Boulogne
Place du Trocadéro
Av. de New York
Quai des T
Tour Eiffel
16e
Av. du Président Kennedy
Av. G. Eiffel
Champs-de-Mars
Boulevard Suchet
Quai de Grenelle
Bd. des Invalides
7e
Boulevard de Grenelle
LA SEINE
Avenue Emile Zola
Boulevard Garibaldi
Parc des Princes
Boulevard Murat
Boulevard Exelmans
Quai Louis Blériot
Quai André Citroën
Rue de la Convention
Rue de Sèvres
Bd. Pasteur
15e
Rue Lecourbe
Place de la Porte Saint-Cloud
Bd. du Général Martial Valin
Gare Montparnasse
Rue de Vouillé
Boulevard Victor
14e
BOULOGNE-BILLANCOURT
Rue d'Alésia
Boulevard Lefebvre
Boulevard Brune
ISSY-LES-MOULINEAUX
MALAKOFF
MONTROUGE